幸徳・大石ら冤罪に死す

文学・政治の〈呪縛〉を剝ぐ

木村 勲

論創社

まえがき

「大逆事件」なるものが気になっていた――。国家権力による冤罪《えんざい》事件という評価は一応定着しているが、どういう冤罪なのか自身で明確化できないまま（不勉強ということだが）――何かザラザラした不快な感触のなかで――若い頃からやり過ごしてきた。昨年（二〇一七）初夏、刑死した犠牲者、新宮の医師・大石誠之助を詩《うた》った与謝野鉄幹と佐藤春夫の作品をめぐり（鉄幹の「誠之助の死」、春夫「愚者の死」）、一部の紙・誌でちょっとした論争があり、改めて、あるいはようやく、この「事件」を正面から考えてみようというきっかけになった。以前から関心をもつ鉄幹の問題とスパークする感覚があったのだ。

春夫は父の友人である誠之助を幼児から知り、鉄幹は新宮の有力な文化人である彼に二度にわたる出張講演の世話を受けていた。春夫の出世作『田園の憂鬱』は複雑な改稿を経て大正七年（一九一八）九月に仕上がるが、そこには刑死した誠之助の残像が色濃く揺曳《ようえい》する（改稿の過程で報じられたロシア革命で処刑された皇帝ニコライ二世像も……）。鉄幹は上記作品の改作（後述）を含め、言動に微妙なところが生じる。それは新詩社同人で法廷で弁護に立った平出修、及び「事件」に批判の目を向ける石川啄木との呼吸のズレのようなものとして表れた。

知られるように、「大逆事件」は明治四三年（一九一〇）五月末から翌年正月にかけ、二六名もの人びとを拘束し、取調べ、公判を行い（皇族事案として大審院で一審だけで終審）、そのすべてをわずか七か月間で仕上げ、二四名に死刑判決（翌日に半数は恩赦で無期に）、その一週間後に一二名の執行――という凄まじいものだった。ことは条件付きながら明治憲法二九条でも保障された言論・表現・集会の自由内のことであり、その権利の蹂躙（大部分が公判で初顔合わせした活動的な市民）、しかも全員「……加えようとした」という未遂事案である。司法が一貫して首相・桂太郎（第二次）、及び背後に見え隠れする元老・山県有朋《やまがたありとも》ら政治の僕《しもべ》であり、司法と政治が創り出したフレームアップ（捏造）の冤罪、つまり国家権力犯罪事件であった。

本書ではわたしの文芸的関心から鉄幹と春夫の「事件」接触を軸に見ていく。ここで「事件」がロシア革命の七年前、それと日清戦争の直後に日本の軍・官・民がソウルの王宮に押し入り引き起こした、閔妃《みんぴ》暗殺事件の一五年後であった点に着目した。その社会的・思想的影響は無意識のうちにも世情に深い影を落としている。なにより、取調べ側が朝鮮でのその事件を軸に、爆裂弾をもって二重橋に迫る「事件」像を構成していった道筋が浮かんだことだ。鉄幹はこのとき二一歳、ソウルで日本学校の教師をしており、なぜか生涯その事件を自ら「画策」したことを秘かに誇り続けた（七年後の自誌『明星』に爆裂弾を隠しもって韓国政府大官を襲おうとする日本少年を描いた小説「小刺客」を発表している――）。

ロシアはもとより、欧米諸国では社会主義の潮流が強まり、文筆評論の人である幸徳秋水がそれに傾倒し、関心を持つ青年らが集まってきたのは事実だった。最初の拘束者から仰々しく新聞報道されたが（大逆と言う語はまだ使われていない）、確証された事案は信州の山林で一青年が子どもの線香花火より強力とはいえ、各地の夏の河原の祭りに打ち上げられる花火一発ほどの威力も疑わしい、粗雑な〝爆弾〟実験を一回したことだ（明科《あけしな》事件）。もくもく白い煙は出たらしい——徳冨蘆花はいみじくも「老人の胸には、花火線香も爆裂弾の響きがするかも知れぬ」と述べていた（処刑八日後の旧制一高での講演「謀叛論」）。捜査段階からメディアに現れた「爆裂弾」、そして満を持したかのように大審院（最高裁）判決文で登場した「大逆罪」という語が、その特異な音効果と相まって「事件」を造形して行った。

確認したいのは、大逆なる語は該当の刑法（旧刑法七三条）中にも存在しないこと。その語は判決文中の「太吉は爆裂弾を造り大逆罪を……」で公式に初登場する。文学表現ならともかく、ここには法の論理を超えた情緒的（あるいは扇情的）な飛躍がある。各被告ごとにその語が当てはめられ（frame）、記述された（up）。判決文が正式に「大逆事件判決書（大審院特別刑事部判決）」と題された。翌日の新聞から大見出しで登場し、堰を切ったような洪水報道となり定着していく。

それは律令時代に「陵墓を壊す」犯罪であり、歴史のなかで消滅・忘却された語なのだが、どこか悍《おぞ》ましい響きと、初耳の衝撃性が相まって（奥深い記憶の残滓はあったのか）、大衆心理の奥に沈んでいく——。「事件」の過程で官により誤用的に造語された言葉、つまり近代生まれの官製語なのである。あたかも千古の伝統感覚の如き正統性を以て浸透していった。だから、この語を使った瞬間、権力の手の内で踊らされることになる。残念ながら百年の星霜の中で歴史用語として定着してしまい、悩ましいところではある。本書ではそれへの疑義・抗議を込めて「」つきで使っている。

しかも驚くことに、司法の調書類・裁判の記録類（公文書）は「行方不明」になった——隠蔽である（間違いなく廃棄されただろう）。被疑者を調べるのは大審院（最高裁）判事であるのが定めだが、実際には東京地裁の判事（大審院筆頭検事の平沼騏一郎《きいちろう》が連れてきた息がかりの者）が行った。平沼の検事論告（平出修がかろうじて残した記録）は、被告たちが「おしゃべりでいったこと」と認めた上で、その「信念」ゆえに極刑とした。つまり予防検束（行動はしていないのに逮捕）の上、「心のなかの裁き」で死刑という、近代法の原理（明治憲法・刑法等もそれを標榜）を否定するものだった。平沼は栄進し法曹出の初の総理大臣となる。

元老・山県の意向に即して権力機構が作動し、国内はもとより海外まで広がる諜報網が動いていた——それらは一大利権の総合体であった。

ただし、「事件」が日露戦争後に顕著になった社会主義者の運動（彼らからすると跳梁）に対する取り締まり・弾圧から始まったわけではないことを指摘しておきたい。門地も財力もない出自の山県らが、戊辰戦争を経て新たな権力者となる道筋はドラマティックともいえるが、権力奪取の過程で負った深いトラウマがあり、その反転した攻撃性が幸徳らに格好の標的に見出していた——先行する暗い情念があったのだ。

「明暗ある明治……」といわれる。改めて「事件」は現代の政治・社会の基層部に濃い陰影を引き、刻印していることに気づかされる。本書はわたしなりの明治一五〇年論でもある。

二〇一八年　夏

著者

幸徳・大石ら冤罪《えんざい》に死す——文学・政治の〈呪縛《じゅばく》〉を剝《は》ぐ　目次

・本文中の［　］内は補足的な著者（木村）の注記。
・引用文には適宜、句読点・ルビを付し、旧字を現代表記化もしている。

幸徳・大石ら冤罪に死す——文学・政治の〈呪縛〉を剝ぐ

第一章 『田園の憂鬱』への道程

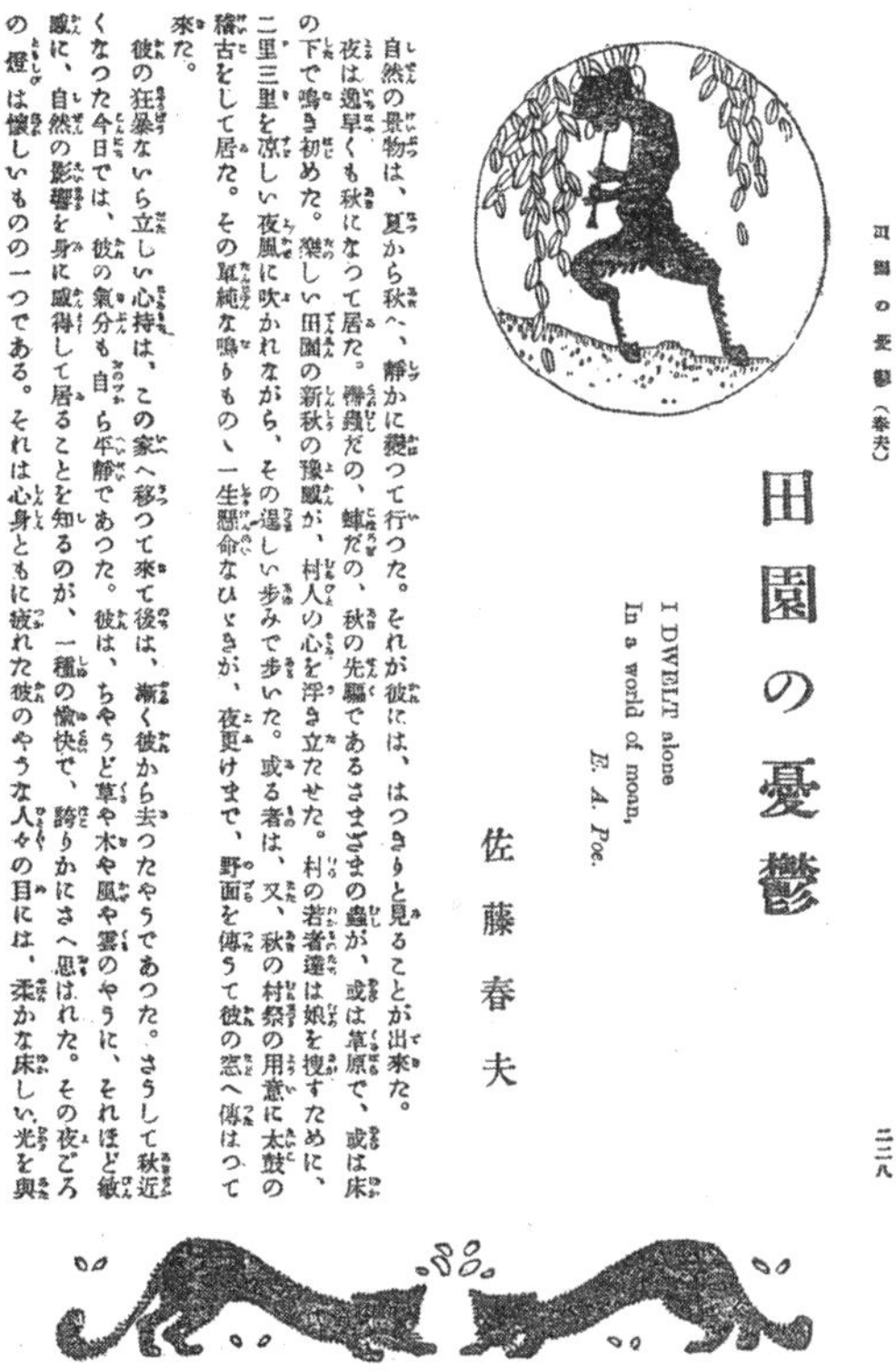

田園の憂鬱（春夫）

田園の憂鬱

I DWELT alone
In a world of moan,
E. A. Poe.

佐藤春夫

自然《しぜん》の景物《けいぶつ》は、夏《なつ》から秋《あき》へ、静《しづ》かに移《うつ》つて行《い》つた。それが彼《かれ》には、はつきりと見《み》ることが出來《でき》た。夜《よる》は逸早《いちはや》くも秋《あき》になつて居《ゐ》た。螽蟖《きりぎりす》だの、蛼《こほろぎ》だの、秋《あき》の先驅《せんく》であるさまざまの蟲《むし》が、或《あるひ》は草原《くさはら》で、或《あるひ》は床《ゆか》の下《した》で鳴《な》き初《はじ》めた。樂《たの》しい田園《でんゑん》の新秋《しんしう》の豫感《よかん》が、村人《むらびと》の心《こころ》を浮《う》き立《た》たせた。村《むら》の若者達《わかものたち》は娘《むすめ》を捜《さが》すために、二里三里を涼《すず》しい夜風《よかぜ》に吹《ふ》かれながら、その逞《たくま》しい歩《あゆ》みで歩《ある》いた。或《あ》る者《もの》は、又《また》、秋《あき》の村祭《むらまつり》の用意《ようい》に太鼓《たいこ》の稽古《けいこ》をして居《ゐ》た。その單純《たんじゆん》な鳴《な》りものゝ一生懸命《いつしやうけんめい》なひゞきが、夜更《よふ》けまで、野面《のづら》を傳《つた》うて彼《かれ》の窓《まど》へ傳《つた》はつて來《き》た。

彼《かれ》の狂暴《きやうばう》ないら立《だた》しい心持《こころもち》は、この家《いへ》へ移《うつ》つて來《き》て後《のち》は、漸《やうや》く彼《かれ》から去《さ》つたやうであつた。さうして秋近《あきちか》くなつた今日《こんにち》では、彼《かれ》の氣分《きぶん》も自《おのづか》ら平靜《へいせい》であつた。彼《かれ》は、ちやうど草《くさ》や木《き》や風《かぜ》や雲《くも》のやうに、それほど敏感《びんかん》に、自然《しぜん》の影響《えいきやう》を身《み》に感得《かんとく》して居《ゐ》ることを知《し》るのが、一種《しゆ》の愉快《ゆくわい》で、誇《ほこ》りかにさへ思《おも》はれた。その夜《よ》ごろの燈《ともしび》は懷《なつか》しいものの一つである。それは心身《しんしん》ともに疲《つか》れた彼《かれ》のやうな人々《ひとびと》の目《め》には、柔《やはら》かな床《ゆか》しい光《ひかり》を與《あた》

二二八

大正7年（1918）9月1日刊の雑誌「中外」に載った「田園の憂鬱」の冒頭部

第一節　「誠之助の死」と「愚者の死」

大石誠之助をうたった与謝野鉄幹（明治三八年以降は本名の寛を使っているが本書では鉄幹で統一する）と佐藤春夫の作をめぐる論争とはこうだ。発端は二〇一七年（平成二九）六月一六日付け東京新聞夕刊の「大波小波」欄。「百年ほど前、明治天皇暗殺共謀のかどで一二人が死刑になった大逆事件」という書き出しで、「巻き込まれ処刑された紀州の医師、大石誠之助の死に際して詠まれた詩が二編ある」と続け、佐藤春夫の「愚者の死」と鉄幹の「誠之助の死」の各一部——鉄幹のは「日本人ならざる者／愚なる者は殺されたり」、春夫は「大逆無道の誠之助／ほんにまあ、皆さん、いい気味な」を引用提示する。

そして、今回（六月一五日国会）のいわゆる「共謀罪」法の強行成立（与野党・メディアを絡めて最大の政治的な対立だった）で「愚者の死」は増えるだろう——「おめでとう」と、過去の悪例にことよせた皮肉な政治批判の寸評である。

この評を受けて六月二三日付け『週刊金曜日』の「風速計」欄は、両者の作を「権力に屈従する者たちの低レベルな詩」とこき下ろす一方、ときの一高に招かれた徳冨蘆花が「謀叛論《むほん》」と題する講演のなかで、「新しいものは常に謀叛である」と喝破したことに、「屈しなかった人」と高い評価を与えた。

これに対し同三〇日付け毎日新聞朝刊「金言」欄が、「（風速計の）内容はひどい」という与謝野関係研究サークルからの指摘を受けて、「一読して粗雑な内容だと思った」とバッサリ。問題なのは「春夫と鉄幹が反語と逆説で誠之助を悼んでいることを全く理解していないこと……誠之助の処刑後、その妻子は地元に居られず上京するが、最初に身を寄せたのが与謝野家だった」などとし、二編は慨嘆の詩（東京新聞評は詩の本意を理解しているという理解）であり、人は時代の制約のなかでそれぞれの方法で格闘している。「立場を異にしても、人間理解への細やかで深い視線がほしい」と高い位置から諭すように締める。

わたしは「風速計」がもとより再反論すると思っていたが、七月七日の同誌のコラムで「書きすぎだったかも知れない」とあっさり恭順の意を表し、「どちらにでもとれる反語表現にひそむ危険性」という、それはそうに違いない一般論の強調だった。薄っぺらな論議にがっかりした。

なぜか。まず鉄幹のその詩は二種類あるのを知らなければならない――最初は幸徳らの処刑から三か月後の明治四四年（一九一一）四月号「三田文学」誌上のもの、それと四年後の大正四年八月刊の自著『鴉《からす》と雨』収録分である。むろん後者が改作されているということだ。初出作からわずかの削除が行われた。分量としてはわずかだが、意味するところは重大なのである。初出の題名は「春日雑詠」、改作で「誠之助の死」となった。上述した鉄幹をめぐるの紙（誌）の論争は、いずれも初出作の認識がなく、この改作分に基づいて行われていた。以下に初出分を示す――改作で削除された部分に〈 〉を付しておく。

大石誠之助は死にました。
いい気みな。
器械《きかい》に挟《はさ》まれて死にました。

人の名前に誠之助は沢山《たんと》ある。
然《しか》し、然し、
わたしの友達の誠之助は唯一人《ひとり》。

わたしは最《も》う其《その》誠之助に逢《あ》はれない。

なんの、構《かま》ふもんか。
器械に挟まれて死ぬやうな、
馬鹿な、大馬鹿《おほばか》な、わたしの一人の友達の誠之助。

それでも誠之助は死にました。
おお、死にました。

日本人で無かッた誠之助。
立派《りっぱ》な気ちがひの誠之助。
有ることか無いことか、
神様を最初に無視した誠之助。
大逆無道の誠之助。

ほんにまあ、皆さん、いい気味な。
その誠之助は死にました。

誠之助と誠之助の一味が死んだので、
忠良なる日本人は之から気楽に寝られます。
〈例《たと》へば、TOLSTOI《トルストイ》が歿《し》んだので、
世界に危険の断へたやうに。〉

おめでたう。

次に春夫の「愚者の死」――明治四四年（一九一一）三月、つまり鉄幹の初出作の前月に文芸誌

「スバル」に出た。一九歳、慶大生・春夫の事実上のデビュー作である。

千九百十一年一月二十三日〔注＝二十四日の誤り〕
大石誠之助は殺されたり。

げに厳粛なる多数者の規約を
裏切る者は殺さるべきかな。

死を賭して遊戯を思ひ、
民俗の歴史を知らず、
日本人ならざる者、
愚なる者は殺されたり。

『偽《うそ》より出でし真実《まこと》なり』と
絞首台上の一語その愚を極む。

われの郷里は紀州新宮。

渠《かれ》の郷里もわれの町。

聞く、渠が郷里にして、わが郷里なる
紀州新宮の町は恐懼《きょうく》せりと。
（中略）
――町民は慎《つつし》めよ。
教師らは国の歴史を更にまた説けよ。

まず鉄幹の「誠之助の死」について――。改作部は「例へば、……」以下のトルストイに係る二行分の削りだ。どんな意味変化が生じるのだろうか。当時、トルストイ（一九一〇年歿）が無抵抗主義のヒューマニストであることは国内的にも認識されていた。トルストイアン青年が増える一方、社会主義とマルクス流の共産主義の思想も流入しており、進歩派のなかでいち早く評価に分裂が生じていた。左派はトルストイ翁の論は観念論・理想主義であり、手段・具体性がないと批判。「観念・理想」という言葉自体にマイナスの意味が込められていた。

確かに七年前の日露戦争中に新聞掲載（平民新聞に幸徳訳、朝日新聞に長谷川如是閑訳）された「なんじ殺すなかれ」の非戦論は世論に衝撃を与え、当局も神経質になっていた。だが、戦争の原因は神＝キリスト教を捨てた人々の荒廃した心に由来する、として禁欲・自己犠牲の個人レベルに収斂《しゅうれん》していくその思想が（トルストイアンの内部でまた立場に差異を抱えつつ）、唯物論的な社会主義と混同されることは当初からなかった。

例えば「なんじ殺すなかれ」を自ら訳し『平民新聞』に載せた幸徳が、その訳文の後の解説で、「戦争の罪悪・害毒とそれが引き起こす一般社会の危険を諭す七七歳翁の火のような花のような情熱」と感動を記した上で、「戦争の原因は列国の経済的競争の激甚化にある、その激甚化をもたらすものこそ資本主義体制である」と社会科学的な批判を加えていた。日露戦後にはトルストイはすでに若き武者小路実篤（一八八五―一九七六）らの、『白樺』（創刊は一九一〇年四月、つまり「事件」勃発の一か月前）に至る理想主義的なヒューマニズム運動のより所となっていた。それ以前から筋金入りのトルストイアン徳冨蘆花（一八六八―一九二七）がいる。彼は「事件」四年前、トルストイをヤースナヤ・ポリャーナに訪ね、その年末の講演で「己の罪悪はドコまでも自分で背負て自分で採決すべきもの……決して社会とか習慣とか歴史とかソンナものに帰してはなりませぬ。ソンナ卑怯なこと……」と語っていた（青山学院講堂での「眼を開け」）。

このころ、鉄幹の頭を占めていたのはフランス遊学であった。初出作を書いた七か月後、幸徳らの処刑からは一〇か月後、秋の一一月に海路出発する。何かあわただしく……という感があった。一年二か月滞在する（晶子もその間の半年ほど渡仏滞在）。自作年譜［昭和八年製＝重要事の不記載や意図的書き換え、つまり改竄もあり慎重な扱いが必要］でこの明治四四年（一九一一）を見ると、「東京大学法科生にフランス語を学ぶ」とある。すでに前年（大石を含む逮捕者が続いていたとき）の項に、「東京外国語学校の夜学部その他に於いてフランス語を研究し始める」とある。彼の地ではモンパルナスに下宿し、詩人や日本留学生が集まるモンマルトルの珈琲店《キャッフェ》グロズリイ・デ・リラに通う（成果が帰国翌年刊の訳詩集『リラの花』）。

トルストイが暴力（物理的力）肯定の政治運動とは対極にあることは十分学んでおり、現地で改めて実感したことだろう。初出作はこの状況を踏まえ、「危険なトルストイ」というアイロニー表現をとっている。そのことが逆説的に和平の人――の強調となり、世界の平和を象徴するこの偉人と誠之助は等値なのだ、といっている。諧謔調も巧みに織り込んだ、暴力性の否定である。大逆無道と表記しながら、意味するところは平和性なのだ。この辺の鉄幹の微妙な表現感覚は実にみごとといえるところ。逆説で語られた友情に間違いはない。

だが改作（帰国して一年半後）の二行削除は重大である。逆説の直喩「誠之助はトルストイ翁のような人」を消滅させてしまった。友達は茶化し言葉となり、「日本人でなかった誠之助」はすでに「非国民」であり、詩の意味は表記通り「大逆無道」に帰してしまうのだ――重苦しくも鋭く尖った世情の気分と全く同一化。かくして――改作「誠之助の死」は、友への背信である（表現者が推敲し改作し完成度を高めること自体は全く自由である。ただし読む側にはその動機を究明＝詮索する権利がある。それを厭うなら詩人・作家を名乗るべきではない）。

鉄幹は日清戦争後のナショナリズムの高揚下、自らの朝鮮流浪体験（閔妃暗殺事件に関与）を背景に、国士気分の丈夫《ますらを》調の詩歌集『東西南北』で名を挙げた。ほどなく新たな西洋思潮の流入に応じ、いわば転調した明星ロマン主義で成功する。時流対応への勘は鋭い。その明星も行き詰り、誠之助との縁から「大逆事件」と微妙なかかわりを経て（年譜に「事件」関係の記述は一切ない）、フランス渡航に作風転換を期したが（明らかに上田敏の『海潮音』を意識）、すでに薄れていた文壇的位置の回復はならなかった。

　満を持した『リラの花』は、ロベルト・ド・モンテスキュウ［三権分立論の人ではない］の「料理人の挨拶」を冒頭におく訳詩集で、序文にある「ＳＥＩＮＥ《セエヌ》の河岸の古本屋見物、ＯＤＥＯＮ《オデオン》座の廊で雑誌買い、珈琲店《キャッフェ》通い」というパリの日々が、ＭＯＵＬＩＮ《ムウラン》‐ＲＯＵＧＥ《ルウジュ》、ＬＵＸＥＭＢＯＵＲＧ《リュクサンブル》、あるいは給仕男《ギャルソン》、屋内《ランテリユウル》などとフランス満艦色で表現されていた［一〇年後、モンマルトルのその珈琲店《キャッフェ》には二十歳過ぎのカナダ紙記者ヘミングウェイが現れる］。とはいえ「洋行帰り」の肩書きだけが通用する時代でもなかった。交友は梅原龍三郎、山本鼎など日本人が主だったようだ。

　自費遊学のため金策に苦労した。著名文人・晶子女史が色紙類・屏風に書いた歌作がものを言った。東京朝日に連載小説を書くことで原稿料の前借もした（大正二年の『明るみへ』百回となる）。鉄幹本人も意欲的にカンパに動いた。春夫の父、佐藤豊太郎に宛てたこんな手紙が残る。「……この度の小生の渡欧に御同情くだされ、夥《おびただ》しき御餞別をたまわり候《そうろう》こと、甚だ意外と感じ候までに感激致し候。御辞退致すべきも……忝《かたじけな》く拝受仕《つかまつ》り候。昨日、御賢息［春夫］様へも万事御礼申上げ候……十月二十三日」（昭和一二年五月号「冬柏」掲載の「与謝野寛書簡抄」中）。脱・日本へどこか急《せ》くような気配が窺われる。

次に春夫の「愚者の死」——。彼は敗戦後の晩年に、「すべて反語的な表現であったから官憲の目はくらましていた」(『わんぱく時代』一九五八年刊)と書く。よくも言ったり……である。ときのすさまじい逆徒報道の洪水のなかで、ここに反語を読み取る者はいない(いるとしたら作者の胸のうちだけである)。とりわけ恐れ慄く郷里では——そのなかに父・豊太郎がいる。父の動揺は少年の心に大きな影を落とす。天邪鬼《あまのじゃく》で反発心旺盛ながら、疑惑を完全に否定する根拠はなく、恐れを共有せざるを得ない。しかし、真実を見透す優れた資質は、荒唐無稽な話であることを直感的に見抜いていた(後述の永井荷風と同様)。このアンビバレントな心情が彼の行動、とりわけ初期の創作活動を規定して行くことになる。

当時、反語であることを読み取られては危険だったのだ。しっかり誹謗攻撃しなければならず、そういう作品に上首尾に仕上がっている。鉄幹の改作版の上をいくストレートな誹謗作品。これぞ「権力に屈従する者たちの低レベルな詩」にふさわしい。作中の『偽《うそ》より出でし真実《まこと》なり』は処刑の数日前、訪れた教誨師に誠之助がいった言葉として報道されていたもの。それは「あれこれ冗談でいっていたことから、死刑という現実がやってきた」、つまり諦観から発した瓢箪から駒の意のジョークである。しかし、新聞ではこの期に及んでなおこの不遜な軽口を叩く不逞の輩というニュアンスで報じられ、逆徒・誠之助像を定着させていくことになる——春夫作も彼の主観的意図はどうあれ、しっかりそれに乗っていた。

敗戦後には春夫の（すでに大作家である）この詩について、世間から「反語であり、これだけ言うにも多大な勇気がいたはず」と寛大な評もあったし、今もある。だが、戦後の「大逆事件」研究を導いた森長英三郎は「私は何度読みかえしてみても……同情のひとかけらも感ずることができない」（『禄亭 大石誠之助』三五四頁、一九七七年）だった。当時の世相を背景において考えれば当然の受け取り方と思う。左派色がとくに強かった戦後民主主義社会の早い時期に呼吸した森長は、その地点から逆説を構成していない春夫作を率直に批判したのだ（冒頭の「週刊金曜日」の最初の評も同じ）。

この森長も鉄幹の作（改作の方を読んでいる）には「愛惜がすみずみまでしみとおっている。わが子の死を惜しむような情があふれている」（同三五八頁）と大甘だ。法律家の森長には、「明星ロマン主義」の鉄幹と晶子への素朴なヒューマニズム賛仰があったようだ。後述するが晶子の「君死にたまふことなかれ」が反戦詩として評価が急上昇したのは敗戦後のことである。

第二節　コスモポリタン、誠之助

大石誠之助（経歴は主に森長著による）は、慶応三年（一八六七）、紀伊国新宮町の代々医師を業とする旧家に生まれた（ちなみに同年生まれの著名人に南方熊楠、夏目漱石、正岡子規がおり、年齢は明治の年数と同じ）。いわゆる土地の名望家、学者の気風があり、反骨の家系であったようだ。明治一七年

（一八八四）から二年間、京都の同志社で英学を、同一九年の一年間を神田の共立学校でも学ぶ。二三年アメリカに渡りオレゴン州立大医科に入り、日清戦争の終わった二八年（一八九五）、ドクトルの称号を得て卒業、帰国。日本国内開業の免許を得て新宮で開業、「どくとるさん」と呼ばれる。米国でも親の脛をかじるだけでなく皿洗いなどの苦学生だったようだ。キリスト教の思想にも触れる。

三二年（一八九九）から二年間、シンガポールを経て主にインドのボンベイ大学でペストなど伝染病の研究をする。このころ社会主義の書物を読む。帰国して一五歳ほど若い地元のゑ以（エイ）と結婚、二児を得る（事件後、妻子は苦難の生活に陥る）。日露戦争ころには週刊『平民新聞』などにも寄稿、幸徳秋水らとの交流が生まれた。知識・教養で打てば響くように通じ合う仲だったようだ。貧者からは診療代をとらず被差別地域にも快く往診、赤ヒゲ先生だった。

文学にも関心深く与謝野鉄幹らを講演に招いた。豊かな感性、偏見がなく多趣味、米国体験を生かしたモダンな洋食レストラン「太平洋食堂」を診療所近くで経営し、料理法やマナーを含めた啓蒙施設とした。これはうまくいかずほどなく閉店したが、その後にだれでも自由に閲覧できる新聞雑誌縦覧所を開設。常連来場者が新宮中学生だった佐藤春夫少年だ。その父の豊太郎も医師であり、同業のよしみから誠之助とはごく親しい間柄だった。文化活動、苦境の社会主義新聞への資金援助などもし、広いジャンルで人脈が広がっていった。旅行好きで自分からも各地に訪ねていく――これらのことが「共謀」として奇怪な理屈で結びつけられ「大逆」なるものへ組み上げられていった。

鉄幹は二度新宮を訪問する。最初は『明星』発刊から六年目の明治三九年（一九〇六）一一月のこと、北原白秋と吉井勇ら若い新詩社員三人を同道していた。五日に三重の木の本で地元の二新聞共催の歓迎会（事件で死刑から無期へ減刑の崎久保誓一も出席）があり、七日に新宮に着き丹鶴城など市内見学をした。翌日、誠之助の案内で熊野川に舟遊びし、夕方は料亭で歓迎の宴、俳句・短歌・洋画など地元の文化人一〇数人が集った。その中に春夫の父・豊太郎もいた。

春夫は新宮中学の二年生で、後年回顧して「ぼくが登校してたまたま校門にはいろうとしたとき、新聞で知っていたその人びとらしい洋服の四人づれのようすに気づいて、ぼくはいそいでもう一度校門にでて、とおりすぎたばかりの人びとの、ひとりはとくに長身な先生のあとにしたがってやや小がらな三人……、菜の花畑にそうたまっすぐな道をだんだん遠ざかっていく後ろ姿を道がまがって見えなくなるまで見送ったものであった」と、著名人・鉄幹の残影に純な憧れを込めて書いた（『わんぱく時代』）。

再訪は「事件」前年の明治四二年（一九〇九）八月、このときは春夫の方に事件が起きてしまう。二一日夕に鉄幹［明星は前秋に百号で終刊ずみ］は、伴った生田長江と石井柏亭とで「学術大演説会」を開く予定となっていた。鉄幹の題は「文芸と女子教育」。しかし、三講師は定刻になっても現れない。満杯の会場にブーイングが生じた。幹事が宿に問い合わせると、昼間の舟遊びの酒に酔ってしまった！と。時間稼ぎが必要となり、春夫が目をつけられた。ナマイキな医者の子だが文学通であることは知られていた。有無をいわせず幹事に壇上に押し上げられる。もはやぜひもなしと、自然主義文学の解説をぶち始めた。「いっさいの社会制度の虚偽から人間を解放し……虚無感に立って天真のままの赤裸々な人間性と人間生活を探求するこの文学は……たんに文学というより真実を求める新思潮」（前掲書）と二〇分あまり。講演会の後の懇談会では大人の誠之助と論争にもなった。

春夫の演説は学校側の耳に入り、彼は無期停学処分を食う。自然主義やら虚無的やら、ロシア虚無党とかの破壊主義演説――との投書が学校に届いていた。今度はその処分に抗議する生徒の動きが、全校の同盟休校に拡大してしまう。もともと不評だった校長の排斥の気運と重なったらしい。加えて一二月の夜、校舎から火が出て一棟焼失――。春夫はこれが誠之助の影響下にあった社会主義の青年による放火との疑いを終生もったようだ。「大逆事件」は彼にとって関係の免れない事件として意識されてしまった。

天皇暗殺などは信じないが、社会を騒がせる跳ね返り者としての社会主義観は持続したと思われる（幸徳自身が幼稚なものとはいえ爆弾の実験までした一部青年を持て余していた）。中学卒業は一年遅れ、慶応大学に入り同期の堀口大学と生涯通じての親交となる。ともに新詩社に加入、すでに「明星」なき後の同人である。

鉄幹再訪の前年、つまり明治四一年（一九〇八）夏、重大な意味をもつことになる幸徳秋水の新宮来遊があった。彼は郷里の土佐で病気療養を兼ねてクロポトキンの『麺麭《パン》の略取』の翻訳作業をしていたのだが、七月二五日、航路での上京途上に新宮で下船して、誠之助宅に八月八日まで滞在した。医師・誠之助は結核で病んでいた秋水を診断し、休養していくよう勧めたのだ。滞在中の一日、誠之助は幸徳を熊野川の舟遊びに誘う。この舟遊びが二年後、「爆裂弾と暗殺の大逆謀議を図った」とする恐怖の筋書きの核となる――。佐藤豊太郎も参加して当然だったが、たまたま北海道の不動産の件で現地にいっていた（あるいはその準備で多忙だった）。これが幸いして難を逃れた（事件捜査が新宮に及んだときの彼のパニックぶりは春夫が後年伝えるところ）。

舟には手伝いなどで誠之助の家人と、地元のキリスト教牧師でトルストイアンの沖野岩三郎も乗っていた。沖野の同乗について幸徳と誠之助は口を割ることなく、彼は連座を免れた（頑固なトルストイアンでその立場から二人と激論したことも幸いしたと考えられる）。沖野は拘束された新宮グループの弁護のために、「明星」の理論家でもあった平出修に、鉄幹を介して依頼する。一〇年ほど前から大阪の文芸誌で鉄幹と平出に接点をもっていた。つまり、沖野は平出の文章と論理の力量を十分に知っていた。処刑後、誠之助の妻子の上京を助け、作家となり、まさに「事件」を書く作家として生きることになる。

真夏の舟遊びは心地よかったに違いなく、お手伝いも乗せた上客用の接待だったのだろう。天真爛漫に言論の自由を楽しむ場であった。白昼のことだったが、調書・判決では夜のことにされた。謀議の陰謀イメージを強めるためだ。東京の幸徳宅や新宮の大石宅で、西洋の民主主義史、革命史、維新史など多くのテーマが語られていたことが分かっており、政治批判も血なまぐさい話も激論もあっただろう。舟中で酒でも入ればなおさらのこと。談論風発――誠之助は「今度の事件は真に嘘《うそ》から出た真《まこと》」と言ったが〔収監中に面会者への言葉として東京朝日が処刑翌日の一月二五日付けで報道〕、まさに冗談話（嘘《うそ》）が、真《まこと》（処刑）になってしまったのだ。誠之助の交友する雑貨商・成石平四郎、同兄の勘三郎、僧侶の高木顕明と峰尾節堂、地元記者・崎久保誓一の計六人もが拘束され、新宮グループと言われることになる。誠之助と高木が四〇代半ば、他は二〇歳から三〇過ぎの青年たち。

ときの明治憲法でも「法律の範囲内において言論、著作、印行（出版）、集会および結社の自由」（第二九条）が明記されていた。現行の日本国憲法と違い、「法律の範囲内」という限定こそあったが、それらをプライベートに行うのはこの条文下でも何の問題もなく（ここが幕藩時代と違うところ）、平出が法廷で強く主張したところであった。それだけに権力側は「爆裂弾」「大逆」そして「二重橋（宮城）に迫る」というイメージ語をどぎつく押し出すことになる。司法が法を自ら貶めていた。それにメディア——原義が中空の筒——が乗った。

鉄幹の新宮再訪の年、つまり幸徳・誠之助の熊野川舟遊びがあった翌年の明治四二年のこと、四月から八月まで爆裂弾製造に直接関与したとして死刑になる青年（新村忠雄）が、誠之助宅に食客となっていた。幸徳に私淑していた長野の農民で、医務手伝いをしながら誠之助に学ぶよう幸徳が紹介した。優れた人物のもとへ遠路いとわず訪ねて教えを乞い、訪われた方も鷹揚に受け入れる。まだ残っていた前代以来の交友・勉学法である。例えば尾崎紅葉の「硯友社」、夏目の「漱石山房」、鉄幹の「新詩社」もそうで若い彼が上京して草履をぬいだ落合直文の「あさか社」しかりだった。

鉄幹は八月二一日に生田長江・石井柏亭らと講演するが（来場遅れで春夫が前座演説）、新村はこの前日の二〇日に新宮を立っていた。春夫は一二月の新宮中学の火事に関して、この青年（新村）が火事に関与したという叙述を戦後の著作でしたわけだが、森長は前掲書で新村犯行とするには時期にずれがあることを指摘した。春夫に社会主義への共感は窺われず、それは敗戦後の冷戦体制下の生活でも変わらなかった。端的に反感がある。

若い春夫は傷ついていた。「愚者の死」が反語の作品として貫徹していないことは、筆をもつ身として誰よりも承知していたはずだ。先の『わんぱく時代』での記述は、「官憲の不正に対して心ひそかにいきどおりを感じていた一部の人びとの心にふれ共鳴されるものがあったと見えて、ぼくの小さな詩は人びとの記憶にのこって、ぼくという少年詩人の存在を注目させる役にたった」と続く（戦後の回想である）。編集者と出版者の二、三人はそうだったにしろ、現在のところ、そういう評価を証明する同時代資料は確認できない。

彼が反語作を強調するほど、そうでない作品の現実が浮かび上がってくるのだ。表現力の未熟さである。ただ、尖って固まっている。この点、鉄幹作はトルストイを削除した改作版でも、あるいは……反語と思わせるところが確かにある。表現者として明らかに一日も二日もの長がある。半世紀もたってこういう弁明をすることにこそ、癒えない心の傷がある。表現者として鉄幹と差があったことの自覚と、何より過酷に鞭打ってしまったその人、父の親しい友人でもある誠之助への負い目である。機会を得て一度、弁明しておく必要があったのだ。そして誠之助との直接の関わりを具体的に書いたのは、七一歳のとき、死去前年の昭和三八年（一九六三）の読売新聞連載の『詩文半世紀』であった。こうである――。

「与謝野先生の一行がわが郷土新宮に見えて講演会の後、有志の歓迎会のあとで懇談会のあった席上わたくしは小生意気にも同席していた郷土の先輩緑《ママ》亭大石誠之助（例の大逆事件の死刑囚である）とゆくりなくも一場の論争をした。緑《ママ》亭が社会主義が実現すれば、生計にゆとりができて万民一様に文学を楽しむ時代が来て文運は大いに栄えるであろうというのに対して、生計にゆとりができるのは結構であろうが、だからといって万民一様に文学を楽しむとは限るまい。恐らくは今日と同じく一部の文学好きばかりしか芸術は楽しまず、一般は他の娯楽に走り、もしくは芸術そのものが娯楽化するだけかも知れないし、万民の生活様式が共通化して変化がなくなった結果、文学そのものも平板にならないとも限らない。社会主義の実現は人生のためには望ましいことには相違ないが、その結果、芸術が必ず向上すると期待しないというのがわたくしの云い分であった」

　これは大文人となった佐藤春夫が、戦後に改めて盛んになった社会主義文学への、批判に与《くみ》する側から行った発言と見ていい。上記引用はこう続く――。「祿亭は……多少主義の宣伝の気味」もあり、「子供の云い分に屈服したくなかったと見えて同じ趣旨をさまざまに云い直して主張するのに対して、わたしもどこまでも対抗した」。一同笑い顔で聞いていたが、最後は生田長江がうまく調停的に仲裁してくれた――と。

　上京後、生田長江が小説の師となる。後づけの再構成的な語りに違いないが、リアルな筆であり論争があったことは事実だろう。『わんぱく時代』の六年後、そこで書かいていなかったことを最後の最後に明かしたのだ。心の内で誠之助との対抗的対話を終生持続させてきたことを窺わせる。彼は新宮中学を卒業した四三年四月に上京、生田の世話になる。翌五月二五日の宮下太吉と新村兄弟の長野での逮捕に始まり、六月一日に湯河原の幸徳、同五日に新宮の誠之助と事態は急展開して行く。

東京朝日は三日の第五面に幸徳逮捕を「社会主義者捕縛▽暗殺天誅等不穏沙汰」の見出しで載せた。大々的な報道の始まりである。その第三面には三月一日に始まった漱石「門」の九五回目があり、六月十二日の第一〇四回で終わる（小市民・宗助は日常性の不安から鎌倉で参禅するが悟りには遠いまま帰宅する話）。末尾に翌日から始まる長塚節の『土』の予告が付く。漱石は体調を崩しており、八月に伊豆の療養先で大喀血した「修善寺の大患」となる。このこともあったか、鴎外が『沈黙の塔』『食堂』で「事件」を作品化したのに対し、漱石は沈黙した。――春夫の作家生活は、「大逆事件」とともに始まった。

幸か不幸か、「愚者の死」も改作「誠之助の死」も、発表時に話題になることはなかった。春夫は無名、鉄幹もかつての盛名は去り存在感希薄。掲載誌は実質、文学青年の同人誌というミニ・メディアである。何より、怒涛の「大逆」報道洪水のなかで、鉄幹のトルストイが入った初出分を含めて、世人に反語と読まれる余地など全くなかった。いま論ずるとき、わたしたちは多かれ少なかれ、戦後の視線で見ている。その時には、どちらの作も怒涛の潮流に竿さしていた（友への裏切りというのも鉄幹の意識に即してのわたしの分析である）。

「誠之助の死」が収められた詩歌集『鴉と雨』は、フランスから帰国して二年目の刊行で、鉄幹の単独の詩歌集としては最後となるが評判にならなかった。ただ、わたしはいい作が多いと思っている。寂寥感と世の荒涼を重ねた心象風景が素直にうたわれた。たとえば「雨」――。「釘《くぎ》が降る、降る、鋲《びょう》が降る、／生あたたかい針《はり》が降る、／暗い空から留度《とめたび》なく。／なんと毒性《どくしょう》な五月雨《さみだれ》ぞ、／世界の何《ど》処《こ》に降ることか、／降るは東の涯《がい》ばかり。／黒板塀に黒い屋根、牢屋のやうな日本家《いえ》に、／今日も降る、降る、十重二十重《とへはたえ》／鉄の格子《こうし》を入れて降る、／灰の色した張金《はりきん》を／雁字《かりじ》がらみに編んで降る（以下略）」

彼もやはり傷ついていた――フランスの香気を込めた『リラの花』の空振りも含めて。あるいは改作の埋め合わせの意もあったのか、「雨」からは否応なく牢獄の誠之助像が浮かぶ。

文字の表現者は、表現されたものがどう読まれるかの責から逃れられない。自分はこういうつもりだった――はプロならタブーである。反語でも逆説でも、そう読まれないなら己の責任である。その責に耐えられないならば、完全にプライベートな日記（絶対公表せず）に向かっていればいい。反語であることを強調した春夫の弁明的回顧は不要であった。もともと韜晦《とうかい》の多い作家だが（多かれ少なかれ筆を扱う人間はそうだが）、とりわけ彼の場合は要注意である。しかし、そこを押さえれば、後づけの弁も解釈に役立つところ大である。そして、心の傷こそ文学人としての歩みを規定し、間違いなく躍進させた（読者がどれだけついたか、売れたかということではない）。晩年、自分はベストセラーなど一冊もない作家という自嘲気味の発言をしたが、それは文学の質に全く関係ないこと――。

春夫晩年のヒット作に『晶子曼荼羅』（昭和二九年、新聞連載）がある。堺の駿河屋のいとはん（令嬢）時代から、フランスから一人帰国の途上までの晶子を描く伝記的小説だ。天才詩人とする一方、嫉妬・焦燥の生身の姿があり、総じて文芸評論の世界での評価が高く、鉄幹・晶子のロマン史的研究からは疎んじられた気配がある。一八歳の上京時から二人（三七歳と三二歳）に身近に接していたので、その時点、つまり『明星』廃刊後は直接の見聞をベースに、それ以前、つまり同誌の最もドラスティックな創成期（彼は八～九歳）は二人の語るところに拠ったのだろう。

二人がどういう語りをしたか、創刊前後の実状を鋭意調べた経験があるわたし（拙前著など）には自ずと様々に思い浮かぶところがあり、大変興味深い。文芸の最大の存在意義は虚構を通じて真実を抉り出すこと――がわたしの持論であるから、小説における事実との違いをあまり云々する気はない（むろん、そこまでしたらお終いよという臨界点はある）。ただ、春夫がこの小説をフランスからの帰路の場面で終えたことに注目する。夫妻はまだ長い時間を生きるのだが、彼は明らかに二人の文学人生をここで冷徹に切ったのだ。

第三節　影を落とす皇帝処刑とR・N

春夫の出世作であり代表作ともなった『田園の憂鬱　あるいは病める薔薇《そうび》』は二六歳の大正八年

（一九一九）六月、曲折を経て新潮社から定本版として刊行された。もともとは三年前の同五年一一月、『文芸雑誌』第五号に載った「田園雑記」が最初で、原稿用紙九枚ほどの小品だった（第一稿としておく）。「私はその家を借りることにした」で書き出し、野性の太い藤蔓《ふじづる》が生垣から松の梢までよじ登る廃園さながら……夜は馬追いがランプのかさをぐるぐる回る、その家に住むようになった経緯をつづる。骨組みというべきでこの構成は完成版まで生きる。この雑誌には生田長江の推薦があった（同誌は生方敏郎主宰で生田がメイン執筆者）。この半年後の大正六年（一九一七）六月、かなり加筆した作を雑誌「黒潮《くろしお》」に『病める薔薇《ばら》』【図1】と題して発表、メルヘン的といえるトーンが出る（第二稿とする＝春夫はなぜか回想では「田園雑記」に触れず「黒潮」版から語る）。同誌に続編を書くはずだったが反響なく、編集サイドにも不評、以後掲載誌を変えて数度にわたり複雑な修正・加筆をしていく。

病める薔薇

佐藤春夫

この一篇をわが三上於菟吉に贈る。言ひ得べくんば、これは小説に於ける「新ロココ風」の試みの一つである。僕が、今、藝術に於て「野蠻派」と「新ロココ」と、この一見相背馳した二つのものに、同じ程度の熱情をもつて奉仕して居ることは、先夜、君と語つたところである。僕はロココ風のスタイルを單に愛して居るのではない。寧ろ、反つて嫌つて居るのである。それにも不係、僕はそれらの euphuisme 或は euphémisme に依られば表現出來ないやうな或ものを、僕自身のなかに可なり多量に發見するのである。眞に恥づらくは、それらのものは、少し病的な、大分退屈な感傷主義を基調と

図1　大正6年(1917)6月1日刊「黒潮」から

まず大正七年九月、雑誌「中外」に『田園の憂鬱』として発表（第三稿とする＝**本章扉**

絵）。第二稿の『病める薔薇』の続編であり、暗鬱で恐怖さえ感じさせる「憂鬱」作となり、確実な反応を呼んだ。

締めの「お、、薔薇、汝病めり！」が登場（直後の広津和郎の評は後述）。二か月後の一一月、『病める薔薇』の題名に戻り天祐社から単行本で刊行（他の短編九編と合わせた短編集）するが、これは『病める薔薇』（第二稿）に『田園の憂鬱』（第三稿）をそのまま接続させたものだった（第四稿とする）。基本的にこれと同じものを翌八年六月、改めて「田園の憂鬱」を前に出した上記表題の定本版として刊行した（第五稿であり、第四稿と基本的に同じだが微小な変更はある）。これらの経過自体が、自信の持てないなかで葛藤し、力を込めた（おそらく生涯で最大に）作品であることをうかがわせる。

今ふつうに読める定本版（第五稿）で見ていきたい。ストーリーという程のものはなく、東京の西郊と横浜の境界域と思われる丘陵地――どこか洋風の雰囲気をもつ田園地帯で、妻とレオ及びフラテという名の二匹の犬と暮らす「彼」（春夫自身のことだろう）の煩悶と倦怠の日々の心情がつづられる。その欝々が第三稿で「憂鬱」と表題化されたわけだが、それはむしろ「恐怖」というに適している。囲繞《いじょう》する緑の林野・田園は決して安らぎを与えない。ひやりとした刃のような冷気感で彼を押し包む。一人無聊《ぶりょう》・空想にふけるなか、獄や刑に絡めたこんなイメージ表現がしばしば（執拗に！）現れる――。

「古代から罪人の処刑に用いられた様々な刑具」「ただ一人で監禁された時には」「（長雨に振り込

められて）唯もうどの日も、どの日も、区別のない、単調な、重苦しい、長長しい幾日かであった。牢獄のなかで人はこういう幾日かを送るのであろうか？」「（或る夜、ただ事でない犬の鳴き声……）やがて帰ってきたフラテを見ると、顔の半面と体が泥だらけであった。フラテは泥の上にすりつけられて折檻されて居たのであろう。何処《どこ》からか凱歌のように人の笑い声が聞えて来る……。」

「それは奇妙な月であった。幾日の月であるか、円いけれども下の方が半分だけ淡くかすれて消え失せそうになって居た。併し、上半は、黒雲と黒雲のとの間の深い空の中底に、研ぎすましたように冴え冴えとして、くっきりと浮かび出して居た。その上半のくっきりした円さが、何かにひどく似て居ると、彼は思った。然《そ》うだ。それは頭蓋骨の臚頂《ろちょう》のまるさに似て居る。そう言えば、その月の全体の形も頭蓋骨に似て居る。白金の頭蓋骨だ。研ぎすました、或は今溶〔鉱〕爐から取り出したばかりの頭蓋骨だ」

「（月明のなか）真っしぐらに逃げていく白犬が、はっきりと見えた。尾を股の間へしっかりと挟んで、耳を後へ引きつけ、その竹片に噛みついた口からは、白い牙を露《あらわ》して、涎《よだれ》をたらたらと流しながら、彼の家の前の道をひた走りに走って行く。月光を浴びて、房房《ふさ》した毛の大きな銀色の尨《ぼう》犬……「狂犬だよ！」……もう一週間も十日も前に、そのために屠殺された（その犬）……」

「（ランプの傍へ来た蛾を押しつぶすと）この虫は、眉の形をしたまた櫛の歯のような形でもあるそれの太い触角を、何とも言えず細かくびりびりとふるわせると、最後の努力をもってくるりとひっくりかえって、その不気味なぶよぶよな腹の方を曝《さら》け出すと、六本程ある彼の小さな脚を、何かものを抱き締めようとでもする形で一度に、ぴく、ぴく、と動かし、また時時には翅《はね》に力を入れて彼の腹を浮き上がらせ、その触覚と脚と翅と腹とのそれぞれに規則的とも言うべき小さな動作をいつまでもいつまでも続けて、その死の苦悶を彼に見せつけた事があった」

犬が彼の意識の象徴的イメージなのが読み取れる。親愛なる存在が即、危険な反対物に転ずる。押しつぶされるべき蛾が、肯《がえ》んじようとしない生命の切断。処刑執行への不快感がこもる。ふと夜中に目覚めると、枕元に解きほどいた束髪のかもじを黒く丸めて置いた女、それが妻であることに気づき、自分が殺そうとしている幻覚に自ら震える一節も――くくられた彼の女囚《か》・管野スガの幻影に違いない（渦巻く黒い髪はスガ及び晶子をも暗示する）。ここでの「彼」は幸徳（そして鉄幹に）も熔解しており、寝汗をかいて目覚め、震えたのだ。

春夫は大正八年六月刊の定本版のあとがきに、「第六節以下、即ち本書の大部分は、去年［大正七年］の二月三月の作である」と書く。ここで言う「作」とは執筆の意で、そのことの強調なのだ。というのは「去年」とは大正七年であり（その七月に次述のニコライ処刑報）、この年に出したのは九月刊の「中外」誌の恐怖調の第三稿「田園の憂鬱」（これが定本版の六節以降でもある＝なお第三稿以後は節の区分は数字ではなく飾りの※※表示に）であるので、この稿自体は刊行の半年前に書いていました、との主張なのだ。

わたしが何を言わんとするかというと、ちょうどこのとき世界史的に（日本にとっても）重大な事件が起こっていた――。六年（一九一七）三月にロシアのロマノフ王朝が倒れる「二月革命」（ロシア暦）、その一一月に社会主義を掲げる急進派のソビエト政権が成立し（同一〇月革命）、翌七年七月、皇帝ニコライ二世が処刑された。つまりメルヘン調第二稿（大正六年六月）と定本版（同八年六月）の二年の間にこれらのこと、とりわけニコライ処刑があった。

このことがシュギシャ（社会主義者）による天皇暗殺イメージに直結し――まさに「大逆事件」が機能し――春夫の鬱々の神経を直撃したのだ。不気味な第三稿（同七年九月刊）となるが、七月のその事実から取ったと推測されるのは創作する者の沽券に関わる（心底のコンプレックスまで推量されてしまう…の心理）、そこで処刑報道の半年前に書いてますよ、となった――弁明的な韜晦である。ほどなく事実通りの記述をするのだが（後述）。

七月一七日に執行された皇帝ニコライ二世と家族（一〇月革命以来、ウラル州に幽閉されていた）の処刑を、東京朝日は一週間後の二四日付け紙面の第二面［第一面は全面広告］で報じた。「露国政情」として「▲廃帝銃殺広報　▽横奪陰謀発覚の結果」の大活字の見出しのもと、「二十日発、露国無線広報に曰《いわ》く、中央執行委員は廃帝射殺に関するウラル州会の公文を発表せり。……チェック・スロヴァック軍前進の為め、頗《すこぶ》る危地に陥り……同時に反革命派の陰謀発覚せり。州会は茲《ここ》に於《お》て廃帝射殺を決議し、然《しか》る後之《これ》を決行せり」とごく短い本文。左側の第三面に「銃殺されたる露国廃帝」の説明の下に堂々たる青髭姿、端正な顔立ちのニコライの大肖像写真が四段抜きで載った【図2】。

ニコライは二三歳の皇太子時代、明治二四年（一八九一）四月末に来日した。ロシア艦隊を率いてまず長崎に一週間、そして神戸に。五月一一日、宿泊地の京都から三井寺見学などの後、滋賀県庁近くの街路の人力車上で、沿道警備の警官・津田三蔵から帯剣で襲われた。命に別状はなかったが、黒船以来の大国ロシアへの恐露病といわれた時代で、新聞からも世の騒然とした気配が伝わる。

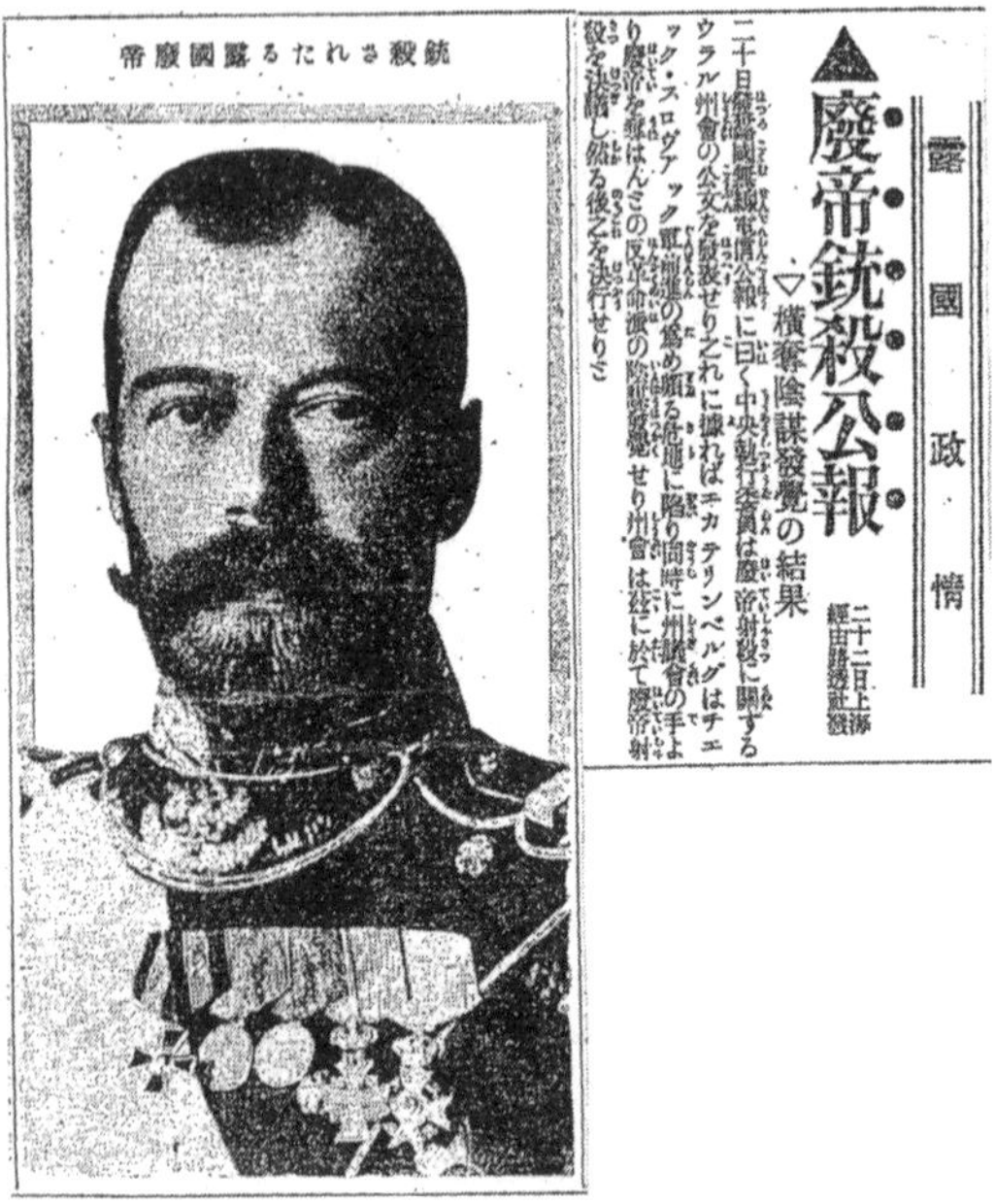

露國政情

廢帝銃殺公報

▽横奪陰謀發覺の結果

二十二日上海經由路透社發

二十日發露國無線電信公報に曰く中央執行委員は廢帝射殺に關するウラル州會の公文を發表せり之れに據ればエカテリンベルグはチェック・スロヴァック軍前進の爲め頗る危地に陷り同時に州會の手より廢帝を奪はんとの反革命派の陰謀發覺せり州會は茲に於て廢帝射殺を決議し然る後之を決行せりと

図2　大正７年（1918）７月24日「東京朝日新聞」に載ったニコライ銃殺の報（第２面）と写真（３面）

天皇はすぐに東京を立ち神戸の乗艦に戻ったニコライを見舞い、父皇帝のアレクサンドル三世と母皇后マリアあてに遺憾の電報を、皇后（貞明）とともに何回も打った「早い段階で両者から「対応に感謝」の返電が来ていた。戦争になるという思惑も払拭されていたが、逆に三蔵の死刑は国の体面にかけてもやらなければならないという意志が、天皇（とくに背後の首脳）に強まった。いわば恩を受けた（借りを作った）ことに対し、恩返しをする（落し前をつける）という意識が読みとれる。まさに土俗的な感覚である。判決を聞いても西郷従道ら首脳は安心してヤケ酒に酔いつぶれることができた」。ロシア側の対応がノーブルであったといえる。

政府は一審が終審の皇室への危害罪（旧刑法第一一六）を適用する死刑方針をとり、直接に司法に介入したが――まさにずかずかと――大審院長の児島惟謙《いけん》は通常刑法の殺人未遂罪で無期懲役に付した経緯があった。彼は「護法の神」の評価を得ることになるが、公判前に政府首脳とのやり取りに応ずるなどその評は適切ではない――とはいえ迷走しながらも最後に自己の主張を譲らない気骨を見せたことも確かであった。この点で「大逆事件」時の司法官とは全く違っていた。ただ、この介入の前例が「大逆事件」でも政治権力者に躊躇なく同じ手法をとらせることになる。

二七年前の大津事件は、日本人一般にある種の親ニコライ心情を生んでいたようだ。そして「大逆事件」後、社会主義者によるニコライ一家処刑の残虐性が、改めて亡き幸徳らにイメージ的にかぶせられていった。ともに世相を揺るがす大事件であったが、三蔵のそれが実態のあるものだったのに対し、幸徳らのは全く創造（捏造）されたものであったことである。（「未発の大逆事件」である大津事件については別稿を期したい）。

革命派によるニコライ処刑の報道は、続報や解説記事があって当然と現在の感覚では思われるが、上記短行の一本だけで続報がない。むろん報道禁止となったのだ。何よりソ連の根元でその処分が取られたはず。二月革命からケレンスキー政権の成立、急進派レーニン、そして日本のシベリア出兵問題などロシア情勢は盛んに報じられていた（――ニコライと家族の白骨遺体発見の報はソ連崩壊後の一九八九年である）。故国を逃れた白系ロシア人という存在が日本にも現われるようになる［一九四三年生まれのわたしの最初の心の記憶は黒々とした多くの焼け跡風景である。幼児に何となく耳にした白系ロシア人という語に、その風景と共振するような寂しい響きを感じていた。恐らく無意識に共有された感覚ではないか］。

強烈な一報は、垂れ流し記事より印象に残ることがある。それについて表現するのを抑圧されたなら、表現への動機をもつ者にはますます心のわだかまりととなる。ニコライの衝撃について確認できる他例を挙げると、大正十二年（一九二三）末、自称アナーキストの難波大助が摂政宮（昭和天皇）を狙撃した虎ノ門事件が起こるが、その動機が「困窮生活のなか、世界大戦後の露独帝政が崩壊しソビエト政府が成立……が精神に多大な刺激となった」と担当弁護士が伝えている（今村力三郎「芻《すう》言《げん》」）。「ニコライ処刑」という語を今村は間違いなく避けているのだが、「露帝政崩壊」とはまずそのことである（また永井荷風の体験については後述する）。

それは春夫の文学的感性にも衝撃を与え、それが七年九月刊の第三稿に現れたのだ。だから八年の定本版あとがきで、執筆は「去年の二月三月」として、時間を繰り上げ、処刑報に影響を受けたわけではないという弁明の韜晦表現となった。誠之助の悪夢が改めてよみがえったのだ。『田園の憂鬱』の執筆状況について後々も回想的に書くが、微妙な差異がある。一番正確に書いていると思われるのが昭和三年（一九二八）ころの「自作に就て年少の読者の為に」（『定本 佐藤春夫全集20巻』所収）である。やや煩に渡るが彼の意識を探るのに大切なので、わたしの要約で触れておく。

二六歳の春に四〇枚ばかりが大正六年の「黒潮」六月号に載った（第一稿）。これは前編で続編を載せてもらうはずだったが、「下《くだ》らない作」とのクレームがどこからか出てとりやめにされ、すでに書いていた続の五〇枚を破り捨てた。だが当時知り合った谷崎潤一郎に筋を話すと面白がってくれた。ややもや気分のその年（一九一七）の暮れ、帰省した新宮の実家で百五枚ほどを二週間で九分通りまとめた。ところが盗み読みした父から神経衰弱的だと言われてがっかりし、完成する気も失い、自信をなくし隠していた。別の作品「月かげ」（後述）などを書いていたが、谷崎が九分通り完成とのことを知って「八月に（中外）の記者に推賞して」しまった。そこでその作品を「大急ぎで一週間ばかりの間にうつし直した」――これが「中外」九月号の第三稿の『田園の憂鬱』となった。「生田（長江）先生や田山（花袋）先生や広津（和郎）君やまた谷崎などが非常にほめてくれた……」。

つまり七月にニコライ処刑の報道があり、翌八月に「中外」からの続編の依頼があったということなのだ。ほぼ出来ていた稿［前年末に実家で百五枚書いたものを年明け六年早々に修正、これが上記「去年の二月三月の作」となる］を単に「うつし直した」のではない。衝撃を入れ込んで改稿したのだ。動機づけられれば奔馬の筆の走り――九分通りできていた原型の稿があれば、才ある燃え立つ文学青年に一週間もあれば十分。晩年の言だが、「僕のペンもほとんどオートマティックに動くのである」（『うぬぼれかがみ』）と。

幸徳らの事件から七年、メディアの一過性の暴風報道は確かに過ぎ、それの半面である忘却期がきていた。平出修は早や大正二年（一九一三）の小説『畜生道』中で、「こんなことはもう二年前のことだ。世間ではそんな事件があったことさえ忘れてしまっている」と一弁護士（平出ではない）の独白で語らせた。ただし一過性にしろ、人の心に深く沈んだものは無意識のうちにも持続する。いわばかりそめの忘却状態であり、何かを機会にマグマを噴出させることになる。

半睡半覚の状態――じわじわ心中に寄せ来るものの解消法＝カタルシスは、書く者には書くことしかない。心情的にはプロテストの意で『愚者の死』を書いたが、稚拙さの自覚から鬱々は持続せざるを得なかった。ニコライ処刑が、意識から排除していた誠之助を、意識内に再侵入させたのだ。次述する「指紋」中の描写、「碧《あお》い湖水に全く身動きもせずに横たわつている一人の人間が、澱《よど》んだ水面に……恰《あたか》も陸に上げてある船のやうにぽつくりと浮かんで」となる。メルヘン調『病める薔薇』から恐怖調『田園の憂鬱』への変容である。

メルヘン作と恐怖作とを合体（連結）させて、題名を前者の『病める薔薇』に戻して天祐社から二か月後に刊行した［社長の小林天眠は鉄幹と大阪文壇時代以来の友、一人の子が昭和三年に結婚］。春夫最初の単行本、他の九小品も入れた短編集だ。すぐに新潮社から声がかかったのだろう（春夫自身に何か不満もあったか）、半年ほど後の翌八年六月、二つの題名を生かした新潮社刊の定本版『田園の憂鬱あるいは病める薔薇《そうび》』となった。他の九編は外してこの作だけ。春夫はなぜか回想で天祐社版については言及していない。

天祐社版『病める薔薇《そうび》』は大正七年（一九一八）一一月二八日刊［天眠の律儀さからはほぼ正確な刊行日付と考えていい＝ニコライ銃殺報は七月二四日］で、他に「西班牙犬の家」「指紋」「或る女の幻想」「月かげ――」など九作を含んだ短編集。多くは雑誌発表したものを収録したが、反響ははかばかしくなかった。このうち「指紋」は副題が「私の不幸な友人の一生に就ての怪奇な物語」で、初出は「中央公論」夏臨時増刊号、やはり谷崎の推薦だったようだ［天佑社本では表題の前に（一九一八年六月作）と強調するように記されている、つまり銃殺報一か月前の日付であり、創作であることの意思表明だろう］。内容はいわばコスモポリタン青年の長崎を主舞台にしたこんな話――。

少年時から芸術的俊才の親友R・Nは長崎出身、二〇歳で洋行するが六年経った一九〇七年八月のロンドン発を最後に音信不通となる。一一年七月、「帰朝する」の便り。カイロ、シンガポール、香港、上海から文章なしの絵葉書が折々届き、一二年の暮れ突如、異様な老け方で現れる、アヘン吸飲者の姿だった。「私」の家は彼が以前設計し、不思議な間取りながら専門家も驚いた程のもの。一五か月かけて吸飲をやめると誓い、彼はこの屋根裏にこもる。「呻き声が、眠っている」状態が続く。病獣のように驚かせることもあり、「私」は心配でこの「青髭部屋《ブルウベアスルウム》へ駆け込む」こともあった（彼は長い外国暮らしで西洋人にも間違えられた)。なぜか指紋研究に執着していた。

故郷で空き家を借りると言い出し長崎へ。夜中、天井から血が滴るという噂のある煉瓦の家に決める。かび臭い地下室をもつ旧阿片窟だ。幻視か夢か、夢中の幾重ものなかのまた夢か、R・Nは魔睡の夢に現れた湖水について——「碧《あお》い湖水に全く身動きもせずに横たわつてゐる一人の人間が、澱《よど》んだ水面に……恰《あたか》も陸に上げてある船のやうにぽつくりと浮かんで居る……突然、騎士の槍が非常に長く突き出された。何か爆発音がすると一緒に、水の面に浮き上つてゐた男の脇腹から、血が滾々《こんこん》と溢《あふ》れ出て、聖母の衣服のやうに碧《あお》かつた水の面一面へ滲み渡る……人の呻《うな》り叫ぶ声が山彦しながら、私の耳へ遠くひびいてきた」。

阿片窟のおやじの支邦人は、四十八九歳……「私(R・N)を殺人者だと言つた……さう言はれて私の夢のことを思ひ出すと……実際、夢中で彼を刺し殺したかとも考へざるを得なかつた」。だが、真犯人はアメリカの活動俳優ウィリアム・ウィルスンである、と。おやじが現場で見つけた金時計(R・Nが買い取った)の蓋につく指紋と、同俳優が出演する映画場面でアップになる彼の指紋が一致する——。R・Nが死んだ翌年の大正六年九月、「私」はあの家の地下室の横穴から外国人と思われる大柄な四肢頭蓋骨発見の新聞記事を読む——。

漂泊の外国体験は誠之助と重なるところがあり、それなりに青髭姿の彼の写真も残る。何より湖底に沈む遺体としての存在に化している。「指紋」の付録作品として載るのが、「月かげ——「指紋」の主人公R・Nの遺稿からの断片」という、やけに副題の長い「指紋」の続編だ。R・Nが英文で書いた遺稿を「私」が翻訳する形。

夢か現《うつつ》か、眠れない夜の窓外に見た光景。霧で包まれた噴水の広場のある明らかに西洋の静寂な街、巨大な帆前船がゆっくり目前を過《よぎ》る。前後にやや大きい帆が一つづつ、その各《おのおの》上や横に三角の小さな帆が沢山ついている。それぞれ思い思いに一ぱい風をふくんで、丸くなっている（そのくせ進み方は非常にのろい）。大小いろいろの帆の上には、月の光が、一つ一つの曲線の丸みを撫でるように滑っている――。水瓶を抱えて噴水の大水盤に近づく女の影、男の影も……。大きな帆が噴水の真後ろまで、見上げるばかりに大きい巨大なそれ……。すべてが幻であることを余韻に止めて終わる。

巨大帆船は幕末最初に現れたロシアの黒船に違いない。畏怖とともに、親愛の情がある、明治の早い段階からあった同国の文学へのそれだろう。ここでR・Nとは、ロマノフ・ニコライなのである。すべてが瞬時の幻影――。壮麗にして無音の朧《おぼろ》なその船影には、逝きし廃帝の残像も重ねられている。「指紋」にあったニコライ処刑報の一月前の作という断り書きが韜晦を示す。フィクション中の日付はもとより、本文外の注記もフィクションであり得《え》る。小説としてはそれも可なのだろう（ただし奥付や自筆「年譜」では許されない、歴史の改竄になるからだ）。むろんR・Nに皇帝のイメージはなく、すでに無頼の男である。現実のニコライは官民あげての歓迎だった長崎の休日を楽しんだ。

「指紋」について「自作に就て年少の読者の為に」（一九二八年）でかなり詳しく書いているが、どうも本音を逸らした語りぶりである。そのころポーの「モルグ街の殺人」にひどく感心していた谷崎から、探偵ものを書けと言われてできた作という。「慢性神経衰弱でヒステリー的に神経過敏になつてゐる僕を見て、探偵にしたらい、かと思つたのかも知れぬ」云々。探偵小説は好きだが……探偵小説家ではないようだ、と自認。「指紋」などは「唯文学の神経衰弱性あるのみと言はざるを得ない」とダメ出しをする。本心を覚《さと》られてはならぬ——のだ。

第四節　白菊女史と麹町……X伯爵邸

「或る女の幻想」(初出は大正七年一二月「中外」誌)も興味深い。ある夏、箱根の宿で一八歳の少女が同宿の二二、三歳の少年紳士と出会い好意を寄せられる。先に出立した少女を駅に送りに来た少年は、そのまま列車に乗り込み東京まで来てしまう。女は飯田町、彼は麹町と言うので電車も同じと考えたが、新橋ではぐれてしまう。夜霧の深い晩だった。住所を交わしていたが来信はなく、少女は「麹町×丁目××番地」のX家を捜してみる。見つからずうろうろ歩いていて警官に尋ねられる。

豪壮な洋館の邸宅、立派過ぎて目に入らず何度も通り過ぎていたのだ。X伯爵家だった。彼女は入れず引き返す。ほどなく少年の方から病気で入院中、来て欲しいとの手紙が届く。病院に通うようになり少年も回復していく。見舞い一〇回目ほどの三月の日曜日、その日の新聞にX家で次の日曜に大園遊会を催すとの消息が載った[当時の少なくとも東京の読者は山県有朋邸がモデルと分かっただろう]。少年はその前日が退院日といい、彼女も招待する、親類知人の令嬢たちに紹介する、と——。

病院を出て赤い月明の夕を、電車に乗らず神保町通りを九段の方に歩いて飯田橋へ曲がった暗がり、一台の自動車が追突するように急停止し、「もしもし」と呼びかけながら運転席から男が飛び降りて来た。少女の名を確認すると、彼《か》の少年が大変なことになった、詳しいことは車内でと、少女は前後を忘れて乗り込む。……気づくと全て真っ白な部屋の長椅子らしき上に横たわり、目の上の極端に高い白い天井は唐草模様風のレリーフ状になっていて、その中央から電燈《シャンデリア》が垂れて揺れている。二人の若い男が凝視していた。彼らは怪しいものではなく、危害を加えるつもりもないとしてこう話す。

我らは最近アメリカから帰朝した者で、同国のさる秘密な社会党結社の一員である。結社の運動を故国で起こす使命を帯びて帰った。血祭りの最初はX伯爵一家である。その罪業は数えることもできない。陸海軍の御用商人と結託して、現米《ママ》の買占めをさせたり、人民の膏血《こうけつ》をしぼるようなことで、彼等のしない事というのは何一つない。ところで聞けば、彼方《あなた》は平民でありながら彼等に誼《よしみ》を通じて、彼の家の花嫁になろうとしているとか（云々）。彼女は婚約者などでは全くないと箱根以来の経緯を話す。彼らは驚かせた事を謝り家の近くまで送る、失礼ながら目隠しをさせてほしいと絹ハンカチのようなもので瞼をしっかり包んだ。左右の腕を二人に支えられるように何回も階段を上り下りし、寒い風にあたり自動車に乗ったようだが、そこでまた記憶を失う。

彼女はこの奇異な出来事の後、東京の叔父の元から故郷・新宮の父母の元へ還された。そこは「当時の世界的事件である所謂《いはゆる》大逆事件なるものに依つて、大逆者たる数人の社会主義者が一時に刑せられた。或は死刑になり、或は無期懲役になつた。さうして社会主義なる言葉は一種の地方的脅威であつたのである。それら社会主義者のなかでもS・Oと呼ばれた人がそのなかで最も重なる人であつた」。

折しもＳ・Ｏの一族である富裕な二人の青年が遊民的なアメリカの生活から故郷に戻っていた。彼女は二人が東京のあの青年とそっくりなのに気づき、勇気を出し一人に手紙を書く。某日の三時から半までＩ浜で待ちます、胸に白い野菊の花を挿して、と。「白菊女史」と署名した。受取った二青年は手紙を知人にも見せびらかす様にして何だろう……と。好奇心旺盛な人たちだったが、不気味なことと思って浜に出かける人はいない。ただどんな女かと、その時刻になったら城山の上から砂浜をぶらついているだろう女を、「望遠鏡で見てやらうか、などといつて彼らは笑つた」――。

その後、彼女が町の牧師Ｏ氏［沖野岩三郎である］に訴えた話として物語られ、すべては幻想であることが示唆される［誠之助の甥二人がアメリカ遊学から帰った事実はある］。大逆事件という言葉を露に出すだけでも憚られたなかで、明らかに山県有朋とわかる存在の提起は勇気がいったに違いない。ただ社会主義者なる者も怪しい存在であることを強調してバランスをとっている。

この作について戦後の『うぬぼれかがみ』（一九六一年、中村光夫の春夫論への反駁として書いたもの）の中で、「中外」の執筆予定者がスッポカしたので、穴埋めせよと長江先生に言われて一週間か一〇日で仕上げた――「少々当惑しながらもこの機を逸せず一作試みたいと、考へ出したのは、かねて田舎で聞いてゐた大逆事件余話ともいふべき世間話」であると。「田園」がものになるかどうか分からないときに、この「一作によって世を動かす」受け狙いだったのだろうとの中村の解釈に、「仰せの如く間違ひなしの駄作……それも力の入りすぎた失敗作どころか、もつと恥ずべきただの駄作」

と、この点は恭順の意。

「あの一作で軽佻にもジャーナリストとしての才能をちよつぴり働かせたにしかすぎなかつた……沖野牧師から聞いたとほりに、大逆事件でショックを受けた地方の文学少女的田舎娘の実話としてのルポルタージュ風の風俗小説にした方がわかりはよかつたのであらう」――（ここにも事実のレポーターに非ず、クリエイティブな才能で書く作家なりの自負が語られている）。戦後の民主主義社会、とくに六〇年安保闘争下であることに留意したい。もともと社会主義に違和感を持つ人間が、改めて世相に斜に構えて再構成的に語る姿が浮かぶ。

「西班牙犬《すぺいん》の家」は第二稿の「病める薔薇」（六年六月「黒潮」）の半年前、同人誌「星座」一月創刊号に出た。小説デビュー作である。舞台は田園、雑木林のなかの一軒の洋館。

ノックするが応答なし、窓から覗き込む――大きな卓の片隅から、吸いさしの煙草から出る煙の糸が静かに二尺ほど真直ぐに立ち上って……。そっと扉を開けて入ると、床に真黒なスペイン犬――居眠りしていた奴が狡そうにそっと目を開け、のっそりと――。なかなか立派だが、大分老犬には違いない。頭を撫でると、喜んでこちらの手を舐めた。帰りがけ、もう一度窓から覗くと、例の犬はのっそりと起き上がって歩き出し――「私の瞬きした間に、五十格好の眼鏡をかけた黒服の中老人になり大机の前の椅子によりかゝつたまゝ、悠然と口には未だ火をつけぬ煙草をくはへて、あの大形の本の一冊を開いて頁をくつて居るのだった」。

大形の本は洋書、煙草はパイプに違いなく、幻影のジェントルマンは誠之助である。床に這う黒い犬は獄中の彼か。犬から中老人への変身は、時系列的には逆であり、牢に繋がれて非人間化されていったことへの反照的イメージに違いない。父の友人、自らも新聞雑誌縦覧所でその人の息吹を伝える本を手にし、畏怖の念と同時に親しい人であった（生意気にも激論もした！）――彼は誠之助で小説をスタートさせたのだ。ただ、七年前、「大逆事件」大詰め時の明治四三年一一月、森鴎外が『三田文学』に発表した『沈黙の塔』を思わせる節もある。鴉が舞う夕べの海辺の高い塔に、死骸が詰まっている、と語るホテルの広間の「安楽椅子に仰向けに寝たように腰掛けて新聞を読んでいる」脚の長い男の話。粗い格子の縞羅紗《しまらしゃ》のジャケットとズボンの男は、春夫にはコスモポリタン・誠之助である。鴎外自身が誠之助イメージで書いた可能性もあるのだが。

定本版『田園の憂鬱』について吉田精一は、「その感受性の過剰と、現実生活の平板とのギャップにはさまれて苛立つ倦怠と苦悩の詩情こそ、彼のもっとも本質的なもの」（『新潮日本文学辞典』一九八八年）と書く。また手許にあるほるぷ社刊の『田園の憂鬱』（一九八六年）巻末解説で井上靖は、二七歳の佐藤春夫の精神の風景画であるとして、「自分の心にあるもやもやしたもの、正しく表現することのできない不思議な不安、孤独感がここには描かれている」と。一般論として若きウェルテルの意である。

操作を春夫自身が行っている。定本版の冒頭にエピグラムとしてポーの三行詩が原文と春夫訳で載っている。訳の方は、「私は、呻吟《しんぎん》の世界で／ひとりで住んでいた。／私の霊《たましい》はよどみ腐れた潮《うしお》であった。エドガー アラン ポー」。これは第二稿の「黒潮」版にはなく（「この一篇をわが三上於莵吉に贈る……」で始まる他版にはない自己心境の前文はある＝前掲【図1】）、第三稿（**本章扉絵**）で三行詩である英文の最初の二行だけ現れ（つまり、私の霊はよどみ…部分はなし）、第四稿の天佑社版では全く消え（編集上の不調和があったのか）、第五稿の定本版で英・和各三行の完成形で復活する。苦悩するモダンなる青年像の提示であり、基調にロマニスムを漂わす。読者はここから「大逆事件」の誠之助などに結びつきようがない――結び〝つかせない〟のだ。

第二稿の「前文」には「新ロココ風の試み……」なる語があるが、欧風狙いの露骨さに気が引けるところもあったか。三稿以後は「前分」は削除された。ただ、そこにあった「すべてのものから脱却する唯一の道はその脱却しやうとするものに一先づ耽《ふけ》りて、耽り尽くす外にはない」に、取り付く死せる愚者の幻影を見ることはできるだろう。ポーが幻想的モダニスムの象徴として文学青年をとらえていた時期であり、自らの怪奇ロマン風探偵ものにも結実する。一〇作を納めた天佑社版のタイトルが『病める薔薇』であるのは適切だっただろう。確かに全作に共通するヒリヒリした神経感覚があり、やや過剰ながら「おゝ、薔薇、汝病めり！」には違いない。

春夫研究、とくに『田園の憂鬱』研究についてはすでに膨大な蓄積があると思うが、専門外のわたしは知らない。ただ、その作から「事件」を読み取ろうとしている。そんな身で口幅ったいが、従来の論で欠落しているのは社会性、生《なま》の社会的しがらみの認識であると思う。精神病理的な解読もあるようだが、違う。本質的に彼は冷静である。狂があるとしても演じてのそれである。抽象的な青春の苦悩・自我意識ではなく、社会（そこから逃れようのない）のもたらす強烈な渦の中、その原因（誠之助のこと）ははっきりしているのだが、そのなかで作者は奇妙な言い方だが、冷静にのたうっていたのだ。

したがって、一定の心の整理がつけば脱・憂鬱は達成される、若い心には案外容易に。それが定本の三年後の『都会の憂鬱』である。春夫本人は気に入った作品らしい。書かれているのは『田園の憂鬱』執筆時の困窮生活だが、気だるさは同じにしろ前著の緊迫感はない。文壇的成功がバネを緩ませたのだ。だが咀嚼し切れぬ残滓は留まる。脱却の困難さは敗戦後の誠之助回帰になって表れた。

後年、『田園の憂鬱』について春夫は「東洋古来の文学の伝統的主題となつたところのものを近代欧洲文学の手法で表現してみたいといふ試み」（昭和二六年＝一九五一、岩波文庫のあとがき）とした。これを受け檀一雄は「この稟質《ひんしつ》［天性］の東洋の詩人が、快癒《かいゆ》し得た状況のゆたかさ、ほこらしさは、人為の限りのまま、天然の快癒の摂理に叶《かの》ていたという、殆《ほと》ど童話的な贅沢さにある」そうだ（同年の新潮文庫版あとがき）。少し分かりにくいが、そんな西欧風ロマンではなく、心の闇の春夫一流の韜晦である。ただ、半世紀後になおこの言をなすところに、トラウマの深さがある。ウェルテル青年の心の彷徨を描いた「名作」という評価が一度定着すると、論者は大作家の言に素直に乗る。

第五節　「反戦詩人」になった晶子

鉄幹が誠之助の処刑を悼む詩（初出「春日雑詠」）を発表した明治四四年（一九一一）四月というのは、「明星」廃刊から三年後のことであり、文壇での存在感は妻・晶子の方に移っていた（夫婦間がぎくしゃくし出したころ）。「明星ロマン」ブームはすでに遠く、新たな作調への模索に心を占めていたのはフランス行だった。年初の幸徳らの処刑について『啄木日記』一月二五日にこうある。「昨日の死刑囚死骸引渡し、それから落合の火葬場の事が新聞に載つた。内山愚童の弟が火葬場で金槌を以て棺を叩き割つた――その事が激しく心を衝いた。昨日十二人共にやられたといふのはウソで、管野は今朝やられたのだ。……夜その事について与謝野氏を訪ねたが、旅行で不在、奥さんに遭つて九時まで話した。与謝野氏は年内に仏蘭西へ行くことを企てゝゐ《い》るといふ……」。

鉄幹は明治六年（一八七三）、京都・岡崎の西本願寺系の寺に生まれた。本名は寛。父の礼厳《れいごん》は国学者で志士活動に関わったが、維新後、新事業に挑むが失敗して寺を手放し、鉄幹は貧しいなかで父の教育を受ける。幼児期、父と薩摩に一時住んだ。その後、養子に出された大阪の寺を出奔、周防・徳山の兄の元で女学校の教師をするが一九歳で上京、落合直文の門に入る。落合の縁で翌二六年、「二六新報」の記者となり新派和歌論などを展開。日清戦争二年目の二八年（一八九五）春、落合の弟・鮎貝《あゆがい》房之進と漢城（ソウル）に渡り韓国政府経営の日本塾の教師となる。他方で何かの商売もしていたらしい。

エリート領事館補の堀口と親交し、同一〇月の日本の軍・官・民が起した閔妃暗殺事件に関与した（自身は事件発生時は地方で商用にあったよう）。取調べ対象になるがすぐ放免される。翌年夏、詩歌集『東西南北』を出し、丈夫調《ますらおぶり》「虎剣の鉄幹」との文名を上げた。三三年（一九〇〇）四月、主宰する新詩社から月刊文芸誌「明星」を出し、鳳《ほう》晶子・山川登美子ら女性歌人を前面に明星ロマンの時代をつくる。

翌三四年三月、鉄幹の女性関係の乱れなどを激烈に誹謗する『文壇照魔鏡』なる本が刊行された。筆者・発行元とも架空名、ただ鉄幹を身近で知る者の存在を窺わせた。大手の紙・誌も同調する立場から鉄幹批判を展開し（書かれている事実は十分の一程度にしても反省の要あり……の論調）、ほぼ同年中、文壇をにぎわす事件となった。渦中の八月、晶子の『みだれ髪』を刊行し局面を転回して行く（拙著『鉄幹と文壇照魔鏡事件――山川登美子及び「明星」異史』）。自然主義文学が台頭するなかで明星は四一年（一九〇八）に百号で終刊。翌年、新詩社同人で弁護士の平出修《ひらいでしゅう》（一八七八―一九一四）が主宰する「スバル」が後継誌となった。

平出修（露花《ろか》とも）は新潟県生まれ、明治法律学校（現・明治大学）に入り、すぐに新詩社入りし主に評論を書いた。三四年一〇月刊の『新派和歌評論』（黒瞳子《こくどうし》名で出す）は文芸評論家としての名を定めたものだが、これは「文壇照魔鏡」事件下での新詩社としての反論の書でもあった。冒頭、鉄幹の近作「我男《われお》の子 意気の子 名の子 詩の子 あゝもだえの子」を示し、大胆粗暴な詠い振りとした上で、「修辞も乱暴なれば技巧も頗《すこぶ》る欠けて居る……詩としてはあまりに浅薄すぎる、などの声は起こるであろう……芸術上の価値は少ない」と明言。

実は晶子の「やは肌のあつき血汐にふれも見でさびしからずや道をとく君」〔前年一〇月号の「明星」掲載、このときから物議をかもし『みだれ髪』にも収録〕なども、非道徳だとして合わせて「照魔鏡」支持側から攻撃対象となっていた。これに対して平出は「芸術は道徳を拒むものにあらず、さりとて道徳を要求するものにもあらず……只(女史が)生意気だと云つたら或いは生意気かも知れぬ」と。とりあえず批判を受け入れるようにして矛先を軟着陸させ、そこから切り返して自らの主張を展開するという巧みな論理構成である。弟子の心、師知らず——の鉄幹は面白くなかった。翌月の明星一一月号に「作者の意と反するもの、即ち誤釈というべきところ四三箇所あり、他日もし訂正を得れば幸い」と——この鉄幹に何を言うか、なのだろう。

文壇照魔鏡は逆効果も確かに生んだ。鉄幹自身が後年の年譜に「前年の誤解やや解消し、反動的に新詩社を助成する諸君、社中同人となる青年諸君、遥かに激増す」と書くのはほぼそうだろう(ただし、自筆年譜はこの情況を明治三四年の項に記し、事件発生そのものは前年秋のこととしている、改竄である)。文学青年、とくに女性支持者のなかで晶子の輝かしい位置は確定し、明星を軌道に乗せることになった。啄木の日記に次の証言がある。

明治三五年秋、つまり照魔鏡の翌年、一六歳の啄木は初上京した。一一月九日「愈々まちし新詩社小集の日也」。牛込神楽町の城北倶楽部の会場には「鉄幹氏を初め諸氏、すでにあり」。顔ぶれは、岩野泡鳴・前田林外・相馬御風・高村砕雨（光太郎）ら自分を含め一四名。「鉄幹氏は想へるよりも優しくして誰とも親しむ如し」。翌一〇日「（電車で）渋谷に到る」、屈曲の多い里道を暫く辿り青桐の籬《まがき》に沿って西に坂をおり詩堂に着く［現在の道玄坂、照魔鏡騒動下に堺を出奔した晶子が入り、『みだれ髪』を出した明星草創期の住居であり新詩社］。

「晶子女史の清高なる気品に接し座にまつこと少許《すこしばかり》にして鉄幹氏莞爾《かんじ》（にっこり）として入り来る。……（会うは二度目）吾は未だその人物を批評すべくもあらずと雖《いへ》ども……凶徳（照魔鏡のこと）に至りては余は直ちにその誤解なるを断ずるをうべし」。――憧れの大著名人に会った少年の感動である。修羅場を切り抜けた鉄幹の安堵感も読み取れる（上記顔ぶれはほどなく鉄幹から去って行くが）。

「明星」次の危機が日露戦争中の明治三七年（一九〇四）秋、旅順の攻防をうたった晶子の「君死にたまふことなかれ」（九月号掲載）だ。これも平出により切り抜けた。ときの代表的評論家・大町桂月が総合雑誌「太陽」の一〇月号と翌年一月号の二度にわたり攻撃、とくに二度目に有名な「乱臣なり、賊子なり」が現れる。この一月号を見た鉄幹は平出ら同人（帝大学生だった生田長江も）を伴い大町を住居に訪ね――押し掛け――論争を挑み、問い詰め、その一問一答を「明星」二月号に掲載した。問者は弁護士の平出、大柄な丈夫《ますらお》鉄幹は腕組みして背後で睨みをきかせただろう。

争点は「すめらみことは戦ひに　おほみずからは出でまさね……大みこゝろの深ければ」である。

大町は、天皇自身は宮中に（ノホホンと）あって民衆を戦場に送り出す結構なご身分ですこと、という皮肉の反語表現ととった。平出は、そういう御立場ゆえ深くお心（宸襟《しんきん》）を悩ませられる、あゝかたじけなくもったいなくもあらせられることよ！　つまり共感の詠嘆だとの論旨で論駁した。結局、大町は「晶子女史には気の毒なり」とギブアップ宣言。「明星」は翌月号で論理的かつ執拗に詰める一問一答をしっかり誌面化した。通説では晶子が乱臣・賊子の袋叩きにあったとされているが、負けたのは大町の方で、再反論することもなく以後、文芸評論家としては消えていく（拙稿「明星ロマン主義に見る国民国家意識――「君死にたまふこと勿れ」を中心に」二〇〇五年）。

晶子はお墨付きを得た形となり以後も躊躇なくこの作を作品集などに収録していく。ただし、言及することはなくなる（昭和三年、満鉄本社の招きで夫婦で満州旅行したときの記『満蒙遊記』でも旅順は淡々とした描写で過ぎて行く）。ちなみに『みだれ髪』についてもそうである。同一七年（一九四二）には四男の出征に「強きかな天を恐れず地に恥ぢぬ戦《いくさ》をすなるますらたけをは」「水軍の大尉となりてわが四郎み軍《いくさ》にゆくたけく戦へ」（改造社「短歌研究」一月号掲載の六首のうちの二首、翌年『大東亜戦争歌集 愛国篇』天理時報社に再録）とはなむけに歌った。

大町との論争中、晶子自身も彼の第一弾が出た翌月の一一月号「明星」に弁明の「ひらきぶみ」を書いている。冒頭部、「亡き父ほど天子様を思ひ、御上の御用に自分を忘れし商家のあるじはなかりし」で入り、「平民新聞とかの人たちの議論など一言聞いても身震いする……」と押さえ、「乙女というものは誰も戦争嫌い、戦勝《いくさ》ちて早く済めよ」、わが弟わが子の無事を祈る素朴な気持ちの旨を強調した（心に響くのは確かであり社会評論として自信作になったと思われる）。

ただ、詩中の「……旧家をほこる」にあるように、「わが……」にはふつうとは違う家柄、芸術に優れた天才及びその身内（たまたま地上にいるが天の存在＝天皇の縁者）であり、大衆とは別であるという選良意識——むろん屈折の反転——が前提にある。その上で悩ませ給う、ありがたき御心への共感詠嘆なのだ。普遍的なヒューマニズムとはいえない。「わが四郎……」は死も近かった病の床での作、親譲りの天皇賛美者として終生ぶれることはなかった。

『みだれ髪』までの晶子は文芸誌レベルでの名前だが、この代表的総合誌『太陽』での派手な扱いを通じて大・与謝野晶子が生まれた。すでにしっかりメディアの時代である。大町桂月こそ産婆役を果たした貢献者であった。「明星」終刊後も短歌や古典の現代訳に多作の才を発揮し、何よりも「ひらきぶみ」を契機とした保守感覚の評論家として、最も著名な女性文化人となる（寛は「晶子女史のご主人」に）。色紙・短冊類の求めもぐんと多くなる。「やわ肌のあつき血汐に」「あ、をとうとよ君を泣く」「山の動く日来《きた》る」など時勢に共振するキャッチーな表現感覚はみごとだが、思想的に深いという訳ではない（文学作品は思想性を第一義とするわけではないにしろ……）。むろん、細腕一本で大家族を支えなければならない現実はあった。

大正三年（一九一四）、第二次大隈内閣が陸軍の二個師団増設案を出したとき、晶子は反対表明をした［年末の議会で否決されて大隈は解散策をとり、翌年三月の総選挙＝鉄幹も出馬落選＝を経て可決］。

この反対論が反戦論といわれたことはなく、晶子も「反戦評論家」とは冠せられていない。その定着は実は敗戦後のことなのである。その立場から「わが四郎」などをもって「晩節を汚した」とする家永三郎（松本和男あて私信中）らの論が出るが、見当違いであり晶子に失礼である。戦前・戦中の弾圧を体験した、むしろ左派が「君死に……」を改めて反語表現で読み込み、よくぞここまでと感動を深めた気配がある。

やむを得ない面もあるが、あの反語・皮肉論に立つ大町桂月がケシカランと言ったことが、今度はだから素晴らしいとなった。戦後左翼の熱気のなかで、この反戦シンボルの晶子像を軸に、明星のヒューマニズム・イメージが再構成的に形造られていく。

それは、整合しない丈夫＝壮士の鉄幹像をさりげなくぼかしていく――深い言及は避ける過程でもあった。興味深いのは、鉄幹・晶子の孫の有力な保守政治家・馨《かおる》が二〇〇四年、「反戦詩人にされた与謝野晶子」と題した一文で、誰よりも天皇尊崇の人である祖母が左翼の仕掛けで天皇制批判のスターにされてしまった、と身内の憤懣を吐露したことだ（「文芸春秋」六月号）。わたしの論のいわば裏打ちである。戦後民主主義の気分のなかには「反戦詩人・晶子」賛が通奏低音としてあった。

春夫はクールだった。その詩は放漫に過ぎて構成も平板、通俗に過ぎるとして、彼女を非戦論者と早合点した大町桂月が引き起こした「論争のおかげと、平板な社会詩の大衆性のために一代の名詩のようにもてはやされた」と断じた（『晶子曼荼羅』一九五五年）。

「敗戦後の「反戦詩人・晶子」評の定着に、晶子に私淑した深尾須磨子の昭和二四年（一九四九）の『君死にたまふことなかれ――人類の母 与謝野晶子』があったと思われる。師をギリシャの詩神サッフォーと称え、「旧日本における命がけの行為、空前絶後の作」と絶賛した。深尾は戦前・戦中、体制翼賛会などの花形的存在であり、一四年（一九三九）春から一年余、日独伊親善協会の使節として滞欧した。同五月一九日の東京朝日にローマ発電「深尾女史贈物を伝達」の見出しで、チアノ外相を訪問し、協会から首相夫妻への贈り物と、有田（八郎）外相から同外相への書簡等を託し歓談五十分……との記事が出た。翌月ムッソリーニとヴェネチア宮の執務室での会見記を「ムッソリーニの夜」と題し、一六年の「改造」七月時局号に発表した。「一切の外交的儀礼や言動を差引いた止むに止み難い共鳴と交換」となった初夏の一夜の体験を、ムッソリーニの「あなたが日本の女詩人だから特に会うことにした」で筆を起こす。「日本とイタリアは距離こそ遠けれ精神は一つ」の語りかけに、「彼こそ日本にとって紛れなき盟友、どんなことがあろうと至情を裏切ってはならず、より深く理解すべき必然的義務をもつ」と心に誓う。来訪の感想を問われ、「古今にわたるいろいろな物を見ましたが、結局、ますますムッソリーニの偉大さを感ずるばかり……と正直に答えた」。大広間の扉に立つ別れ、「私の瞳はおそらく濡れていたに違いないし、その人の瞳にも人間究極の詩情の露がきらりと光っていた。……その足跡はあまりに超人間的であり、神に近いとはいへ、無限に豊かな人間味……汲めども尽きぬ泪《なみだ》」云々。

前掲戦後の『君死に……人類の母 与謝野晶子』ではこう書く。「今から十年前、軍国主義もまさに絶頂において、苦労の二字を目標に［?-］三度目の渡欧を企てたが……すでに鎖国同様、何々使節の名目でもなければ、一詩人の外遊など問題にならなかった。私は余儀なく文化使節となって……（いかめしい首実験と思想的試験を受け）上べは華やかな学士会館における壮行会を後に、二等船客となって……」。着いたナポリには日独伊協会から使節罷免通知の航空便が待っていた［事情不詳］。「私は使節に落第した」。感動のムッソリーニ会見など一切触れない。その壮行会に出席した晶子が「ダンテの国、ゲーテの国によく使いせよ」と激励してくれたことは書いている。反戦詩人としての晶子賛が心の負い目の埋め合わせになったのか（ただ、ムッソリーニ賛と晶子賛は主語は変わったがトーンは同じ）。

深尾の賛とまた共振するのが戦後左派のそれで、晶子像を定着させていくことになる。マルキスト歴史家として著名な服部之総は、「民族の英雄とその文学的表現」と題した随筆で「（対露）宣戦詔勅にたいする――天皇制にたいする――真正面からの批判である。知識する少女のこん身の抗議である。思索したればこそ不退転であった」（『服部之総全集15』所収）と民族の英雄少女として讃えた［その時、彼女は母親であったが］。深尾は平和運動・ベトナム救援運動・日米安保破棄などで活動する――造作した師の輝きを自らの光背にして。その論自体は結構だが、仮定として、今現在の世相にあったならどういう行動をとるか、やや危惧を感じざるを得ない人間類型ではある。同パターンは珍しくない。上記「改造」その前後の号、及び新聞も散見したが時局に力強く呼応する論がならぶ。戦後には同様、進歩派として著名な筆者が目につく。男たちである。春夫もこの時期には少なからずの戦意発揚詩を書いた」

保守的な心情から日常感覚の機微を即興的に溢れるように詠みだす晶子の天与の才、とりわけ多作のエネルギーは生涯変わらなかった。そして反戦詩人として進歩派の存在証明として言《こと》あげする一部の傾向はなお健在で、パラドキシカルにしてシニカル（あるいはコミカル）な光景をうかがわせる。

本人はかの世でどう感じていることか。

第六節　薔薇《ばら》の詩人と春夫の反戦小説

「君死に……」の二か月前の明星七月号に「ゆふちどり」の署名で、「みいくさにこよひ誰《た》が死ぬさびしみと髪ふく風の行方見守る」が載った。翌八月号での平出の評、夕ちどり君の作はどれも完璧とした上で、「戦争を謡《うた》うてかくの如く真摯《しんし》にかくの如く凄愴《せいそう》なるもの、他にその比をみざるところ、我はほこりかに世に示して文学の本旨なるものを説明してみたい」と。平出には異例の絶賛である。

図３　石上露子（本名・杉山タカ）

夕ちどり、多くは石上露子《いそのかみつゆこ》を使ったが本名は杉山タカ、孝子とも【図３】。南河内は富田林の大地主の跡取り娘で、生涯地元に生きて鉄幹グループとの直接の交遊はなかった。「事件」で幸徳秋水は湯河原の宿で逮捕されるのだが、このとき捕縛した検事・大田黒正男が残したメモに大阪平民新聞への寄付者として、「富田林村杉山孝子は金百円を寄せ又大石誠之助は数度に金五十円を贈りたり」

（『幸徳秋水全集』別巻一）と。大阪の宇田川文海を中心とした文学の集いで、管野スガと並ぶ写真も残る。敗戦後も近年になって、白菊と評された美貌とともに改めて脚光を浴び出した歌人だが、平出はその時点で歴史に耐える評価をしていた。

実は春夫にも優れた反戦作品がある。天祐社版『病める薔薇』に収録された「戦争の極く小さな挿話」。遼陽付近での戦い［日露戦で満州の遼陽会戦だろう］――「別に大きな戦といふではなく、毎日いくらでもあるやうな奴……」。伝令に走った内山上等兵が一〇メートルばかり進んだと思うと、ぱったりと突き飛ばされたようにのめった。顔を地面にぶつけるように。撃たれたか？ 撃たれて気絶したか？ しばらくすると内山はやはり起き上がった。我々はホッとした。けれど体を支え起したきりで、駆け出しそうにない。返ってまたしゃがみ直しているのだ。少し体を我々の方に捩じ向けるようにして。それから空を見上げて、すぐまた頭をぐったりと下げた。

見ると、内山はごく静かに指を動かして、自分のゲートルのボタンを一つ一つ、丁寧に外し始めた。それが実にのろい動作なので、何とも見ていてもどかしい……やっとボタンをすっかり外し終わると、今度は靴紐を丁寧に解く。解き外すと靴自体を脱いでしまおうとするらしい、彼の体のかげでよく見えないが。……靴が終ると、今度は靴下を、その爪先のところを手の指でつまんで、そろそろと引脱《ひきぬ》いで居る。その時、初めて気がついたのだが、内山の左の肩のところから血が噴き出して、カーキ色の軍服の上までそれが滲み出し、みるみる、大きく大きく、牡丹の花ほどの斑点から、やがて背中一面に広がった。……内山は自分の銃をとり直すと（撃鉄操作を一度やり直し）、銃を地面へ置いて、右の手で腰をさぐって弾盒《だんごう》から弾を一つとり出していた。敵の射撃が一層激しくなって、私の隣にいた兵は倒れた。「それ以上先を私は精《くわ》しく述べ得ない。一口に言へば、内山は自分の咽喉へ、銃口を当てがつて、自分の足で銃の引金を引いて、自分で死んだのだ」。

短編群の中にも、さり気なく置かれた小品。本人は昭和三年（一九二八）の「西班牙犬の家」に触れた随筆の中で、ひと言「くだらないもの」と一蹴。キナ臭さをます世相下での韜晦があるが、本人の言がどうあろうと、反戦作と限定するまでもなく、平出のいう「文学の本旨」を示した名作である。その言が本当とすると、普遍性をもつ作品が作者とは別に成立し得る一例となる。

先述「或る女の幻想」（大正七年一一月作）ではヒロインが「白菊女史」と署名したが、「白菊」とは五か月前の六月に長谷川時雨が『美人伝』（東京社刊）で、石上露子について評したことに由来するのは間違いない。露子は明治四〇年（一九〇七）二五歳、明星一二月号に絶唱の詩「小板橋」を残してすでに文壇から消えていた。家のわきを流れる石川の石の河原に佇む孤影の自分を歌った作。

長谷川はその詩――「ゆきずりのわが小板橋／しらしらとひと枝のうばら／いづこより流れか寄りし／君まつと踏みし夕《ゆふべ》に／いひしらず沁みて匂ひき／今はとて思ひ痛みて／君が名も夢も捨てむと／なげきつつ夕わたれば／あゝうばら、あともとどめず／小板橋ひとりゆらめく」を冒頭に掲げ、「かつて『明星』には、すぐれた五人の女詩人《じょ》があつた。晶子、とみ子、花子、雅子と此《この》露子とで、其《その》うちの最も美しき女《ひと》と唄《うた》はれ、其歌の風情《ふぜい》と、姿の趣をあはせて、白菊の花にたとへられてゐた」と。

時雨は露子を実際には知らず、イメージで「富田林に広き家をかまへ、心静かに想《おも》ひにふけつてゐる」と書き、深窓に消えた麗人伝説を生みだした。

春夫はこれを読んでいる。うばらとは薔薇《ばら》＝そうびである。この幻想的な一〇歳上の先輩詩人について、鉄幹・晶子から聞くこともあっただろう（露子二三歳は明治三八年秋の上京時に黄菊・白菊をもって与謝野宅を訪ね晶子に会っている）。現実の露子は跡取り娘として意中の人を諦め（これが「小板橋」となる）、入り婿を迎えて筆を折らされ、大地主として生きた（松本和男『評伝・石上露子』など）。

その詩は生田春月や伊藤整らの心を揺らしたが、長谷川の「伝」とともにいち早く伝説化する。昭和二二年（一九四七）、春夫と島田謹二・吉田精一共編の『近代抒情詩選 花さうび』（天明社）にも収録、この詩集は焦土下の文学青年を魅了したという。農地改革後のわびしい状況下、唯一の詩歌集『石上露子集』（松村緑編、中央公論社）が出たのは一九五九年秋、七七歳での死去の一か月後だった。

当時の活動は「婦女新聞」が主で、編集者の下中弥三郎・嶋中雄三とは親しく交信した。大地主としての人生は夫が精神を病んだことからだが、師の一人ではあった晶子のように、「平民新聞とやらの人達の御議論などひと言聞きて身震い致し候」（ひらきぶみ）という感覚とは無縁の女性であったことは確かである。農地改革での没落、二人の息子が先立つ孤独な老境下に、松村緑ら戦後の研究者に再発見された。

管見の限り、『田園の憂鬱』について直ちにその〝根っこ〟を感じとったのが広津和郎である。大正七年九月、つまり「中外」の『田園の憂鬱』が出た同じ月に、「『田園の憂鬱』の作者」と題した一文で「西班牙犬の家」と「戦争の小さな挿話」も挙げつつこう書いた（筑摩書房『現代日本文学大系42佐藤春夫集』巻末所収）。この作家が近ごろ輩出の新作家が多く持っている軽快さ、巧みさ、目のつけ所の器用さという以上に、「もっと渋い或物、もっと特異な複雑な或物、もっと通俗的でない或者を含んでいる事に気がついた。ピリリと舌を刺すような芸術的な味、新しい冷たさの手触り……センチメンタリズムの絶無なのが快かった。が、小品ながらこれらの作は私を不安にしないではおかない。作者の本体は何処にあるのだろうと思うと、見当がつかなかった……本体の何ものなるかを探し求めようとすると、唯霧の中にさまよい入るように、五里霧中になるより仕方がなかった。そして不安であった」。広津は春夫より一歳上の二七歳、彼がそれを探し求め「得て」いたなら、わたしが本書を書く必要はなかった。

――春夫とは違い、書くことでの解消法をもたない大衆の心の底には、もやもやが危険性を秘めたエネルギーで蓄積されていく。ニコライ処刑が増幅した血の革命イメージ、血濡れた社会主義者像が、改めてメディアを含めた権力の操作で、幸徳ら「事件」犠牲者の上に塗り重ねられていった。

第七節　誠之助妻子と沖野岩三郎

既述のように文芸誌「スバル」（昴とも表記した）は明治四二年一月、平出修（露花）と石川啄木を中心に創刊された【図4】。前年の一一月に行き詰った「明星」を鉄幹が終刊させたのを受けたもの

図4　「スバル」創刊号の表紙イラスト

（ただ鉄幹は自身の年譜で「諸友と……刊行」と自分を主語にしている）。平出が出資、つまり経営者であり神田・西神保町の自宅が編集・出版所だった。森鴎外が毎号出稿するなどの支援の下、平出の三六歳の死の直前まで四年間六〇冊続いた。創刊の翌年、幸徳らの「事件」が起こるとその弁護士となり、新宮グループの崎久保誓一と高木顕明を担当した（法廷弁論に先立ち鴎外から参考講義を受ける＝後述）。

危うく検挙を免れた新宮の牧師・沖野岩三郎が、鉄幹を介して依頼してきたのだ。老練《ベテラン》でも逃げる弁護士がいる状況だった。沖野は平出の人物・力量をよく知っていた。「事件」の作家となる。

大阪で明治三〇年（一八九七）夏、「よしあし草」という同人誌が刊行された。天満の郵便為替貯金所勤務のハイティーン青年、高須芳次郎（梅渓、後に評論家・水戸学研究家）と中村吉蔵（春雨、劇作家・早大教授）らによる。二人とも程なく上京し、高須梅渓は文芸誌「新声」（後の新潮）の記者となるが、「よしあし草」にも関わり続け同誌は近畿・中国へと支部を増やしていった。早くからの会員に船場の商店員の小林天眠がいた（事業に成功し鉄幹・晶子の援助者となる）。堺支部に鳳晶子がいた。鉄幹は短歌欄の選者をするようになり影響力を強め、三三年八月、誌名を「関西文学」に変える

（明星創刊の四か月後）。事実上の新詩社の支部化だった。

梅渓は当初、協力的だったが八月六日、堺の高師の浜で開いた鉄幹・梅渓、晶子・山川登美子らが集った歌の宴のころから齟齬が生じる。明星に先立ち「新声」投稿者だった登美子への梅渓青年の思いがあり、急伸する「明星」と先行「新声」というメディア間の葛藤も底流にあった。これが文壇照魔鏡事件となる。「関西文学」は三四年（一九〇一）一月号で突如終刊、同三月『文壇照魔鏡』刊行——筆者は梅渓と新声社の同僚である（前掲拙著）。

沖野岩三郎は「よしあし草」末期から「関西文学」を通して、沖野五典の筆名で頻繁に寄稿していた。「関西文学」三三年一〇月号には沖野の短歌三首（五四頁）と平出の評論「『明星』にあらはれたる恋歌」（二六〜二九頁）が載った【図5】。ここで平出は、六号（九月刊）まで刊行していた「明星」について、「伝統の古歌に対し新味流露せる新派和歌を作り出している……なかでも明治に於ける新派女詩人の燃ゆる熱情と尽きぬ煩悶」と評し、とくに晶子と登美子の次の作を挙げた。
○病みませるうなじに細きかひなまきて熱にかわける御口《みくち》をすはん（六号 晶子）
○うけられぬ人の御文をなげやれば沈まず浮かず藻にからまりぬ（六号 登美子）
上述した翌年一〇月刊の『新派和歌評論』は同三月に出た『文壇照魔鏡』への対抗の書だが、その骨格はこの「『明星』にあらはれたる恋歌」であり、これを加筆展開したものであることがわかる（なお登美子の「投げやった手紙」とは梅渓からのそれ……）。沖野はこのころから平出を仰ぎ見るようにしていたのだ。沖野には親しい六人が死刑・無期になったのに、自分だけが免れたことに強い負い目

『明星』にあらはれたる戀歌　　　露花

『春の夜の夢ばかりなる手枕にかひなくたゝん名こそをしけれ』と詠みたりし人の心やいかに、詠みきかさ

（中略）

我や此文の最後に、尚左の二首を拔きて、明治に於ける新派女詩人の燃ゆる熱情と、盡きぬ煩悶との一節を示さんとれもふ。

○病みませるうなじに細きかひなまきて熱にかわける御口《みくち》をすはん　（六ノ二八頁晶子）

○うけられぬ人の御文をなげやれば沈まず浮かず藻にからまりぬ　（六ノ二九頁さみ子）

○　　　沖野五點（紀伊）

土ふめどこゝろうらなりなどいひて月の女神にわれたはふれぬ

なごりつきず月はかたふくいざさらば旅やすかれよわかれゆく友

へだてなき妻にも秘めし年ごろのこゝろのほどを月にかたるよ

図5　「関西文学」明治33年（1900）10月号に載った平出の歌論と沖野の短歌

があった。

処刑から五年後の大正五年（一九一六）九月末、沖野は地元に住みづらくなった誠之助の妻ゑ以《えい》と男女二人の子の上京を助ける。麹町区富士見町五丁目の与謝野家を訪ねたのは確かだろう。平出は二年前に（啄木は四年前に）故人となっていたが、鉄幹は彼らの師であり、沖野自身が大阪文壇での縁に始まり、新宮での講演会では直接に知り、前年には詩「誠之助の死」があり（トルストイ脱落の改作をどう思ったかは分からないが）、また次述の鉄幹の衆院選出馬で金策のため晶子が前年に新宮に来たのを迎えたいきさつもあった。

今度は自分が頼る番という思いがあっても不思議はない。本書冒頭、毎日新聞記事が「身を寄せたのが与謝野家」と書くとこ

ろだが、どういう〝寄せ方〟だったのか（管見の限り鉄幹・晶子側の記録は確認できない）、一応検討してみる。

この上京の二年後（一九一八年）の一〇月、四二歳の沖野は誠之助一族を扱った小説『煉瓦の雨』（福永書店）を出して、このときの事を書いている。もとより「事件」自体はストレートに書けない。ダダさん（誠之助）についてこういう描写で示唆するだけだ。「突然家出したま、帰つて来なかったダダさんは、其翌年の二月に一握の灰になつて帰つて来たのだ。……一同は骨壺を納めた小さい箱を護つて南谷の墓地へ夫《そ》れを埋めに行つた」。

そして淀野（与謝野）宅訪問はこうだ。「あなた方三人が東京駅に着いたのは十月八日でしたね。あなた方は麹町の淀野さんの家で五日も滞在して愈々《いよいよ》浮世を離れた修道院の門を潜ったのは十月の十三日でした」（曖昧ぼかし描写が多い作品のなかでここは極めて具体的）。

ただ詳細な沖野伝である野口存弥の『沖野岩三郎』（一九八九年）では、「大石の遺族は沖野の奔走によって新宮を脱出することができ、上京すると芝の聖書学館に入った」とあっさりした記述。また森長英三郎の『禄亭 大石誠之助』（一九七七年）も、沖野は「遺族の新宮脱出を助けるなど……救援活動をした」とだけで与謝野家滞在のことはなく、沖野自身についてその「説や思い出は虚実が入りまじったもの」とも付記する。官憲の方がきっちりと把握していた。「別要視察人状勢一斑 第七」（『続・現代史資料1 社会主義沿革1』所収）によると――。

「和歌山の沖野岩三郎は誠之助遺族の窮状に同情し、将来の処置のために自身が九月二五日に東京に着き、二九日に遺族の入京するのを待合わせ、それから種々奔走の結果、寡婦の恵為《エイ》をキリスト教伝道師にする目的で、一〇月七日より芝区二本榎町の米国人ウエスト経営の聖書学館に寄寓し四年間給費生として師事させることにし、また長女鱶《ふか》と長男の舒太郎を同区台町の尋常小学校へ入学させ……本人は八日発で帰県」と。つまり妻子に同道したのではなく四日前に東京着、事前に準備に入っていたことになる。「種々奔走」した二九日から七日までの一週間が、妻子が与謝野に滞在した可能性があるときだ。

鉄幹の側はどういう状況にあったか。三年前にフランスから帰国（一年二か月の滞在）、帰国翌年に満を持した満開パリ・ムードの訳詩集『リラの花』を出した。反響なし。その翌年八月の『鴉と雨』もヒットに遠かった――実はこの刊行の半年ほど前、なかなかの大事があった。大正四年（一九一五）三月の衆議院選挙に京都から無所属で出馬したのだ。

定員五人に対し一一人が立候補したが、同二五日の投票で得票が九九票の最下位、六番目の次点が二千四百票余だったから惨敗だった（同二八日の東京朝日）。先立つ同紙二月一三日付けによると、当初は安達謙蔵（二六新報の元同僚、「閔妃暗殺事件」に関与した民間人）の口利きで首相・大隈重信の与党・立憲同志会から補助金三千円を得て晶子の地元の堺から出馬するつもりだったが、大隈と面会したものの不調になり、自身の故郷・京都からの無所属となった。記事は、晶子が大隈の二個師団増設案の反対論者であったことをにおわす（大隈はこの正月に対華二一か条の要求も提示していた）。

東京朝日の三月一一日に晶子の選挙運動についての記事がある――十日大阪入り心斎橋筋備後町の小林（天眠）氏方へ落ち着き……記者に対しおっ被《かぶ》さるような頭髪を掻き上げながら……宅《たく》は政治ということに縦令《たとい》素人でありましても議会に出ましてから修養もできましょう……千六百票ほど執らないと駄目なのだそうで（私も）あちらこちら頼んでみたいと思って……座には同家の夫妻を初め……佐藤春夫氏夫妻が控えていた、この間スラスラと三首（略）――〔春夫の「田園」第一稿はまだ翌年のこと、詩と評論で注目をされ出したときで、伴っているのは『田園』の「妻」の新劇女優・川路歌子と思われる〕。

このとき晶子は新宮まで春夫同道で足を延ばし、沖野岩三郎や誠之助妻子らと会った。選挙区が違うので投票依頼ではなく、金策の旅だったと思われる（フランス行きのときの仕方をとったのだろう）。最終結果の二八日の同紙面は「大隈伯は得意満面」の大見出しで与党大勝を伝える（鉄幹は「年譜」を始め出馬について語ることは一切なかった）。

『鴉と雨』はその五か月後の刊。翌五年、沖野と誠之助妻子の来訪するころは「明星」廃刊から八年、一番苦しい時代でとりわけ晶子の細腕に頼った時期である（短期間ながら家出も）。晶子は三八歳（鉄幹四三歳）、この前後数年間に旺盛に本を出した。とくにこの年は主な刊行だけでも一月『朱葉集』、二月『短歌三百講』、四月『人及び女として』、五月『舞ごろも』、七月『新訳紫式部日記和泉式部日記』、一二月『新訳徒然草』、一二月『明るみへ』（新聞連載の単行本化）、ほかに前年末に出した『歌の作りやう』の二版・三版・四版を一・七・一一月、どれも三百から四百ページになる大著だ。さらに新聞への随筆や紙・誌への詩歌寄稿多数（入江春行『与謝野晶子書誌』による）。火の車の大車輪を思わせる。選挙での借金もあったのかもしれない。『明るみへ』は唯一の長編小説で身辺の人たちを描いており、失意の夫の姿もある。小説家へ期すところもあったようだが、成功しなかった。

多忙もさりながら、幸徳らの「事件」にどういう心境だったのか。収監中の管野スガ――晶子の素朴なファン――が、平出を介して晶子の歌集『佐保姫』（明治四二年五月刊）を望んだとき、晶子は拒否した。処刑から三年後、大正三年三月二〇日付け小林天眠あての手紙のなかで、晶子は平出の死（同一七日）を悼む箇所でこう書いた。「昔大《むかし》ぎやくざいを犯せし女が、わたしの詩集をよみたしと云ひしに……私は臆病さにそれのさし入れを得《え》せず候《そうら》ひき……その時のざんげを平出氏に（今度会ったらしようと思っていたけれど）そのま丶になり候」（植田ら編『天眠文庫蔵 与謝野寛 晶子書簡集』）。

文脈から、ざんげとは平出に差し入れをさせてしまったことをいい（そこには何度も窮地を救われた謝意もあるだろう）、スガへのそれではない。その女は「大逆罪を犯した女」なのである。

スガの『佐保姫』希望は、平出が年末の一二月二八日に行った法廷弁論（後述）が彼女を感動させたのがきっかけだ。一月九日付け平出宛て手紙に、「御弁論を賜《たまわ》りあまりの嬉しさに一筆御礼申し上げんと筆を……千万言の法律論にもまして嬉しき思想論を承《うけたまわ》り、余りの嬉しさに（仮監獄に帰ってすぐ没交渉の看守の人に御噂《うわさ》をするほど）全く日頃の胸の蟠《わだかま》り一時に晴れたる心地……改めて厚く〳〵御礼申し上げたく候《そうろう》……」。

末尾に、「一二の人に頼みて待ちこがれ候御経営のスバル並に佐保姫御差入れ下され何より有難く……晶子女史は、鳳《ほう》を名乗られ候頃より、私の大すきな人にて候、紫式部より一葉《いちよう》よりも日本の女性中一番すきな人に候、学なく才なき私は……只この女天才等一派の人の短詩の前に、常に涙多き己《おのれ》の境遇を忘れ得るの楽しさを味わひ得るのみに候」（『定本平出修集』）。平出はスガの直接担当ではなかったから、一、二の人（看守・担当弁護士）を経由して希望が伝えられたのだ。彼はすぐ晶子に知らせたに違いないが断られ、そこで自誌スバルとともに差入れた、という経緯。スガの謝状は九日付けだから刑執行の二五日まで、二週間だった。

晶子が六年前、あの大町桂月への弁明「ひらきぶみ」のなかで、平民新聞の人たちには「身震いする」と自己証明したことを合わせ考えると、選挙の後始末、出版に次ぐ出版の多忙さにあっても、誠之助妻子の滞在は（事実なら）戦々恐々下の心境だったことがうかがえる。

衆院選のとき晶子は新宮まで行ったが、このとき迎えた地元一同と新宮駅で撮った写真が残る。沖野をはじめ誠之助の妻子ら親族、春夫と計二〇人ほど、事実上の大石一族である。背筋を伸ばし毅然としたみなの眼差しが印象的で、ひそやかな自負を漂わす。ほぼ真ん中に晶子が位置するが、顔は前に立つ誠之助養女の頭に半分ほど隠れ、や、不安げな眼差しをのぞかせる（『新潮日本文学アルバム59佐藤春夫』所収）。

この訪問を遠路わざわざの不幸な妻子慰問のためと捉える見方もあるが（むろんやさしい言葉がけはしただろう）、やはり選挙戦の文脈で考える必要がある。敗戦後のことだが、沖野自身が「子供とばあやを連れて、はるばる紀州野の私の家に来て、夫君のために選挙費用を集めた」（前掲野口著一四一頁）と。そういう状況での翌年の上京である。監視つきの彼自身が不安な立場にあり、東京での頼りは鉄幹しかなかった。すがるような思いもあっただろう。

一席のもてなしがあったとしても不思議はない。ただ、小説『煉瓦の雨』で書いた「麹町の淀野さんの家で五日も滞在」はどうか。超多忙で多くの幼子のいる家であり、少し考えにくい。どうも沖野のアピールの感がある。こういうことだ——豊穣の日々を過ごした者が、故なく故郷を追われるのは、小説として劇的効果を生む山場である。ただし、描かれる当のエイ妻子にとって、世の忘却の海の底に潜むことこそ望みだったに違いなく、そこから存在を引き出して衆目にさらす小説化は迷惑だっただろう。

そこで、この著名な大文化人の家でこれだけ歓待されたのです——とのエクスキューズの意図があったと考えられる。妻子及び世間に対して、とりわけ「その筋」に……である。要視察人として「事件」時から官憲の監視下に置かれた身、この『煉瓦の雨』自体が発禁になる可能性があった。むろん何より鉄幹自身への期待がある（もともと名だたる丈夫《ますらを》の国士であり、その認識は当局にもある）——ここはよろしくその存在感で、という微妙な開き直りもにじむ（当の人物の小心さを知ることなく）。沖野にすれば、去年の直接の貸しもあった。

彼は表現者として小説家であり、ドキュメンタリストでは在りえなかった。文学は虚構において真実を抉るが、魔性性が生じるところでもある。エイはそのとき文学の餌食だったかもしれない。だが新聞の鈍感な報道（時代的制約下にあったとはいえ、いま研究的視点以外からは読むに耐えない）に比べて、沖野作品はその過酷下にあった人の心情を伝えるものとして現在にも響く。ともかく、「妻子は地元に居られず上京するが、最初に身を寄せたのが与謝野家だった」（既掲新聞記事）という救済者的語りは、『煉瓦の雨』に由来すると見ていい。

大石家は多くの林野をもつ南紀で知られた大地主であり、誠之助はその当主である。エイは処理した資産をそれなりもって出たと考えられる。「協会に寄寓する四年間の給費生生活」の前提として、寄付行為もあっただろう。上京時、三人の一週間の宿代にも困っていたとは考えられない（前年には選挙資金で期待された立場）。「事件」後、地元に住みにくさが生じたには違いないが、「窮状」の強調が着の身着のまま、石もて追われる如くのイメージを過剰に生んだのではないか（砕けた煉瓦の雨が降りかかる思いが沖野自身にある、メディアの効果もあったにしろ）。あの新宮駅での堂々とした記念写真にもそぐわない――過酷に追ったことにされた地元にも不幸であった。

沖野はこの東京行の翌大正六年（一九一七）に『宿命』でデビューした（大阪朝日の懸賞小説の当選作、検閲にかかり改稿して連載）。七年の『煉瓦の雨』は実質二作目。巻末の「跋」には鉄幹を先頭に西村伊作（誠之助の甥、後に文化学院長）、賀川豊彦、富本憲吉、生田長江、それに佐藤春夫ほかと晶子を末尾に計一一人が文を寄せる（総じて当たり障りのない感想）。沖野から寄稿の強い要請があったことが読み取れる。「大逆」恐怖が滲む世相のなかで、できるだけ著名人を並べたかったに違いない。春夫は『西班牙犬の家』が前年一月、「中外」版『田園の憂鬱』はこの年九月で、一〇月の『煉瓦の雨』とほぼ同時に刊行されたときである。

『煉瓦の雨』の埋葬の場面に、ダダさんの「家出」と同時に行方不明となっていた飼犬のブラウ（ある宣教師からもらったアメリカ種の賢い番犬）が突然姿を現す。すると「右手の枯れ草を掻き分けて突然出て来た青年があつた」。手には盛んに煙を立ち上げる一束の線香。墓の前にそれを置いて、「『先生』と小声で言つたきり暫く顔を上げなかった。……起上ると同時に狂人の様に草原を分けて下の方に走つた。居合わせた人に誰も其名を知つて居る者がなかつた。……（他方）ブラウは山の中で頻りに、ワンワンと吠えていたが後で聞けば其後間も無く彼の墓地の近くで死んで居た」。

ブラウは春夫作の「フラテ」か——突然の青年は『病める薔薇・田園の憂鬱』の主人公が湧き出たようでもある。「跋」で春夫自身は、「悪魔と神との葛藤を、そうして時に悪魔が神の天使であることをも……率直に牧師という職業から来る臭みがあるが、根本的なものを示すまでの道程として楽しんで読んだ……高慢な言い方をしたが、私をよく了解してくださるあなたは恕してくれる筈」云々と生真面目な文章、ことは誠之助に直接関わることなのだ。自作が沖野によく読まれているのも感じていただろう。

鉄幹の跋は「あなたは座談の名手であるが、まだ小説の妙手ではない」とはぐらかす様に。晶子は「ドクトルの死を叙して、その死因を云わない作者の用意に到っては、明治大正の歴史を背景とした大きな謎の涙堂ではありませんか」、著名評論家としての弁だろう。競うように春夫も沖野も〝誠之助〟に関わっていた。鉄幹も圏外いたわけではもとよりなかったが、そのメンタリティーはとくに二人の門人、平出修・石川啄木とは大きく違っていた。

第二章　創造された「大逆事件」

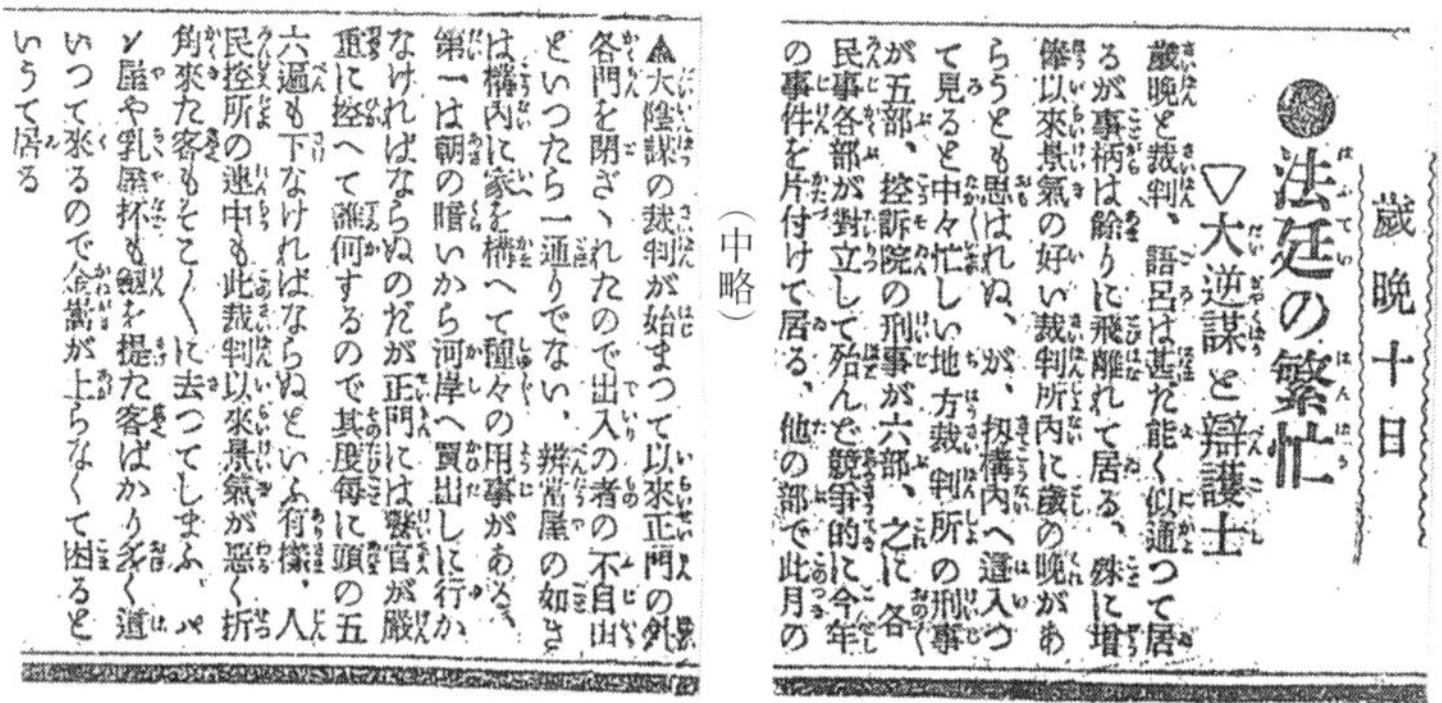

歳晩十日

法廷《はふてい》の繁忙《はんばう》

▽大逆謀《だいぎやくぼう》と辯護士《べんごし》

歳晩《さいばん》と裁判《さいばん》、語呂《ごろ》は甚《はなは》だ能《よ》く似通《にかよ》つて居《ゐ》るが事柄《ことがら》は餘《あま》りに飛離《とびはな》れて居《ゐ》る、殊《こと》に増俸《ぞうほう》以來《いらい》景氣《けいき》の好《い》い裁判所内《さいばんしよない》に歳の晩《くれ》があらうとも思《おも》はれぬ、が、扨《さて》構内《こうない》へ這入《はい》つて見《み》ると中々《なか／＼》忙《いそが》しい地方裁判所《ちはうさいばんしよ》の刑事《けいじ》が五部《ぶ》、控訴院《こうそゐん》の刑事《けいじ》が六部《ぶ》、之《これ》に各《おの／＼》民事《みんじ》各部《かくぶ》が對立《たいりつ》して殆《ほと》んど競爭的《きやうさうてき》に今年《ことし》の事件《じけん》を片付《かたづ》けて居《ゐ》る、他《た》の部《ぶ》で此月《このつき》の

（中略）

▲大陰謀《だいいんぼう》の裁判《さいばん》が始《はじ》まつて以來《いらい》正門《せいもん》の外《そと》各門《かくもん》を閉《と》ざゝれたので出入《でいり》の者《もの》の不自由《ふじゆう》さといつたら一通《ひととほ》りでない、辨當屋《べんたうや》の如《ごと》きは構内《こうない》に家《いへ》を構《かま》へて種々《しゆ／＼》の用事《ようじ》があるが、第《だい》一は朝《あさ》の暗《くら》いから河岸《かし》へ買出《かひだ》しに行《ゆ》かなければならぬのだが正門《せいもん》には警官《けいくわん》が嚴重《げんぢゆう》に控《ひか》へて誰何《すゐか》するので其度毎《そのたびごと》に頭《あたま》の五六遍《ぺん》も下《さ》げなければならぬといふ有様《ありさま》・人民控所《じんみんひかへじよ》の連中《れんちう》も此裁判《このさいばん》以來《いらい》景氣《けいき》が惡《わる》く折角《せつかく》來《き》た客《きやく》もそこ／＼に去《さ》つてしまふ、パン屋《や》や乳屋杯《ちゝやなど》も辧《べん》を提《さげ》た客《きやく》ばかり多《おほ》く這《は》いつて來《く》るので金高《かねだか》が上《あが》らなくて困《こま》るというて居《ゐ》る

茶化し浮き浮き気分も伝える結審４日前の記事

＝明治43年（1910）12月25日付け東京朝日新聞

第一節　その造語は判決文で登場

「大逆事件」はどう組み立てられたのか、司法側の資料で押さえて置こう。「はじめに」で述べたように大逆の表現は大審院公判の「判決文」で公式に現れた。その表題は「大逆事件判決書（大審院特別刑事部判決　明治四四年一月一八日）」と麗々しい。メディア登場は翌一九日付け紙面であり、以後怒涛のように世に溢れていく。この公判に先立って、被告への尋問調べをまとめた報告書が、予審判事から大審院に提出されたが、こちらの名称は「意見書（大審院特別権限に属する被告事件予審掛、明治四三年一一月一日）」であった。

予審なるものは敗戦後に廃止された制度で今では分かりにくいが、予審報告書とは現制度では検事からの起訴状に相当する。この本文中ですでに「大逆」は使われていたが非公開であり、世上には判決文で初めての登場であった［判決一か月前の一二月二五日の検事論告で平沼騏一郎が「大宝律令以来の……大逆」と使ったが非公開裁判なので世に出ていない］。

「大逆」が官製造語であるという指摘の最初は、宮武外骨が昭和二一年（一九四六）に刊行した『幸徳一派　大逆事件顛末』（一二月刊）の自序中であったと思われる。正確には、「大逆事件と云ふ恐ろしいやうな言葉、これは支配階級者及び其支持者、迎合者の側で云つた名目……」と。さらに自序に続く緒言中で「当初の新聞紙上には「大陰謀事件」とあり、それが間もなく官撰の大逆事件という語に変じた」と。この指摘は事件の本質を突く最重要な提起であったとわたしは思っている――ただし、東京朝日の見出しで見る限り「大陰謀」という語は、一二月二九日の公判終了を伝える三〇日付け紙面に「大陰謀裁判終了」と出るのが初で、それまでは「無政府党の陰謀」「社会主義者狩り」、一〇日の公判開始からはもっぱら「特別裁判」とそれなりに客観的表現だ。

ただ、一二月二五日付けに「大逆謀と弁護士」が一回ある（**本章扉絵**）。どうやら「大逆」は司法が満を持していた気配があり、二五日のこの「大逆謀」はスクープだったのか、それだけで消えたのを見るとお目玉を食ったのかも知れない。判決書の本文は「右、幸徳伝次郎外《ほか》二十五名に対する刑法第七十三の罪に該当する被告事件審理を遂げ判決すること左の如し……」と書き出す。実際の七三条（一審で最終審）適用者は二四名、つまり他の二名は通常刑法（三審の対象者）なのに一くくりに一審で最終審としたことで、冒頭から違法裁判であることを露呈した。

七三条は「天皇、太皇太后、皇太后、皇后、皇太子又は皇太孫に対し危害を加へ、又は加へんとしたる者は死刑に処す」である。この条文中に「大逆」の語はない。これは明治四〇年刑法であり、先行する同一三年公布の旧刑法でも一一六条に同じ定めがあった（旧では太皇太后、皇太后、皇后が「三后」に纏《まと》められていた）が同内容で、どちらにも大逆罪という語自体はない。この語は予審の「意見書」本文中で宮下太吉について「爆裂弾を造り大逆罪を犯さんこと……」という表現で初めて使われ、以下、意見書の中で多用されていく。世上にはこの語を冠した「判決書」でデビューし、七三条が自明の如く「大逆罪」という表現で意識されるようになって行く。現在に到るまで。

なお明治二四年（一八九一）に起こった大津事件で、ロシア皇太子ニコライを襲った巡査・津田三蔵に一一六条を適用して死刑にしようとする政府の方針が、司法機関内でも問題化したが、このとき公判や判決書はもとより、権力内の論議・事件報道でもこの語は一切使われていない。「刑法一一六条での危害」「露国皇太子遭難」などの客観的表現であり、せいぜい伊藤博文も使った「皇室罪」である［既述のように大審院判決は一一六条でなく、同院長・児島惟謙が譲らず通常の殺人未遂の二九二条を適用し無期懲役］。

七三条と「大逆罪」はイコールではなく、イコールであり得なかったことを確認しておく。文学表現ならともかく、法の論理を超えた情緒的（あるいは扇情的）というべき飛躍がある。それを法の執行側、それも司法のトップにある大審院が行った。淵源には山県有朋の法制史への誤認（あるいは井上毅《こわし》の仕掛け）が絡むことは後節で考察するが、その誤認（仕掛け）が山県を意識した若手法務官僚・平沼騏一郎に正説として踏襲され、彼の段階では恐怖の語感を計算した用語となる。しかも実態なき事件を承知の上で極刑とする負い目から、極悪イメージを極限まで増幅させて世上にも共有させ（メディアを通じて）、その心の負荷を逃れようとする心理が加重的に攻撃性を強めた。コンプレックスである。用法としてはブラフ（bluff）表現というのが適切だろう。

上記予審「意見書」は非公開だから新聞にも出ていない。ここから、判決文発表時の効果を期して、大審院がこの語「大逆」に満を持した気配が読み取れる。いわば一段下の「予審」の報告レベルでは表題は上述の「意見書」だけで、大逆の使用は控えたのだ。東京朝日で見ると公判中の見出しは「特別裁判第〇日」で一貫しており、結審を伝える一二月三〇日紙面に「大陰謀」が登場、ここまでが許容範囲内だったのか。

古代の律令制下で確かに大逆罪はあったが、それは天皇陵墓の破壊のことであった。それが天皇の神格化政策下の近代において、生身の天皇殺しという恐怖の法に変容されたのだ。新井勉の『大逆罪・内乱罪の研究』（二〇一六年）によると、律令では皇族への直接危害は「謀叛」であり、大逆は第二位の罪である（陵墓の破壊が頻発する重大事であったことは、ほとんどが盗掘にあっているという考古学的研究で分かる）。つまり歴史的にも正しくない用法で持ち出されたのだ。

その濁音効果と天皇神聖規定が逆説的に相乗作用して、国民心理に浸透していった。もともとこの国で謀反などはあり得なかったのであり（史上わずかにリアリティ感のあるのが明智光秀）、とくに江戸時代には大名、まして将軍へのそれなど庶民意識に入りようがなかった（天皇はその存在自体が庶民では一部の知的層を除き知られていなかった）。講談などで親殺しに「大逆」が使われたことはあるようだが、日常レベルのリアリティ感はなく、千古の大罪のごときその語感は、近代のこの「事件」を通じて作られたのだ。見事に成功したことは、田中伸尚の『大逆事件――生と死の群像』（二〇一〇年）が、いま現在も地域でことを憚る気風が淫靡に持続する現実で明らかにしている（名誉回復が進んだ新宮の大石誠之助はむしろ例外的ケースといっていいだろう）。

民衆が天皇を知らない、というのは明治の初期に来日した英国人チェンバレンやドイツ人ベルツが驚きをもって記すだけではない（『日本事物誌』と『日記』）。福沢諭吉も「我国の人民は、数百年の間、天子あるを知らず」（『文明論之概略』岩波文庫二六九頁）と書いた——数百年はもとより確実だがそれ以前は検証しようもなし、を含意しているようにも読める。天皇制国家を創造する者には高いハードルがあったのであり、この点、古代から今に接続させる法的論理づけを担ったのが、山県有朋に密接する帝国大学教授の穂積八束だったようだ。

内田貴は、八束が「天皇独裁という政治体制の根幹（国体）は一貫して維持されて来て、ただ憲法という法的思考をもたなかった過去に、不文憲法［慣習・意識の意か］を読み込み、これを成文化したのが明治憲法である——ゆえに憲法改正である」として万世一系の天皇統治の古代からの継続を論拠付けたのに対して、「歴史的伝統の「捏造」による権威の創出の試み」（『法学の誕生——近代日本にとって「法」とは何であったか』三〇一頁）と厳しく指摘する。

正統性不分明なものを、よりによって正統性薄弱なる権力者が正当化しなければならないという難題《アポリア》であり、とりわけその権力者の中で腐心したのが山県有朋であった。

繰り返すが、第一審が終審という一回だけの大審院公判［明治二三年の裁判所構成法第五〇条二号による］は、主要皇族への危害の刑法七三条（旧刑法では一一六条）について行われた。敗戦後の昭和二一年（一九四六）五月に起こった食料メーデーでの不敬罪存否の議論をきっかけに、国際連合代表者

（マッカーサー）が、「国会で採択されたばかりの新憲法中に体現された全ての人間は法律の前に平等であること――天皇でさえも――普通の人に拒絶されている保護を与えられることはない」（同一〇月一〇日朝日新聞）との声明により、翌年、片山哲内閣のもとでこれらは廃止された。二二年一〇月二六日「官報」には、「御名御璽」のもと、第七三条等を削除する法律第一二四号の公布が掲載された。

予審の実態は今の検事取調べで被疑者への尋問なのだが、七三条は大審院の直轄事案だから大審院の判事が行う。当時の裁判は明治二三年（一八九〇）の裁判所構成法に基づき（昭和二二年廃止）、地方裁判所、控訴院（現・高等裁判所）、大審院（最高裁判所）の三審制であった（正確には地方の下に区裁判所も）。各レベルの裁判所に相応の人数の判事が置かれ、同時に「各裁判所に検事局が付置」されて相応の人数の検事（トップが検事正）がおり、検事は主に刑事事案ついての調べや公訴ほか必要な事務を「裁判所に対して独立して」行う。

つまり裁判所内に判事と検事局が一応独立した組織として存在した。判事は「意に反して転官・転所・停職・免職・減俸されることなし」と職務上の自律を保証されていたが、検事は「その上官の命令に従う」と官僚性が明記されていた。ちなみに判事・検事になるには、「成規の試験」（いわば第一次試験）に合格して「試補」となり、裁判所で一年半以上の実務を修習した上で「考試」（第二次試験）に通ることとだった。

公判を司るのはむろん判事だが、公判の前段階で検事側の調べを踏まえて、当該事案が公判を開廷するのに妥当かどうか――判事側が判定するのが「予審」であった。その必要ありとの「報告書」が出て、複数の判事で構成する公判（通常は地裁の第一審）が始まる。予審調べの判事は検事調書だけでなく、必要に即して被疑者の直接調べなど検事が行ってきた捜査の全てを行うことができた。

つまり取り調べから公判まで判事権限が圧倒的に大きかったのだ。検事サイドに強い不満・屈折があり、そのこと、つまり判・検の葛藤が「大逆事件」を司法内部でねじれた形で規定して行くことになる。その核心部にいたのが検事・平沼騏一郎だった。

現在から見れば、予審での被疑者尋問は判事が検事の役をすることになる。判事が検事で、実質検事なのに本当は判事――まことに分かりにくい。が、外側から見れば両者の一体化であると認識すれば、わたしたちにはふと思い至るところがある。前代のお白洲裁判である。講談では大岡越前の名裁きだが、近代を標榜するなかでの前近代は、異様な様相を見せることになる。敗戦後になくなった制度だが、いまに続く裁判所と検察の癒着とも思える近さのルーツを予測させるところがあり、双方の微妙な位置関係を推測させる。

検事は容疑者の身柄を押さえ拘束し聴取書をつくる、警察も使いつつ。「大逆」事件で関連した地裁検事局の聴取書が作られたのは確かだが詳細は分からない（後述するが司法が保存すべき「事件」資料はすべて〝行方不明〟となった）。一月一八日の判決後、検事総長（大審院検事局のトップ）の松室致《いたす》が「犯罪事実」と題して記者発表したが、これは検事サイドの調書のまとめと思われる。東京朝日掲載の文で読むと、判事サイドの予審報告書と内容的にはむろん同じだが、構成・表現が少し違う。判事・検事間の微妙な葛藤を窺わせるところである（予審判事は検察調書を手許に置いて幸徳ら被疑者の尋問を行い、判事自身による調書を作った）。

検事側の調べの一端を伝えるのが、幸徳秋水を伊豆・湯河原の宿で、また内山愚童を箱根の寺で拘束した横浜地裁の検事正・大田黒正男の書類だ。大田黒は幸徳と森近運平について詳細な捜査記録を残した。検事としての書類に違いないが、検事局提出分ではなく、私的に保存した分と思われる。敗戦後に明らかになったもので、データ類の客観的な記述からは、捜査官としても「事件」の不当性を内心に持っていたことを窺わせる。戦後の研究に大きく寄与した（杉山孝子の大阪平民社への百円の寄付もこれで明らかになった）。

少し戻るが大審院長は、予審意見書が「刑法第七三条に該当する犯罪と判断する」と結んだのを受けて、同時に検事サイドの調べに基づく検事総長の意見を聴いて、一回で終審の公判開廷を決定。この予審「意見書」の前提をなす調べが、同院判事［後述するが実際には東京地裁判事だった］による幸徳らへの一問一答の予審調書だ。ここにはともかくも二六人の生の声がある。公判の途中（末期）に大審院が一か月を限り担当弁護士に一時閲覧の形で貸し出したもので、「七千枚一七冊、一冊の厚さ二寸乃至三寸」（「啄木日記」一月二六日）もある膨大なものだった。明らかに日程のスピードアップを図るためだが、そこには弁護士にも熟読する時間を与えないという意図が含まれていただろう。「事件」研究にきわめて重要な書類であり、もとより非公開の内部資料だが、平出修が筆写し現代に伝えた。それが塩田庄兵衛・渡辺順三編『秘録 大逆事件（上・下）』として刊行されたのは昭和三四年（一九五九）である。渡辺の解説（上巻：裁判記録について――凡例に代えて）によると、大審院の原物はガリ版刷りで、筆写作業は平出法律事務の事務所長・和貝彦太郎が、平出が指示した幸徳・管野ほか新宮グループを中心とした一一人分について行った（和貝は「明星」投稿者で熊野の地方新聞元記者、鉄幹との縁で平出事務所に勤務）。つまり大審院版の抄本といえよう。

渡辺はさらに「和貝氏は……原本から三通複写し、その一通は与謝野寛に、一通は森鴎外に贈り、一通は平出弁護人の許においたものという」と。

敗戦翌年の夏、平出の遺族のもとにあったそれを、渡辺が借り受けて改めて書き写した。この和貝による平出事務所版は片カナで句読点などないものだったが、渡辺が平がな新かなづかいに直し、句読点を入れ意味の通じにくいところは若干文章も直した。従ってオリジナルからは第一次そして第二次の資料となるが、平出監修版をルーツとする信頼に足るものと考えていい。

啄木は大審院のオリジナルを、平出の事務所で返却前夜に読んだのだ。「十二時までかゝつて漸く初二冊とそれから管野すがの分だけ方々「あちこちの意か」」を。以下に適宜引用していくが、この調書での応答から当局がどういう方向で調べを進めようとしたか、どういう図式で何を目指したかが読み取ることができる。もとより取調べサイドの予断・誘導に満ちたものだが（そのため従来の研究ではあまり重視されなかったようである）、逆にそのことが彼らのもくろむ筋書きをクリアーに浮上させるのだ。

第二節　誘導尋問「決死の士で二重橋に……」

意見書とそれを踏まえた判決文に書かれた筋書きの核心部はこうだ。「決死の士数十人を募って、富豪の財産を奪い、貧民を繰り出させ、諸官庁を焼き討ちし、高官連を殺して、その上で二重橋に迫って（天皇を殺す）大逆罪をなす」――。膨大な文書が積み上げられたが、要はこれに尽きる。そのために全国各地から二六人の被疑者（公判廷で初めて顔を合わせた者が大部分）が摘発され、役を振り分け、ストーリーに肉づけしていく。

そのために地域性を加味した三グループに仕分けし、幸徳を頂点に相互を縫い付けるように関連づけていく。旅行と社交好きの誠之助と、新聞発行などで東西に動いた本業は岡山の地道な農業・造園家の森近運平とが、東京・大阪・岡山・信州など全国を結びつける主要な縫い糸に使われた。とりわけ仲間に経済支援を惜しまなかった大石誠之助が利用された。

第一グループが、花火爆弾に関係した宮下太吉と友人・新村忠雄、古河力作、同調した管野スガの四人で明科事件といわれるもの。太吉が山林で立てた煙に巻かれた面々で、計画の本体といえばいえなくもないグループ。

二番目が例の熊野川の舟遊びに端を発し、三か月後に誠之助が上京し幸徳宅（スガと事実上の夫婦）に滞在し、ここで大阪平民新聞を出していた森近運平らとも会い、全体計画がなされたという、いわゆる「一一月謀議」。誠之助はこの帰路、京都・大阪で進歩派の仲間を訪ねた。加えて熊本の評論誌に関連して幸徳宅を訪ねたこともある松尾卯一太と新美卯一郎の二人を含む四人がこのグループに入れられた。

三番目が、箱根の禅宗の僧侶・内山愚童が皇太子暗殺計画なる小冊子数十部をつくり、名古屋・大阪・神戸などで遊説したというもの。幸徳が新宮からの帰路、箱根は足柄下郡温泉町（湯河原の近く）の愚童の寺に立ち寄ったことが重視されたが、やゝ奇矯ととれる行動はあったらしい愚童一人の口説行動であり、グループともいえないのが実態だ。

判事が一人ひとりに行った一問一答の尋問を記した「予審調書」では、最終的に上記〝核心部〟に収斂させるため、各人にワンパターンの問いが、多少言葉を変え執拗に繰り返される。「答」には質問者の「問」が肯定形で入れ込まれている可能性があり、要注意の文書である。取調の判事は三人で、その問には、すでに出来上がっている犯行の構図（先述判決書の核心部）に組み込んでいこうという意図が読み取れる。各人ごと一〇回前後から二〇回ほどの調書を取られているが、とくに「二重橋（宮城の場合も）に迫る」に執着する。ノーの「答え」が次第に力を失い曖昧になり、イエスととれるものになるのがわかる。

なお刑事訴訟法（明治二三年）九四条は「予審判事は被告人に罪を自白させるため恐喝や詐言を用いてはならない」、九五条は「書記は尋問と供述を記録し被告人に読み聞かせること」及び「判事はその供述に相違ないかどうか問うて署名捺印させる、捺印できない（拒否の）ときはその旨を付記すること」と条文上は十分に近代的であるが（お雇い仏人ボアソナード指導）、後述幸徳の陳弁書からもそれがなされた様子は全くない。各地の警察レベルでも酷い扱いだったことがわかっている。

先頭の宮下太吉の分を示そう。最も多い二一回の予審調べを受けた。塩酸加里や鶏冠石の配合・入手法がどうのこうのという「爆裂弾」問答が主で、核心部関連の問いは第一六回に現れる。担当判事は長島《ママ》長蔵《ママ》（引用は『秘録・大逆事件』による、判事の姓名は河島臺蔵の誤記）。この河島と潮恒太郎・原田鉱の三人の担当判事は大審院ではなく、法的に疑義のある東京地方裁判所所属で、大審院検事局のヒラ検事だが実力者の平沼騏一郎（後の首相）がこの尋問のために連れてきた、息がかりの者であった。なお宮下を含めた全員の尋問についていえることだが、この調書では「大逆」という言葉が使われていないことを予め指摘して置く（調書のまとめである「意見書」で登場）。

問　（森近運平との）大阪での話のとき、諸官省と言ったのなら、天皇も同時に斃《たお》し、登記所や税務署をも焼払うと言わなかったか。
答　そんな話はいたしません。
問　二重橋から皇城に侵入するという話はなかったか。
答　そんな話はいたしません。
（第二〇回ではこうだ）

問　森近の手紙に、幸徳が決死の士を募って爆裂弾その他の武器を与え、暴力革命を起こして諸官省を焼き払い、二重橋に迫る計画をしているというようなことが書いてあったのではないか。

答　あるいは、そのようなことが書いてあったかも知れません。

（第二一回）

問　幸徳はそのとき、多数の決死の士を募り、爆裂弾をつくって暴力革命を起し、諸官省を焼払い、皇居に迫るというようなことをいったのか。

答　五、六十人の決死の士があれば暴力革命を起し、深川の米倉を開いて貧民に施し、諸官省を焼払いたいというようなことは申しました。私はその当時、紀州や熊本の方のことはきいていませんでしたから、東京だけでは……集まらないであろうと思い、その話には深く意をとめなかったのです。

うながされ、否定から肯定に向かう。問に現れる「……のようなもの」が特徴的である。やがて事実「そのもの」にスライドする。「深川の米倉を開いて貧民に……」は、実際は判事の河島の言に違いなく、彼は大塩平八郎談を何がしかの優越感と陶酔感をもって話している。太吉も認めたわけではない「かも知れない」表現だが、判決書ではすべて肯定形となる。

次に大石誠之助――潮恒太郎地裁判事に一二回の調べをうけた。自ずと人柄の出ているところはある。「私は社会主義といっても、ほとんど趣味として社会主義を唱えていましたので、これを実行する意思はなかったのです。それで他人も、口ではいっても、そのような危険なことを実際にやるものではないと思っておりました」（第一回）。「社会主義者で困っているものがあれば、自分宅に呼んで養ってやったことがたびたびあります」（第二回）。幸徳から無政府共産主義の革命や決死の士なる言葉は出たかという問いに、「具体性はないが話としては出た」という趣旨の問答が繰り返される。そして第九回――

問　（大阪の）村上旅館の茶話会で、「来るべき革命」という言葉をつかったそうだが、それはどういう革命で、その時期はいつ頃のことか。

答　それは無政府主義の革命が到来しても、これに対する準備、すなわち各人の修養ができていなければ、フランスのように革命ができても、たちまち失敗するようなことになる。それではいけないので、各人が書物を読んで修養に努めなければならぬと述べたものであります。その時期については述べませんが、いつ誰が革命を起こすにしても、とにかく各人の修養が肝要であるということを述べたと思います。

（第一一回）

問　幸徳の滞在中、其の方と幸徳が夜分、熊野川に舟を浮かべて遊んだことがあるか。

答　あります。一夜、夕食後、熊野川に舟を浮かべて七、八丁もさかのぼって遊んだことがあります。

問 幸徳はその舟のなかで暴力革命の話をし、爆裂弾の製法を其の方にきいたのではないか。

答 ……爆裂弾はどうしてつくるものかと質問しましたから、私はいっこう知識がないと答えました。その翌日かと思いますが、私は幸徳に英書の新万国百科事典があるから調べて見よと言って貸しましたが、幸徳は一、二ヵ所を見て要領を得ないようでした。

舟遊びは白昼のことだが、夜に変えられ、誠之助もそう発言したことになっている。密議イメージに相応しい夜陰のこととして調書を仕上げている。誠之助も夜の昼のと言い合う気力はすでになかっただろう。

管野スガは確信犯的に語った唯一の人といえる。潔い応答ととれるが、ある種のヒロイズムが感じられ、これは取り調べ側の意図にはまった気配を窺わせる（後に平出は潔さへの感動とともに、同調効果への遺憾を記した）。一四回、判事は原田鉱。第一回は——

問 被告はどの程度まで教育をうけたか。

答 高等小学校を卒業しただけです。その後大阪の宇田川文海［大阪朝日や大阪毎日などの記者をした文筆家］について、約二年間文学を修めました。

問 被告は当時何人《だれ》かの妻となっていたか。

答 幸徳伝次郎の妻です。

問 幸徳と、いつからそのような関係となったのか。
答 昨年からです。
問 いかなる動機からか。
答 幸徳が平民社から雑誌『自由思想』を出しておりましたので、私がその手伝いをやり、署名人になっていたのですが、そのようなところから幸徳との関係ができました。
問 互いに主義を同じくし、意気投合するところから一緒になったのか。
答 私は幸徳を先輩として敬愛しておりました。
問 しかし当時、被告は荒畑勝三（寒村）の妻であったのではないか。
答 そうではありません。かつて荒畑と同棲していたことはありますが、四十一年中（に）私や荒畑が錦輝館赤旗事件で入監する前に、互いに承諾の上で荒畑と別れておりました。（中略）
問 被告は社会主義者中もっとも過激派に属するということだが、その通りか。
答 さようです。
問 過激派とはどういう手段、目的をもっているのか。
答 まず革命です。フランスの革命とおなじことをやるのです。前に検事に暴動と言いましたが、暴動といえばただ乱暴をするように聞えて不穏ですから、この言葉は取消しをねがいます。革命という方が正確です。
問 具体的にはどんなことをやるのか。

答　暗殺をやります。交通機関を一時止めるようなこともやります。また放火していろいろの建物を焼払います。要するに略奪者から略奪物を一物たりとも取り返すことが目的です。

問　被告がそのような過激な考えをもつようになったのは、いつ頃からのことか。

答　赤旗事件で入監したときからです。そのとき大したことでもないのに、社会主義者だというので非常な迫害をうけ、堺枯川なども理由もなく二年という重い刑に処せられました。こういうことから私は憤慨し、到底普通の手段ではだめだと考えるようになったのです。（中略）

問　手広くやるとはどういうことか。

答　たとえば監獄を焼き払って囚人を救い出し、手分けをして裁判所、警察などをやります。また岩崎〔三菱のこと〕なども焼いてしまい、大革命とはゆかずとも、小革命位のことをやりたいと考えておりました。いまの元首は個人としてはお気の毒に思いますが、われわれを迫害する機関の元首で、政治上の責任者ですから止むを得ないのであります。つまり略奪者の首領ですからやむを得ないのです。

（第五回）

問　幸徳は決死の五十人もあれば、暴力の革命を起すと言っていなかったか。

答　はっきり覚えていませんが、そのようなことも言っていただろうと思います。（中略）

問　幸徳は宮下の計画についてどういう意見であったか。

答　主義の上からいって、幸徳は反対するわけはありません。よく考えてみますと、そのとき幸徳は宮下の計画が成功するかどうかはわからぬが、日本にもこのような人が出てきたのだから、やがてはロシアのようになるだろうと申しました。

（第一三回）

問　本年三月二十六日、其方は幸徳と一緒に湯ガ原に行ったのか。

答　さようです。

問　湯ガ原滞在中、今回の計画について話したことはないか。

答　湯ガ原に行ってからも幸徳の態度があいまいで、哲学の本を書いても実行するような意思がないように思われました。私が試みにすすめてみましたが、やはり前に申しましたような返事でしたから、私は断然意を決し、幸徳と別れて実行に加わることに覚悟しました。

幸徳秋水（伝次郎）は一四回。前半は爆裂弾、後半が「二重橋に迫る」が主となる。とくに後半の核心部への問いが、他の二五人のメンバーとつなげる形で繰り返し続く。アメリカ時代の交友にもさかのぼり、指導・承認の立場を認めさせようとしているのに力点を置いているが分かる。花火爆弾の太吉や同調したスガの動きには、「（やめさせるための）私の態度が明瞭を欠いた」はそうかも知れない。夫婦関係に齟齬が生じていたようだ。問う側もすでに十分だっただろう。後は作文するだけである。判事は潮《うしお》恒太郎。第一回――。

問　其方《そのほう》の学歴は。
答　高知尋常中学校四年級を修業し、明治十九年中に出京して中江篤介（兆民）方に厄介になり、同二十年国民英学に入学して卒業しました。
問　いつまで中江方にいたか。
答　同二十三年頃までおりました。
問　其方は外国へ行ったことはないか。
答　同三十八年処刑執行〔新聞紙条例違反で五か月禁固のこと〕を終ってから、しばらくアメリカへ行ったことがあります〔三八年一一月から三九年六月帰国まで主にサンフランシスコ〕。
問　其方は我国の憲法上、皇室は政府と関係がないと思っているか。
答　私は法律に暗いからよくわかりません。とにかくわれわれ無政府主義者の考えでは、法律や政府で世を治めるよりも、道徳で世を治めるということを理想にしているのです。
問　同四十一年、大石誠之助が其方宅にきたか。
答　まいりました。
問　そのとき其方は大石にフランスのコムミュンの話をしたか。
答　したかも知れません。
問　コムミュンとはどんなことか。
答　それは、普仏戦争の後フランスのパリの労働者が一揆を起し、パリだけを一時自治体にして政府の羈範《きはん》外に独立したことがあります。それをいうのです。

問　其方は大石に、日本もロシアやフランスのように暴力の革命が必要である。決死の士が五十人もあれば、これに爆裂弾その他の武器を与え、諸官庁や富豪の米蔵などを破壊し、一時社会の勢力を占領したいというようなことを話したか。

答　あるいは申したかも知れませんが、よく覚えておりません。

（第九回）

問　明治四十一年十一月頃森近に対しても、大石、松尾らに話したと同様に、政府の迫害が甚だしいから決死の士を募って革命を起し、諸官庁を焼き払い、二重橋に迫って皇室に危害を加えるということを申したのか。

答　森近はその当時平民社に同居しておりましたから、むろんそのような話もいたしましたと思います。しかし革命などは容易にできるものではありませんから、私の当時の考えでは、決死の士があれば諸官庁を焼き払い、富豪の米蔵を開いて貧民をうるおし、一時たりとも無政府状態にしてみたいという程度でありましたから、二重橋に迫るというようなことは深く考えておりませんでした。

（第一〇回）

問　奥宮が平民社にきたとき、其方は爆裂弾をつくって当時の首相桂《かつら》、あるいは元老山県《やまがた》を倒すというような話をしたか。

答　山県がもっとも社会主義者を迫害しているということをきいており、また桂内閣は山県の意をうけて迫害を加えていると思いましたから、あるいはそのような話が出たかも知れません。

問　奥宮も、桂内閣を倒すということに同意であったか。

答　同人も桂内閣の処置に反対でしたから同意したかも知れませんが、いずれにしても雑談のなかの大言壮語で、何も具体的に相談したわけではありません。

（第一三回）

問　クロポトキンとは、どういう関係で交際をはじめたのか。

答　私がクロポトキンの著書を翻訳するについて手紙をやり、それ以来文通するようになったのです。

問　この書面は、同年（明治三九）九月二十九日付で、クロポトキンから其方にきたものか。

答　さようです。それは最初、私から翻訳について照会した返事です。

問　この（クロポトキンからの）書面に「我々の主張フランス及びイタリアに於《お》いては大いに効を奏し云々」「当地に於ては同志を得るに至らず云々」とあるが、イギリスでは社会主義の同志ができないというのか。

答　イギリスでは社会主義者の運動を放任して干渉をしないから、かえって同志を得るのに困難しているのです。

問　新宮滞在中に夜分、大石と熊野川で舟を浮かべて遊んだことがあるか。

答　さようです。

問　その舟に誰々が乗っていたか。

答　私と大石と船頭だったと思います。ほかに乗っていた人があったかどうか、記憶がありません。

問　その船中で、大石と爆裂弾の製法について研究したのであろう。

答　研究したということではありませんが、私は大石に爆裂弾の製法を知っているかと尋ねましたところ、大石は知らぬと答えました。

問　そのとき革命をやるにしても、またストライキをやるにしても、場合によっては爆裂弾が必要だと思ってきいてみたのです。

問　其方は大石から英書の百科辞典を借りて、爆裂弾の製法を調べてみたのではないか。

答　大石宅に百科辞典がありましたから、ちょっと調べてみましたが、わかりませんでした。

問　其方は森近に、赤旗事件で入獄している同志の弔い合戦をせねばならぬ。自分が健康であれば入獄を覚悟して、錦輝館を借りうけて演説し、思う存分政府を攻撃したいのだが、病身でそれもできぬと話したことがあるか。

答　それはあります。政府がむやみに集会を解散し、言論の自由を奪うから、相当の反抗的態度をとらねばならぬと思い、そのようなことを申しました。

問　赤旗事件以来、其方は政府の処置に憤慨し、暴力革命を主張していたのではないか。

答　政府は警察力をもってみだりに集会を解散したり、われわれの自由を奪うから、これに対しては反抗が必要であるということは常に主張しておりますが、当時私は暴力革命を起すという考えは持っていなかったのです。

問　しかし管野らは、その当時から其方が暴力革命を主張していたと言っているが、どうか。

答　菅野は……無政府主義の本などを読んで革命といえばロシア風の革命だけを考えていたようですが、私はあながちそうではありません。

問　社会主義者の直接行動というのは、どんな範囲か。

答　原則としては総同盟罷工（ゼネストのこと）、そして資本家から財産をとりもどすということにあるのです。しかし実行上必要とあれば威嚇的な手段をも用います。

問　必要とあれば暗殺もやるのか。

答　絶対に暗殺をしないというわけではありませんが、今は西欧の議論では暗殺という手段はあまり用いません。ロシア風の革命に限って、暗殺を主張しているようです。

赤旗事件とは明治四一年（一九〇八）六月二二日、神田の錦輝館で社会主義者・山口孤剣の出獄歓迎会が開かれたとき、参加者の一部が「無政府共産」と書いた二本の赤地の旗を掲げて玄関から繰り出し、警官隊と衝突となり、荒畑寒村・大杉栄ら、それに制止しようとした山川均・堺利彦も含めた一五人が検挙され、一〇人が重禁固二年半までの実刑判決となったもの（当局のスパイが入っていて挑発した可能性があった）。運動のなかでも幸徳を支持する左派とされた人たちであり、土佐で療養中だった彼はこの弁護のために海路で東京に向かい、途上の新宮の大石方で休養することになった。荒畑・大杉らはこの秋のいわゆる「一一月謀議」前から、二年後の「大逆事件」捜査期にかけてすでに獄中にあったので、「大逆」の難は逃れた。

赤旗事件における非常識な重刑は、社会主義者と見なした者を一網打尽にする当局（米国など海外活動組も視野）、それも最上部の首相・桂太郎（第二次）、さらに元勲・山県有朋の意志があり、幸徳ら冤罪事件はすでにここから始まっていたといえる［桂の第二次内閣は七月一四日に成立、西園寺の政友会が五月一五日の総選挙で大勝したのに、西園寺は七月四日早々に不可解な総辞職をした。いわば放り出しである。背後に赤旗事件で社会主義者への対応が甘いと天皇へ上奏した山県の動きがあったことが『原敬日記』などから分かる。西園寺内閣毒殺事件と称される］。

すでに年初、側近中の側近の宮内大臣・田中光顕（土佐出身）が山県宛て一月一三日付け書簡でこう書いていた。「……米国より帰り候《そうろう》四人の者の一挙一動一々捜査を遂げ……起訴の準備怠りなき様……（多少の証拠で告発しても裁判官が証拠不十分とか無罪放免とかにしてしまうと）彼らに侮慢《ぶまん》の心を生せしめ、該党をして益々蔓延《まんえん》せしめ害毒を天下に流し……巨魁《きょかい》は幸徳秋水に之《これ》有り。此の者は学問も之有り文章も出来候……首相、内相及び法相等へ御注意成され下され……一層の警戒の上に周到を加え（られますよう）」（『山県有朋関係文書2』）と。

内務省警保局が明治四一年の初夏ころ（内務大臣は原敬）から二年後の大逆事件期にかけて作成した社会主義者取締りの極秘文書「社会主義沿革（第一、第二、第三）」（『続・現代史資料1 社会主義沿革1』所収、一九八四年）なるものが存在する。公的な諜報組織があったことを示す。ここには幸徳秋水・大石誠之助・管野スガ・森近運平らの名が最初の段階から、そして熊本の新美卯一郎・飛松与次郎・松尾卯一太の名も出てくる。経歴、とくに出版（発禁などあれば特記）、社会主義あるいはそれへの傾向と、その程度のことで何百人もの個人情報を海外活動組も含めて（両方にかかる幸徳はどうしても目立つ）国費を費やしてやっている。

何らかの成果＝「事件」を打ち上げたくなる心理が作動することになる。それが功業となるのだ。警察情報でばらばらにマークされていたものを、「事件」に組み立てるわけで、そう円滑でもない警察（内務省）と司法（司法省）の間を結ぶ上部の力（政治）があったことを窺わせる。

この内務省の探査網とは別に、山県がいわば個人ルートでもっていた諜報ルートを明らかにしたのが、大原慧の論文「高橋作衛教授宛、小池張造・巽哲雄の手紙」（「東京経大学会誌」一九六〇年一〇月号：大原『片山潜の思想と大逆事件』収録、一九九五年）だった。高橋作衛は明治三六年（一九〇三）六月、対ロシア強攻策を政府・元老に提出した東京帝大教授ら七博士の一人。同四一年（一九〇八）五月末から翌年初めまでアメリカに滞在し、日本移民排斥問題と在米社会主義者の調査をした。彼はサンフランシスコ領事館（小池張造領事）で使用する「偵吏の巽鉄男と川崎巳之太郎」から情報を得、これを帝大の同僚・穂積陳重《のぶしげ》（山県の取り巻き文人）に伝え、陳重は実弟で山県により近いやはり帝大教授の八束《やつか》から渡させた、というもの。高橋離米後は巽が書簡で高橋に伝えていた。

例えば明治四一年三月一九日付け、小池張造の外務省政務局長宛て電文には、「高橋が穂積博士に報告した所のものは大いに参考になるので「山県にだろう」、今後とも無方針で「何事でも」続々知らせてもらいたい（この旨をそちらからも高橋に伝えておいてほしい）……そのための費用支出の必要があるなら遠慮なく言って来てほしい……」云々。潤沢な公金が動いていたことがわかる。

「事件」で逮捕開始の一か月前、巽の四月四日付けには――「最近アメリカに来た宮内省に一〇余年間勤めた社会主義者が、同省の内情および宮中の図面を印刷し、これをもって同志を募っているのを探知しました」と。これは予審判事の「二重橋に迫る」尋問とつながなる点に注目したい。大原は偵吏（スパイ）の「巽が調査費（生活費）をうるために、社会主義者たちの些細事をとらえて高橋氏の関心をひきつけようとしたよう」と見抜いている。内務省警保局は得たりとばかり重大事にとらえ、外務省にも大事件として報告していく。いわば情報の逆流と還流。官の面子と個の功名心も絡んだ相互増幅作用で、フェイク情報が権威化していく構図が見て取れる。

「偵吏」という存在が興味深い。当時、サンフランシスコなど西海岸を中心に日本人移民が多く、北米大陸浪人というべき者たちもいた。アジアのそれが右派なのに対し、こちらは左派・社会主義系が主で、現地で起こっていた日本人排斥運動も絡み、一定の勢力をもっていた。

自由の風土の中だけに口先の過激さが目立った。アジアのそれが本国政治への影響力をもったのに比べ、実質の影響力はなかったが、彼らの言動を誇大にとらえて通報する「偵吏」稼業も成立していた。巽と川崎がそれである。折しも米国行していた幸徳の終着地はサンフランシスコで、活動家とも会ったから、格好の餌食になった。

大原の研究は「事件」が政・官・学、それも国際間にわたる一大利権構造であったことの核心部を衝いた最も優れた成果である。


「事件」を主導した大審院検事の平沼騏一郎（「事件」直後に司法次官、翌年検事総長、後の首相）が後年こう語っている。「時の総理は桂で、内務大臣は平田東助……下手《へた》に各府県が手柄争いをしてつくと困るから［平田は山県派閥、地方行政を統括する内務省は山県の権力基盤の一つ］……各知事に検事総長の指示によれと内務省から訓令を出し……事件の進行を知っていたのは、司法省では民刑局長の私と次官、大審院では板倉松太郎検事、地方裁判所では小林芳郎検事正、それに潮（東京地裁判事）だけで他には誰も知らなかった」（後述「機外会館談話録」第七回）。ここには首相の桂のお墨付きのもと、司法内部にも余計な口出しを許さず、切り回そうとする（功の独占）意欲が露骨に吐露されている。

証拠立てる記事が六月四日の東京朝日にある。同一日の湯河原での幸徳逮捕の続報として掲載されたもの――「小林検事正談」の見出しで、昨日東京地方裁判所の小林検事正（前記の小林芳郎）が語ったこととして「……関係者は只《ただ》前記七名（幸徳・宮下・新村兄弟・古河・新田・管野）のみの間に限られたるものにて他に一切の連累者無き事件なるは余の確信する所なり」と。事実は、問答無用の網打ち式逮捕はここから本格化して一〇月に最後となる禅僧・内山愚童まで二六名となる。

小林談は従来、司法内にあった方針のズレ、あるいは被疑者を油断させるためとも考えられてきたが、平沼の語る文脈からは、新聞を使った司法当局内向けのブラフ宣言と判明する――余計な手出しは無用なり、なのだ。当局内で垂涎の手柄事案との共有感があったことを示している。

萩原淳『平沼騏一郎と近代日本』(二〇一六年)によると、平沼と小林のタッグは幸徳ら事件の前年の明治四二年、大日本製糖株式会社が議員に贈賄した政治的疑獄事件「日糖事件」への介入を通じてという。「日糖事件以前は……予審判事が捜査・取調べの主導権を握っており、検事の地位は低かった。しかし、日糖事件では、小林芳郎東京地裁検事正の指揮の下、初めて検事局主導で捜査が行われ、平沼も大蔵省から機密費を調達するなど……」、そして日糖・大逆の両事件で「小林を通じて、東京地裁の検事を中心に捜査に当たらせ、検事力の強化に成功した。東京地裁において小林の指導を受けた検事の中は、小山松吉・小原直・塩野季彦ら後に法相となる人材がおり」平沼閥の中核となった(萩原著四二~四四頁)。上述、幸徳らの予審尋問を行った潮・河島ら三人はこの東京地裁の判事であり、平沼が下級審の判事部まで手を突っ込んでいたことを示す。

第三節　幸徳「陳弁書」と弁護士・平出修

既述のように予審調書は要注意の文書であるが、その点を考慮に入れてもスガの「答」は(覚悟を決めた毅然たる開き直りにしろ）、問う尋問官にはかなり具合のいいものであったことを窺わせる。彼らは本当はどういう語り・訴えをしていたのか――それは分からないのだが、幸徳については彼が公判の真ん中の時点、一二月一八日付けで担当の今村力三郎（後に専修大学総長）ら三弁護士にあてた「陳弁書」が残されているので見ておく。独房内で書いた消しつぶしの訂正も多い、一万二千字余（四百字原稿三〇枚分、細字の毛筆書き）にわたるもので、わたしの要約で記す。まず末尾に現れる調書のとり方についての部分を、最初に見ておく。

「私は数十回検事の調べに会いましたが、始めの二、三回は聞取り書を読み聞かせられましたが、その後は一切その場で聞取り書を作ることもなければ、従って読み聞かせるなどもありませんでした。その後、予審調べで時々（判事から）検事の聞取り書〔予審前の検事局検事の調書と思われる〕にはこう書いてあると言われたのを聞くと、ほとんど私の申立てとは全く違っている。たいてい検事がこうであろうと言った言葉が、私の申し立てとして記されているのです。多数の被告についても、みな同様であったろうと思います」

「……調書は速記ではなく、一通り被告の陳述を聞いた後で、判事の考えでこれを取捨して問答の文章を作るのですから、申し立ての大部分が脱落することもあれば、言わない言葉が挿入されることもあります。だから被告の言葉を直接聞いた予審判事には、被告の気持ちがよくわかっていても、調書の文字となって他人が見れば、その文字次第で大分解釈が違ってきます」

「調書訂正が困難です。出来たそれを書記が読み聞かせますが、長い調べで少しでも頭脳が疲労していれば、早口に読み行く言葉を聞き損じないだけがヤットのことで、少し違ったようだと思っても、咄嗟《とっさ》には判断がつきません。それを考えているうちに読み声はドシヽヽ進んでいく、何を読まれたか分からずに終わる。そんな次第で数か所、十数か所の誤りがあっても、指摘して訂正し得るのは一か所位に過ぎないのです。それも、文字のない者などは、適当な文字が見つからぬ、こう書いても同じではないかと言われヽば、争うことは出来ぬ者が多かったろうと思います。私なども一々添削《てんさく》する訳にもいかず、大概ならと思ってそのままにした場合が多かったのです」

「私を始め予審の調べに会ったことのない者は、予審は大体の下調べだと思ってさほど重要とは感じない。ことに調書の文字、一字一句がほとんど法律条項の文字のように確定してしまうとは思わないで、いずれ公判があるのだからその時に訂正すれば良い位で、争わずに捨てて置くのが多いと思います。これは大きな誤りで今日なってみれば予審調書の文字ほど大切なものはないのですけれど……はなはだ杜撰《ずさん》なものが出来上がっています。私は多少は文字のことに慣れていて、随分訂正もさせましたけれど、それすら多少疲れている時などは面倒になって、いずれ公判があるからというので、そのままにしておいたのです。いわんや多数の被告においてをや、です」

——先述、刑事訴訟法九四条（自白強要の否定）・九五条（供述調書への署名拒否権）下の実態がこれであった。

改めて幸徳「陳弁書」の冒頭部に戻る。まず無政府共産への誤解について――。

「無政府主義の革命といえばすぐに短銃や爆弾で主権者（天皇のこと、国民は臣民）を狙撃する者のように解する人が多いのですが……同主義の学説はほとんど東洋の老荘と同様の一種の哲学で、今日のような権力武力で強制的に統治する制度がなくなって、道徳仁愛をもって結びつく相互扶助の共同生活の社会を現出するのが人類社会自然の大勢で、わたしたちの自由幸福を完成するのにはこの大勢に従って進歩しなければならない、ということです。従って無政府主義者が圧制を憎み、束縛を厭《いと》い、同時に暴力をも排斥するのは必然の道理で、世に彼らほど自由平和を好む者はありません」

そして同主義の権威者と見なされているクロポトキンについて、六九歳のロシアの公爵で世界一流の地質学者であり、二〇余年前フランス・リオンの労働者の爆弾騒ぎで嫌疑を受けて入獄したとき、欧州の一流の学者・文人が連署して陳情したことで、仏大統領は直ちに釈放した。人格好尚、温和親切で決して暴力を喜ぶ人ではない。また同主義を奉ずる労働者も他の一般労働者に比べれば、読書もし品行もよく、酒も煙草も飲まないのが多い、と書く。暗殺の実例について――。

「他の諸党派に比べても無政府主義者の暗殺が一番少ないのであり、過去五十年ばかりの間に、全世界を通して十指にも足りないと思います。ひるがえって彼《か》の勤皇愛国家を見れば同じ五十年間に、世界でなくこの日本だけでほとんど数十人、あるいは数百人を数えるではありませんか。単に暗殺者を出したからといって暗殺者だというなら、勤王論愛国ほど激烈な暗殺主義はないはずです」

革命の語につき、この漢字は中国で甲姓の天子が天命を受けて（それを否認された）乙姓の天子に変わることであり、主権者・天子というトップの交代を意味するが、我々の使う革命はレボリューションの訳語で、トップの変更ではなく、政治組織・社会組織の根本的変革をいう。誰が、あるいはどの党派が政権を握るかなどではない、として――。

「旧来の制度組織が朽廃《きゅうはい》衰微の極に至り、崩壊してしまい、新たな社会組織が起こり来る作用をいうのであり、社会進化の過程の大段落を表す言葉です。だから厳正な意味において、革命は自然に起こり来るもので、一個人や一党派で起し得るものではありません。維新の革命にいたしましても木戸や西郷や大久保が起したのではなく、徳川初年に定めた封建の組織、階級の制度が、三百年間の人文の進化、社会の発達に伴わなくて、各方面に朽廃を見、破綻を生じ、自然に傾き倒壊するに至ったのです」

「無政府主義者の革命が成功したとき、皇室をどうするかの問題が先日も出ましたが、それもわたしたちが指揮命令することではありません。皇室が自ら決定すべき問題です。前にも申しましたように、無政府主義者は武力権力に強制されない万人自由の社会の実現を望んでいるのです。その社会が成ったとき、何人が皇室をどうするという権利をもち、命令を下し得る者がありましょうか。他人の自由を害しない限り、皇室は自由勝手にその尊栄幸福を保つ道に進むことが出来るので、何らの束縛を受けるべきはずはありません」

「（革命運動とは）やがて（自然に）来る革命に参加して、応分の力を出せるよう思想・知識を養成し能力を訓練する全ての運動を意味します。新聞雑誌の発行も書籍冊子の著作頒布も演説も集会も、みなこの時勢の推移し社会の進歩する理由の由来と到達点を説明できるよう、知識を磨いているのです」

直接行動という言葉が、暴力革命や爆弾の暴挙と同義に使われたことについて――。

「英語のディレクト・アクションを訳したもので、欧米では一般に労働運動に用いる言葉です。……意味するところは、労働組合全体の利益を増進するのには、議会にお頼み申しているだけでは埒《らち》が明かぬ。労働者のことは労働者自身で運動せねばならぬ、議員を介する間接運動でなくして、労働者自身が直接に運動しよう、すなわち総代（議員という代理者）ではなく自らを押し出そうというに過ぎないのです」

大塩平八郎について、彼が民衆の窮状を座視するにしのびないと考えたとしても、それが革命であったということはできない、という趣旨を書く。文脈から、大塩云々の話は調べの判事側から出たことを示している。そして――。

「連日のお調べから推察すると、多数の被告はみな（幸徳の暴力革命に与《くみ》した）ということで公判に移されたようです。私も予審廷において幾回となく暴力革命云々の語で尋問され、革命と暴動との区別を申し立て丶、文字の訂正を乞うのに非常に骨が折れました。名目はいづれでも良いではないかと言われましたが、多数の被告は今やこの名目のために苦しんでいると思われます」

「私の目に映ったところでは、検事・予審判事はまず私の話に（暴力革命）という名目を付け、（決死の士）などという難しい熟語を案出し、（無政府主義の革命は皇室をなくすことである。幸徳の計画は暴力で革命を行おうとするものである、故にこれに与せる者は、大逆罪をなそうとしたものに違いない）という三段論法で責めつけられたものと思われます。そして直接行動、革命運動などという話をふつうにしていたことが、彼らに迷惑をかけてしまったというに至っては、実に気の毒に思います」

幸徳は一二月一九日の被告人陳述に立つが、一八日付けのこの陳弁書はそれに合わせて前日までに仕上げたのだろう。内容的には予審調べで判事に言っていたことを軸に、言い切れていなかったことの最期と決めた開陳《かいちん》に違いなく、同調書との乖離が鮮明に浮かび上がる。もとより被告として自己の立場を有利にしようとするのは当然の権利であり、そのための公判の場である。その場で彼は陳弁書に沿って述べたはずだが、主張は調書同様、判決書でも全く反映されなかった。裁判官は、言わせるだけ言わせておけ、つまり聞き流していたのだ——結末は最初から決まっていたのであるから。

「予審」判事の調べは九月中には始まり一〇月内に終わっている。全二六人への尋問調書を、改めて幸徳・管野・森近・宮下・新村忠雄・古河・新田融……の順に「事件」ストーリーに沿った各人ごとの経歴書の形でまとめたのが、先述の「意見書（大審院特別権限に属する……明治四十三年十一月一日）」である。これに基づき大審院は公判（最終審）の開廷を一二月一〇日と決めた。裁判長は鶴丈一郎で他に判事六名、検事局側は検事総長の松室致と大審院検事兼法務省民刑局長の平沼騏一郎だが、松室は病中だったらしく、平沼は「（検事総長が）チフスなので、私が大審院検事でやった」（前掲「談話録」）と後年自慢気に書いた。

弁護士は磯部四郎、花井卓蔵、今村力三郎、鵜沢聡明、そして平出修ら一一人。磯部は司法省法学校（後に東大法学部と合併）でお雇い外国人ボアソナードの教え子、その指導下で民法制作作業をし、大審院検事などを経て弁護士になった。花井と今村は足尾銅山鉱毒事件の被害民弁護などを通じすでに著名であり、幸徳とも知人で彼が自ら依頼した。幸徳は前衆議院議員・田中正造の鉱毒被害救済の天皇直訴状（明治三四年一二月）の共同執筆者でもあった。鵜沢も鉱毒事件弁護団の一人。

花井は明治元年（一八六八）生まれ、同二一年から郷里広島から選出の衆議院議員であり、同三四年六月におきた伊庭想太郎の星亨刺殺事件で伊庭の弁護をしたことでも知られた。なお足尾の鉱毒被害では三三年二月に渡良瀬川沿岸の農民が大挙して上京訴えをしようとして、警官隊と衝突する事件が生じ（川俣事件）、大量の逮捕者が出た。この公判の支援に自発的な多人数の弁護団が花井らを中心に形成され、憲法三〇条の「請願の自由」を前面に主張した。

この鉱毒裁判で検事席にあり兇徒聚衆《しゅうしゅう》罪適用で迫ったのが平沼騏一郎だった。花井三二歳、平沼三三歳、幸徳らの事件は一〇年前の対峙の再現であった。花井は国会議員で政府の委員もするなど、権力とのバランス感覚を心得る人でもあったようだ。幸徳ら事件のとき平沼は花井に「予審が終結したから君が（公判で被告側の）弁護してくれと話した。……（花井は）記録が大変で謄写に一年はかかる、というので（潮恒太郎に無駄を省きまとめてくれと指示して）一尺くらいの嵩に（すでに）なっているというと、それならやると花井は引き受けた」と書く（平沼『機外会館談話録 第七回』）。

新潟県出身、明治法律学校（現・明治大学）を出た三二歳の弁護士・平出修の担当就任は、彼の文学での筆の力を知る新宮の沖野岩三郎が、与謝野鉄幹を介してだった。平出は文芸誌「スバル」の経営者でもあり、主要執筆者であった森鷗外と親しく、公判中に鷗外のアドバイスを受けることもあった。磯部四郎は経歴から弁護団長的位置にあった（大津事件時、大審院検事だったが直後に起こった同院の判事・検事らの花札賭博問題に絡み辞職）。もともと花井と今村は、ときのナンバーワン弁護士と目されていた江木衷《ちゅう》（まこと）を頼んだが、彼は応じなかったので磯部が引き受けた。平出は後に江木をモデルとした小説『畜生道』を著し、激高した国民が「逆徒の弁護をするなら首がないぞ」というような投書を弁護人の田村（花井のこと）や金山（今村のこと）に送りつけてきた世情のなか、逃げた大物弁護士・高津（江木のこと）の姿を皮肉なタッチで描いた。

第四節　公判記録「行方不明」、啄木の憤り

一二月一〇日の公判初日、傍聴希望者や見物人が大審院に詰めかけるが、早朝いったん一五〇人に傍聴券を与えた後、審理開始の直前に「安寧秩序を乱す恐れのある案件につき以後も公開禁止」となり、全員退廷させられた。ただ弁護士と関係官僚など日に一〇人だけに傍聴席が与えられた。初日のそのなかに軍服姿の森鷗外がいたとの説もある（資料で確認できないが彼は強い関心を持っており、新聞報道も抑えられる立場にいた）。東京朝日によると被告は手錠つき［刑訴法一七七条では公廷で身体の拘束をうけることなし］、横並びの四列で各人の間に看守が席を占めた。幸徳が第一列の第一席、以下森近、宮下、新村、古河ら七人、二列目は新宮グループが主で大石誠之助は第三席、第三列は熊本グループを主に内山愚童も、管野が四列目の最後。

検事の公訴状陳述の後、一六日までにほぼ連日わたる六回で全被告の尋問を終了。予審調書のそれと同様の尋問が繰り返されただろうが、どういう「答」があったかはわからない。公判の公記録が存在しないからだ。非公開裁判だから新聞にもない。平出修が後に書いた小説『逆徒』でうかがうと――「四、五人［幸徳・管野・古河・宮下・新村と思われる］は既に一身の運命を悟り、かつは（他の）被告に類の及ぶことを配慮して、なるべく言葉短に答えただけであった」。

他方、大多数の被告は「拘引されたこと自体が全く予想外であり……罪名自体が更に更に予想外で（世人がその内容を知りたがっていたと同様に）実にこの世人と同様に事件の真相を知ろうと希望していた……法廷で手錠をとかれて事実の真相を語る自由を与えられる」という思いはあったものの、すでに「全く絶望の気分に心神も喪失していた」。だから「こう自白し、こう行動したと立派に陳述しているではないか、と言われれば反論も出来ない」。新村忠雄は兄（善兵衛）を巻き込んだ悔いを繰り返し、大阪の三浦安太郎は「無政府主義者の真似をしたいばかりに大言激語を放っていた」ことを、枝葉の多いおどおどした言葉で語る——発声は多くても論旨の通った話など出来なかった情況がわかる。

一九日の被告人陳述は幸徳ら八人が行った。先頭の幸徳が一〇時に始まり正午まで森近・管野・宮下の四人の各三〇分弱。幸徳の時間が多かったにしても、彼もかなりはしょったものになっただろう。正午の休憩をはさんで午後四時まで、新村忠雄・古河力作・新田融・新村善兵衛だ。幸徳が陳弁書で指摘したように、調書の記述の取り消しや訂正を求める発言が彼らからも出たことが、傍聴席の弁護士の話で分かっている（正確な記録はないが）。

そのとき裁判長はというと、「何等の制限を加えず、勝手に陳述させて黙って傾聴していたのはいかにも寛大な態度……公平な審問ぶりだが、それは見せかけだけ」の聞き流し、聞きっ放し（前掲渡辺著の解説）。そこだけ見れば寛容にも見えるが、「どうせ死刑だから言うだけは言わせてやれ」（同）——。二四日には弁護側が出していた沖野岩三郎ら多くの証人申請は全て却下された。二五日、松室検事総長と平沼の検事論告が二六人全員の死刑を求刑。二七日から一一人の弁護人の弁論が三日間行われ（平出は二八日）、二九日に結審した。

さきに幸徳の法廷での陳述は残されていないと書いたが、それだけではなく公判の公記録、つまり検事の公訴状・論告を始め、被告人尋問・陳述、弁護人弁論、証拠物件などすべて存在しないのだ。刑事訴訟法二〇八条等では、「公判始末書」として判決後三日以内に裁判所が作成し保存することを義務付けているのだが、「行方不明」とされて来た。だから公判の正確な内容は分からない。むろん分からないようにしたのだ（わたし達はこの根強い官僚的伝統を二〇一七年から翌年、森友・加計問題、自衛隊日報問題で改めて思い知らされる）。

それらは判決書とのかなりの齟齬・不整合を明らかにするだろう。だからまずメディアを締め出した。運ぶのに「人力車二台分」だったという、その大量の重要書類を司法の奥深くに隠したに違いないが、早い段階で処分されただろう。仮に敗戦時まであったにしても、そのとき各官庁が行った不都合な重要書類の裁断・焼却処分で、司法では最初の分に入ったはず。ちなみに新聞は毎日公判の報道をしたものの、「審理の内容は全て秘密にして知るに由なし……察するに〇〇の調べをした模様なり」の短行の伝聞形、まさに「模様」記事に終始した。

ただ幸徳の上記弁護士あて「陳弁書」のほか、今村や平出ら弁護士が残した資料である程度は分かる。とくに平出は二八日に自分が行った弁論——被告を感動させたことが彼らが寄せた最後の手紙で分かっている——を「事件意見書」として、そのほかにも覚書類数点と評論を残し、さらに小説でも描いた。幸徳の陳弁書は平出ら他の弁護士にも配布されたようで、平出は一月三日に来宅した石川啄木【図6】に見せた。この敏感な青年に衝撃を与え、早い最晩年の作品に強い影響を与えることになる。直ちに悟るところがあったのだ。「啄木日記」により処刑の衝撃までを見ておく。朝日新聞社の校閲部員だった。もとより当時は発表できず、戦後の全集に収録されたもの——。

〈明治四四年〉一月三日　晴、寒〉平出君と与謝野氏宅へ年始に回り、（朝日新聞）社に行き、平出君の所で無政府主義者の特別裁判について聞く。氏は自分が裁判官だったら、管野・宮下・新村・古河の四人を死刑に、幸徳・大石の二人を無期に、内山愚童を不敬罪で五年位に、あとは無罪にと言った。幸徳が獄中から弁護士に送った陳情書なるものを借りてきた。〈一月四日　晴、温〉……夜、幸徳の陳弁書を写す。〈一月五日　雨、温〉休み。幸徳の陳弁書を写し終わる。火のない室で指先が凍って、三度筆を取落したと書いてある。無政府主義に対する誤解の弁駁《べんばく》と検事の調べの不法とが陳《の》べてある。この陳弁書に現れたとこ

図6　石川啄木

ろによれば、幸徳は決して自ら今度のような無謀を敢えてする男でない。そうしてそれは平出君から聞いた法廷での事実と符合している。

一二人の処刑から五か月後、〝A LETTER FROM PRISON〟と題した〔むろん獄中の幸徳からの手紙の意〕文中でも、啄木はこう書いた。「……一月四日の夜、或る便宜の下に予自らひそかに写し取つて置いたものである。予はその夜の感想を長く忘れることが出来ない。ペンを走らしてゐると、遠く何処からか歌《うた》か加留多《かるた》の読声が聞えた。それを打消す若い女の笑声も聞えた。さうしてそれは予がこれを写し終つた後までもまだ聞えてゐ《い》た」〔七年前の週刊平民新聞の新年号に幸徳が「歌牌《かるた》の娯楽」という一文を書いていたことをふと思い出しての叙述〕。

一月一八日の死刑判決、翌日の恩赦減刑、ほどない一二人の処刑執行にも憤り・動揺が記される。

〈一月十九日　雨、寒〉朝に枕の上で国民新聞を読んでゐたら俄《にわ》かに涙が出た。「畜生！　だめだ！」さういふ言葉も我知らず口に出た。〈一月二十四日　晴、温〉……社に行つてすぐ、「今朝から死刑をやつてる」と聞いた。幸徳以下十一名のことである。あゝ、何といふ早いことだらう。皆が語り合つた。

〈一月二十五日　晴、温〉昨日の死刑囚死骸引渡し、それから落合の火葬場の事が新聞に載つた。内山愚童の弟が火葬場で金槌を以《もっ》て棺を叩き割つた――そのことが劇《はげ》しく心を衝いた。昨日十二人共にやられたといふのはウソで、管野は今朝やられたのだ。……〈夜〉与謝野氏を訪ねたが、旅行で不在、奥さんに会つて九時迄話した。与謝野氏は年内に仏蘭西へ行くことを企てゝゐるといふ。かへりに平出君へよつて幸徳、管野、大石等の獄中の手紙を借りた。平出君は民権圧迫についで大いに憤慨してゐた。明日裁判所へかへすといふ一件書類を一日延ばして、明晩行つて見る約束にして帰つた。

〈一月二十六日　晴、温〉社からかへるとすぐ、前夜の約を履《ふ》んで平出君宅に行き、特別裁判一件書類をよんだ。七千枚一七冊、一冊の厚さ約二寸乃《ない》三寸《し》づゝ。十二時までかゝつて漸く初二冊とそれから管野すがの分だけ方々拾ひよみした。頭の中を底から掻き乱されたやうな気持ちで帰つた。

第五節　検事・平沼、「実態なし」を公言

東京朝日は一八日の大審院判決を「大逆罪の判決」の大見出し、「▽幸徳秋水等廿四名は死刑／有期懲役は僅に二名のみ」を脇見出しに、翌一九日朝刊で大々的に報じた。既述のように同紙が「大逆罪」を正面からうたったのは初めてである。もっとも前年一二月二五日の紙面には、弁当屋も繁盛する法廷の内外の様子、どこか浮き浮き気分を漂わせた軽い記事の見出しに、「●法廷の繁忙／▽大逆謀と弁護士」（**本章扉絵**）があった。本文中には「大陰謀」という語はあるが「大逆」はない。それと

なく臭っていたのだろうが、解禁にはまだ待ったの状況をうかがわせる。特ダネ意識でこれを使った気配があるが、多分、お叱りを受けたのだろう、また「特別裁判」戻る。

結審報道の三〇日に「大陰謀」の見出し、この程度でスレスレだったのか。時代的制約があるにしても、検証するジャーナリズム意識は悲惨なまでに皆無だ（三〇年前の自由民権期の新聞に比べても遥かに後退した＝山県らの締め上げ〝貢献〟が大だったにしろ）。まさにメディア（媒体）、中空の伝達するだけの管である。上意は滑らかに流下させるが、抗《あらが》う者には同調して牙を剝《む》く――。

既述のように爆発物取締りの普通刑法で有期懲役となった新田融と新村善兵衛の二人は、一審が終審の七三条適用者ではない。従って地裁の第一審へ差し戻されなければならないのだが、「大逆罪」のなかで一気に処理されてしまった。まさに違法裁判である。弁護側からも残念ながらその指摘は出なかった。メディアは堰を切ったような「大逆」報道の洪水となる。

判決後、被告二六人が編み笠をかぶされて退廷する姿が描かれる。翌一九日、死刑判決のうちの一二人が無期へ減刑、二四日と翌日に一二人の刑執行。改めて日取りを見てみると、公判の開始から求刑まで二〇日間、それから判決まで二〇日間、執行まで一週間と、二〇・二〇・一週の切りのいいスケジュール設定が浮かぶ。後ろめたい（この意識が根底にあった）一件を一刻も早く済ませるために、予め最後の期日を決めて逆設定した強行日程に違いない。予審調書の暫時貸し出しも、弁護士の不満とエネルギーを逸らせるためだろう。国外からの批判の論調も強まっていた。

外務省は判決三日前の一五日、事件について在外の日本大使館あてに、同時に内務省はその英訳文を国内の外国メディアに通報した。神戸地裁検事正で捜査に加わった小山松吉は「外国の主義者が特別裁判ということをシナの軍閥が法律に拠らず特別の処分をするものと同様に考えて攻撃したので」(『日本精神読本』昭和一〇年)とその理由を書くが、説明の内容は「二重橋に迫る」に収斂する三日後の判決文のサマライズ版である。次述するが、同じ一五日、宮内次官の河村金五郎が山県有朋あてに、山県の意向による恩赦を含めた措置を首相の桂が了解している、との書簡を出していた事実がある。

行政と司法のゆ着・一体化、ことは最高権力者レベルで運ばれていた。

公判について今村力三郎が後年の「芻言《すうげん》」で「裁判所が審理を急ぐこと、奔馬《ほんば》のごとく一の証人すらこれを許さざりしは、予の最も遺憾としたところ」と書いた事態である。これは「今あんな大事件をやったら……一〇年くらいかかるだろう」と平沼騏一郎が後年ぬけぬけと言った弁に照応する(『平沼騏一郎回顧録』中の「機外会館談話録 第七回」昭和一七年四月)。スケジュール上、最初の二〇日間の公判乗り切りが一応山場、次の二〇日間は判決書の作文だ。判事にはそれなりハードに違いなく、缶詰になったというのもそうなのだろう。

この強行日程からは別の違反行為が鮮明になる。判決書は公判とは無関係に作られたということだ。「判決書」(大審院判事部作)は、予審「意見書」「調書」(大審院ではなく東京地裁の判事の作)だけで作文されたことがわかる。二文書と外れるデータは入っていない。判決書の構成は直接「意見書」に拠っている。具体的には「判決書」は字数で約六万数千字、「意見書」はその三分の一の約二万字。「意見書」は一問一答の「調書」をサマライズして各人ごとの平叙文で仕上げたものであるから、

「判決書」は改めて逆作業、つまり「意見書」に「調書」の応答分のデータを取り入れ（一問一答形式を平叙述に直し）て再肉付け、つまり三倍に膨らませたのだ。ハードな作業と云ってもその程度のこと——いわばアンチョコ片手なのである。公判は、彼らにとって実は休憩タイムだっただろう。裁判・検察一如が可能にする〝荒業《あらわざ》〟である。平出は小説『逆徒』で、判決を下すやアッという間に姿を消した裁判官の姿を、皮肉な筆致でこう描いた。

「主文を読み終わる（の）と裁判官が椅子を離れるとの間は、数へることも出来ない短い時間であつた。……その迅速さは殆《ほとん》ど逃ぐるが如しとでも云ひたいのであつた。……判官としての威厳と落着とは十分保たれながらも、何にしても早いものであつた」。そして、かつて控訴院で強盗殺人か何かの法廷で、型の如く居並んだ判官が型の如く「被告〇〇を死刑に処す」と主文を朗読したとき、神妙に佇立していた被告が聞き終わるや「この頓痴気《とんちき》野郎が」と云い様《ざま》、足許《もと》近くに置いてあった痰壷《たんつぼ》を取り上げて判官目がけて投げつけたエピソードを記す。幸いそれは法官席のテーブルの縁に当たって砕けたため、誰も負傷がなくて済んだ。そしてこう続ける。

「人間は死ぬと云うふことより大きな恐怖はない。殺されると定《きま》つてしまへば、世の中に恐ろしい者とては何もない。……今二十幾人を一時に死刑を宣告した法官諸氏は、果たしてこんな出来事が起るかも知れないと心配して居たのであらうか。否、それはさうではない。法官諸氏は判決の言渡をする迄がその任務である。任務さへ終れば、法廷には用のない体である。それで席を引いた。その外に何の理由もあるまい」

昼間ガス室のボタンを押す作業をきちんと繰り返し、自宅に戻ると良き家庭人だったという、あの収容所の官吏のことをつい思う。判決宣告の鶴裁判長の姿が新聞でこう記録された。「主文と一声高く呼びて被告一同を起立せしめ、一層森厳《しんげん》に一層荘重なる音声《おんじょう》を以て主文を朗読し……（二四名の死刑を）申し渡しありて閉廷す」（東京朝日）。良心を売り渡した者の渾心のパフォーマンスである。

大審院検事部の検事も調書（検事聴取書）を作っているが、平出の残したのは基本的に判事部の予審調書だから、検事部の方はよく分からない。ただ松室検事総長と平沼の論告は直接の下僚の検事調書に基づいたと思われる。内容的にはもちろん同じだが、一月一九日の判決の報道紙面でちょっとした差を偲ばせるところがある。東京朝日の場合は鶴裁判長の判決書朗読の形で各人の判決を簡潔に記す。事件の全容については判決書ではなく、検事総長の松室発表の「大逆事件の内容」約七千六百字余（四百字原稿で一九枚）を、第五面の半ばから第六面のほぼ全面を使って展開している。ペーパーが配られたのだろう。ここでの書き方は、予審意見書とそれを踏んだ判決文と少し違う。大審院内で優位にある判事部と、実質主導した検事部（平沼）との微妙さを示唆するようである。判決では東京朝日は検事部の顔を立てたのだろう。

平沼騏一郎の求刑論告［平出が残した資料「事件特別法廷覚書」中、メモでや、意が通じ難いところもあるが］にも不審な点がある。まずあの無期への恩赦減刑だが、これが求刑の段階で織り込み済みであったことが読み取れるのだ。論告は「大逆罪の予備陰謀……無政府共産主義を信ずるものどもの……動機は信念にある」で始まる。「心のなかを裁くのだ」と冒頭から明言するのだが、まずここに疚《やま》しさが現れている。既述のように同条は危害を「加え、または加えようとした者は死刑」、つまり後段の「加えようとした」の未遂でも（心で思うことを含め）死刑と規定しているが、いくら何でも「心」だけでこの大量死刑を出すのには後ろめたいのだ。

それがことさらに「……動機は信念にある」の大音声となる。開き直りである。ここに減刑の伏線がある。許されざる重罪を強調しておくことで、恩寵の恩着せ効果が大になるからだ。ドストエフスキーが銃殺刑の執行直前に恩赦されたペトラシェフスキー事件（一八四九年）を意識していたのは間違いなく、その程度にはインテリ（似非《えせ》にしろ）だったのだ。『罪と罰』は明治二五年（一八九二）、内田魯庵によって翻訳されており北村透谷・島崎藤村・樋口一葉らにインパクトを与えていた。平沼より数歳下の同世代である。

論告末尾の求刑では、「七三条を以って処断すべし／同条は特別の法なり／大宝律以来の長い歴史を有す／（加えんとしたるもの）なり／予備、陰謀を含む」と前置きし、陰謀の正犯として一五人、残りの一一人は「実行の意思はなかったが、実行する者を幇助《ほうじょ》した者も正犯とする」規定から、この一一人も正犯、つまり全員死刑で締めくくった。

死刑でも二グループに仕分けているのが重要である。「実行の意思なき者（このことを認めている！）」が、実行しようとしている者（それも信念レベル）を幇助したということで死刑というのは、いくら未遂での適用を可とする法にしても、泡《あぶく》の上に泡を重ねる体《てい》のこと――ときの刑法がいかに不備であるにしろ（実は罪刑法定主義を明記し、憲法二三条でも規定済み）、法理に反している。

ところで、七三条はそれと認定されれば死刑であり、それ以外、つまり有期刑はない。逆にいうと認定されなければ即、無罪放免である。判決で新田融と新村善兵衛の二人が一一年と八年の有期刑だった。「第七三条には処せず（該当せず）、爆発物取締法違反に処す」というのだ。おかしな話である。この大審院裁判は七三条該当を扱っているのであり、これに外れる件については権限はない。同条により逮捕され、留置され、調書をとられ、公判にかけられた。突如、同条に該当せずとなり、レベルの異なる三審対象のふつう刑法で一回の裁判で服役――まさに無法裁判である（大津事件で被告をふつう刑法適用なのに第一審で終審とした前例を踏まえたか）。担当権力内の確執はありながら、ここにも疚しさの共有がある。いずれにしろ最上部からの指示、恩赦折り込みのやりとりなのだ。

平沼はさらに重大なことを言っている。例の「富豪の倉庫を開き、二重橋に迫り、官庁を焼き討ちする」ということについて、「具体的に暴動を計上したるものと見ず、只一般に暴動を起すと云ふことなりしは認む」（傍線引用者）と。平たく書き直すと「具体的に暴動計画を立ち上げたとは認めない（認定しない）、ただ一般論として暴動をおこすという話をしていたことは認める」である。つまりお喋り！でのこと、と平沼自身が認めているのである。そこでこういう屁理屈を使う。「時、方法、場所の一定は陰謀の用件にあらず……」、ウッ？である。逆に言えばわかり易い。「時間・方法・場所が決まっていなかろうが、我々が陰謀ありと認定すればそれは陰謀である」なのだ。

続けて二重橋云々は「調書」にあることで、「此の方法も一の例なるべし、しかし逆意のあることは明なり……」。文脈からすると、時・方法・場所が決まっていなくても、〝おしゃべり〟の中で出ていた例に即すれば、心にそういう反逆の意をもっていたのは明らかだ、との主張のようである。まさに心の中の〝裁き〟、宗教裁判なのである。西欧帰りの司法エリートと自他とも任ずる者が、近代司法の核心部を否定している。その負い目から、何かと大音声になる。判決の日、平沼騏一郎は出廷していない。首相の桂太郎、司法大臣の岡部長職《ながもと》（山県派閥）との翌日の恩赦など詰めの事務作業に、確かに忙しかっただろう。

平沼騏一郎について書いておく。岡山の津山藩士の子で慶応三年（一八六七）に生まれた（明治の年数が満年齢になる、同年に夏目漱石・正岡子規・南方熊楠ら）。東京帝国大学法科を首席で卒業したらしく、司法省入りし検事畑を歩む（理由は定かでない）。明治三八年、大審院検事となり、翌年から司法省民刑局長を兼任、新刑法（明治四〇年公布いわば旧刑法だが改正を経て現刑法でもある）の制定作業に当たる――明治一三年の旧刑法は制定時から改正論があり、その核に山県がいた［平沼は三〇歳下、いわば維新第二世代で直接の接点は明らかでないが、幸徳らの事件中は山県直系の首相・桂太郎と密着］。皇室への危害の前刑法第一一六条がほぼ同文の第七三条となり、四一年一〇月施行。この功もあったのか、四〇年四月から半年近く、ドイツ、フランス、イギリスなどに派遣される（三一歳のときは同期の省派遣組から外れていた）。無政府主義運動などにつき調査したようだ。

四三年（一九一〇）の「事件」発生で、桂と連絡をとりながら自らが作業した法の運用者となる。

「事件」処理したその年の九月、法務省次官、翌年は検事総長、そして大審院長、法相などを経て昭和一四年（一九三九）首相就任。陸・海軍の右派幹部の支持があったが、ノモンハン事件と独ソ不可侵条約になすすべもなく、八か月の短命で終わる。「欧州情勢は複雑怪奇なり」の名（迷）言を残した。敗戦後の一九四八年秋、A級戦犯として東京裁判にかけられ、首相として軍閥の侵略計画を支持したことなどで終身刑となる。四年後、病気療養で仮出所、二か月後に死去した。

山泉進も、幸徳らの事件で平沼ら検事畑のエリート司法官僚を駆った動機は、「官僚機構全体の中での自分たちの地位を高めたいという権力欲にあった」と書く。検事は司法官僚内で比較的冷遇されていたことが背景にあり、その思惑は山県有朋や桂太郎などの（長州）藩閥勢力の意図と一致するところがあった（山泉編著『大逆事件の言説空間』四五頁）。山県は政党政治をよしとする西園寺公望内閣のもとで起きた赤旗事件が、西園寺の社会主義運動対策が甘かったということで天皇への上奏を行い、事件後一〇日余で辞職に追い込み（「原敬日記」明治四一年六月二三日）、桂内閣（第二次）を成立させた。「事件」は根っこに山県の社会主義弾圧方針があった。

司法官僚はその流れに乗り組織の地位アップを慮《おもんぱか》り、平沼はそれを通じて検事部、及び何より自己の立身を図ったということだろう。彼は首相退任後こう回顧している。

「あれは骨が折れた事件だったので賞与が出た。大審院長は部下（の判事）が公判をやったので賞与をたくさん与えてやったらいい。しかし（実際は）検事が一番骨を折っている。表面上は公判が中心であるから（判事・検事）双方に賞与を与えるのがいいが、検事（大審院検事局の検事の意だろう）に予審判事より多くやるのはいけないと言ったことがある。私などもこの時は多くの賞与を貰った」（前経書）。功一番は地裁から自分が連れて来た予審判事、そこに報いよ、なのだ。

こうも言う。「予審は大審院（判事の担当）でするのであるが、大審院判事では心もとない。そこで東京地方裁判所長……を通じて大審院に命令させ、潮恒太郎《うしお》を予審判事としてやらした」（同）。潮とは幸徳・大石を担当した地裁判事。平沼のメガネにかなった者だったのだろう。他の二人の原田鉱と河島臺蔵も東京地裁判事、原田は管野スガ、河島は宮下太吉らを担当した。この三人が大審院判事を措いて予審調書をつくり、大審院長・横田国臣あて「意見書……明治四三年十一月一日」を三人の署名で提出したのだ。この「意見書」で初めて大逆罪の語が現れた。平沼が検事論告で使っているところから、彼が意見書の段階で三判事に指示したと考えられる。検事部の身ながら、大審院判事部への影響力を下級判事を使って行使する。したたかな処方・処世を窺わせる。

そもそも「大審院に命令させてやらシた」調書とは——違法文書ではないか。刑法七三条にかかる事案は一審が終審である裁判権を大審院がもつ、と裁判所構成法五〇条は定めていた。その予審について同五五条は「大審院判事に命ず、ただし便宜により各裁判所判事をして行わせることができる」と。この「便宜」は恣意的にということではもちろんない。それを解くのが五一条で「大審院は必要なときには審問裁判を控訴院（今の高裁）もしくは地方裁判所でその法廷を開廷できる」である。

実際、被告が重傷で動けなかった二〇年前の大津事件のとき、大審院公判は同院判事が移動して大津地裁の場で開かれた。このようなケースでは予審を、すでに取り調べをして知るところの多い（便宜な）地裁判事がするのも可といっているのだ［ここはいいとして、七三条事案が突如ふつう刑法に転じ一審で終審になってしまったところに大津事件法廷の問題がある。どんでん返しのようにやったのが大審院長・児島惟謙だ］。

幸徳らの事件では、大審院は予審を自らの院の判事の手で行わなければならない。東京地裁判事による必然性は全くなく、この予審は違法だったのであり、従って大審院法廷の正当性も崩れる（大審院長・横田国臣の容認が違法ということだ）。むろん背後に山県と桂の存在があってのこと、近代的法制度の確立などといいながら、維新第一世代の地金が出ているところ。

そして、死人に口なし、いまや自身が元老並みになった平沼は、すべてを己の力でやったのだ、と事後的に語っている。大権力が通れば法も引っ込むの実例、人間性がよく現れており、この国の近代なるもののありようをも示している。だが、得意気の回顧披露から遠からず、自らが独房の身となり夜な夜な奇声を発して泣く日々が来ようとは知る由もなかった。

巣鴨の監獄仲間の重光葵《まもる》（東条内閣の外務大臣、降伏文書の調印者）が昭和二三年七月二二日の日記にこう書く。「昨夜隣室、平沼男（爵）、突然異様の奇声に泣き出し、監視兵を慌てさす。同老は時々此の発作あり。夜オソワレルなり」（『巣鴨日記』昭和二八年）。——鉄格子の窓を朧《おぼろ》に通り抜ける、編み笠姿の人列の来訪があったのか。

第六節　「大逆」は天皇陵墓を壊すこと

幸徳ら冤罪事件における元勲・山県の存在を示してきたが、ここで整理しておきたい。まず刑法に関しては明治一三年のそれから同四〇年（一九〇七）の改正刑法の転換にすでに山県の意向があった。平沼が七三条を含む改正刑法で作業したことは書いたが（現刑法でもあるが、七三条などは戦後廃止され削除・空欄となる）、明治一三年（一八八〇）公布の旧刑法にも皇室罪についてほぼ同文で同内容の一一六条があった。

一三年刑法の草案を起草し指導したのがフランス人のお雇い外国人ボアソナード（一八二五―一九一〇）であり、パリで岩倉使節団員に憲法・刑法の講義をしたのが来日のきっかけとなった。制定作業の総括者の位置にいたのが参議の伊藤博文で、草案は井上毅ら日本側委員の意見とすり合わされ、元老院の元勲らの意向も取り入れて（明らかに震源に山県もいた）、ボアソナード原案からはかなり修正されたものとなった（例えば陪審制や政治犯への死刑廃止の否認など）。

ただ、法律に書かれていない行為で罰されることはない（第二条）、法律の成立以前の犯罪についても同じ（第三条）という、フランス革命に由来する罪刑法定主義を冒頭に明記した点は間違いなく近代的であった。憲法に一〇年先立つ刑法の成立であり、国内統治上はもとより、条約改正のため近代的装いの一環として法整備が急がれた事情があった。

ところで新政府は統治の直接権力の必要上、明治三年（一八七〇）に中国の明・清代の「律」に倣った刑法典として「新律綱領」を、同六年には増補である「改訂律例」を出した。母体の清「律」には皇帝への危害の「謀反大逆」があったが、明治早々の両法典にはない。作業時に天皇へのそのような罪はわが国ではあり得ず、言葉にすること自体が恥ずべきであり、伝統に反するとの判断があった――副島種臣が強く反対したと伝えられる（穂積陳重『法曹夜話』大正五年）。

既述のようにもともと武家政権時代、とくに徳川幕政下では一般民衆に天皇なる存在の認識は無かった。他方、殿さま（藩主）はもとより将軍様（公儀）への殺意・反逆など思考の外のこと。ひとびとは将軍様を最上位の存在と思っていたが、東照大権現（家康）様を含めて生身の人であることを自然に認識していた。ただ、江戸期にも親殺し・雇い人の主人殺しに道徳観からの大逆の語はあったようだ。表現としてはふつう「悪逆無道」であり、幸徳ら冤罪事件以後、巷間《こうかん》「大逆無道」が流通しだし市民権を得た気配はある。例の「誠之助の死」で「大逆無道…」と詩《うた》った鉄幹も貢献か。

陵墓破壊であった大宝律令の「大逆」は古墳の製造停止とともに記憶から消え去った（その犯行自体が多かったことはほとんどが盗掘にあっていることでわかる）。乾いた語感の「謀反」は武士の時代に生き延びる。例えば明智光秀であり、赤穂浪士の行動も共感をもって受け取られながら謀反と表現された。いずれにしろ大逆はもとより、謀反にしても人々が日常の皮膚感覚でリアリティを持つような言葉でなかった。明・清律的な「大逆」が影響する余地もなかった。その語は西洋の文明の法に習うなかで――君主や大統領への危害の特別法があり――必要が促され、その過程で同律が引き出され、合わせて日本の古代法も視界に入り、「大逆」なる語が想起されるようになった経緯がある。その状況下で意図的にか、誤用でか、使ったのが山県である。

フランスを範とした新たな刑法は一三年に公布され一五年正月に施行された。だが早々の翌秋、山県が改正の意見書を出している。「山県参議刑法改正意見（井上毅代草 明治一六年一〇月）」なるもので（『日本立法資料全集20』四四一頁）、彼の本音が現れた興味深い内容だ。一応、「公布から数年もしないのに改正するのは問題……」としながらも、「その法に欠陥がある以上、やむを得ないこと」と強い調子で続ける。「第一に刑法は国法中の最も重要なものであり、憲法に次ぎ、また憲法を左右するもの。だから建国の形体と符合するものでなければならない」と。まず刑法ありき……の国家宣言である（伊藤博文の憲法作業への牽制でもある）。続けて、「君主が統治する国にあっては東西を問わず、臣民で（君主に）不正の罪を犯す者は必ず反逆罪となり、国憲（国法＝政府）を乱す者も同じく極刑にする。つまり君主（元首）の身を害するのも、政府の転覆し朝憲（治世）を乱して君主の権利の栄光を害する者も、反逆罪という点では同一である」と。

これは天皇皇室への罪（第一一六条から一二〇条）と、反政府の「国事・内乱罪」（第一二一条から一二八条）を分けているのがけしからんという見解であり、反政府は反天皇であり即極刑にせよ、なのである。その論拠が「内乱とは二つの党派が相争うことであり、国を覆し世を乱そうとする者は、反逆者を自認せず（ぼやかし）内乱という名を借りる」ものなのに、この刑法は「内乱の名を用いたことで反逆者の政府への攻撃を認めて〔正当性を与えて〕しまっている」と。

やや分かりにくいが、天皇への罪と政府への罪の分離は、後者に内乱罪という名を与えることで反逆者を〔武力組織として〕政府と対等の位置に置いてしまい、そう認定された位置から皇室への不軌（不逞）を生むことになる、という意ととれる。だから反政府は反天皇であり即死刑と。「皇室と政府と両岐（別々に）あるに非ざるなり」とも明言。自由民権運動の大波、その直前の士族反乱の体験をも踏まえているに違いないが、端的に彼の国体観を示している。天皇と一体化した元老（薩・長とくに後者）による官僚機構を通じての臣民支配体制である（議会排除＝超然内閣となる）。議会を踏まえようとする伊藤との違いが生じる。

天皇との一体化とはその操縦であり、上奏を多用した山県にとくに顕著であった。彼ら第一世代の権力層に共通した認識は、天皇とは育て上げ操縦する対象としての機関なり――が本音で、それ故に絶対権威化（神にまで）しなければならなかったのだ。地位・由緒なき出自ということが、一層強い動機づけとなった。

むろん明治四〇年（一九〇七）の改正刑法でも皇室と政府の一体化はならないが、旧一一六の「天皇、三后、皇太子」が、新七三条では「天皇、太皇太后、皇太后、皇后」と、一からげだった「三后」表現がそれぞれの固有表現を得た。山県の感覚では旧の一くくりは不敬・不快だったに違いなく、改正作業者のせめてもの忖度をうかがわせる。

山県は上記意見書でもうひとつ重要なことを言っている。「我が国の古典（大宝律令）に則ると、謀反・謀逆はみな予謀（計画段階）の間に誅鋤《ちゅうじょ》（根絶やし刈り取る）することを努め、事が発してから罪を論じるのではない。だがこの刑法は未遂（ことは成らないものの行動には移している）を刑するのみで、予謀を誅するに至っていない」と。一一六条の「天皇……に危害を加へんとする云々は未遂罪の文例」と指摘。つまり天皇・国家への罪は、未遂とその前段の予謀を区分し、未遂は当然であるが、まず予謀段階から絡めとれ――予防拘禁の主張である。

予謀は即、心の中へスライド拡大する。四〇年刑法では「三后」表現以外は変わらず、「……加へんとする」もそのままだった。だが、幸徳らの事件で法の執行者は運用でずかずかと心の中に踏み込んでいき、山県の懸念は杞憂だったことを実証する。もっとも、やがてしっかり立法・明文化される――治安維持法である（これも山県の「事件」中の意見書「社会破壊主義論」が核となる）。

山県の刑法改正意見書が「井上毅代草」となっている点も注目したい。山県が口述、あるいは談話中で言ったことを井上が忖度も加えて文章化したものと考えられる。四八〇〇字（原稿用紙一二枚）ほどのもので、明治一一年から一五年までの殺人・強盗・放火など凶悪犯の増加を数値で示すところもあり、刑法強化への井上自身の調べに違いない。二人の共作というべきだろう。山県は多くの意見書・上奏文を残すが、近侍した文章家の存在を思わせる（槍一本をもって世に出ようとしたころから和歌・漢文への強い執着はもっていた……）。とくに憲法はじめ多くの法制定に常に関与した井上毅の存在に留意したい。

なお、意見書中に「内乱においてはこれを陰謀の際に罰しているのに、大逆においてはこれを欠く」という文言がある。この大逆は天皇への危害で使っている。大宝律令の陵墓破壊でなく、明・清「律」の意である。井上毅も自覚ないままの誤用なのか、あるいは期すところがあっての仕掛けなのか……ともかく意を転じて使っている。幸徳らへの求刑論告で平沼が「大宝律令以来の……」と表現した――山県意見書から二七年の〝雌伏〟を経て世に出たわけだ。山県にとって平沼はまことに愛《う》いヤツだったことだろう。

ちなみに民法の制定は明治二三年秋に公布され施行は二六年正月とされながら、それがフランス流で日本の旧慣に反するとの強い反発から巻き返され、二五年秋に延期処置となった（修正の上、三一年施行＝基本的に平成改定までの民法でもある）。商法も同様の成り行きとなるが、これらは二二年の憲法とあわせて国内法の整備が急がれた。条約改正のため対欧米向け文明国の装い（踊る鹿鳴館も登場）の必要上である。支配の実権を定めた刑法だけは一三年にトップを切ったが、同法関連の裁判所構成法・刑事訴訟法はぎりぎりの二三年となる。

根底にフランス流の自然法思想から、ドイツ留学から帰り帝国大学法学部教授となった穂積陳重《ほづみのぶしげ》が主導するドイツ歴史法学への転換があった（内田貴『法学の誕生――近代日本にとって「法」とは何であったか』二〇一八年）。普遍性からナショナルへの比重の移行といえる。それは山県の意にかなうものだった。ボアソナードが落胆し、永住決意を翻して帰国することになる（大久保泰甫『日本近代法の父ボアソナアド』など）。

第七節　見え隠れする山県有朋の影

幸徳ら冤罪事件の背後には山県がある。逮捕が続いていたなか、山県は「社会破壊主義論」なる意見書を出している（内閣あてだが「天皇へ」が真意だろう）。「その極端な主張は我が千古の国体と民族の道徳の根本に向かって爆弾を投ずるもので、邦家の危害これより大なるはない。須らく全力を尽くしてその根絶を計らねばならない……それは国家・社会組織の秩序を損傷するもので、（損傷しない「改良政策」とは違い）国権・国家そのものに反抗する無政府主義となる。言論・学問の自由という名目で許してはならぬ……一大鉄槌を加えることを」（明治百年史叢書16『山県有朋意見書』）。実は六月初めの幸徳拘束の最初の段階から、山県の指示があったことを明示する記述が『公爵 山県有朋伝』（上中下の三巻、徳富蘇峰編述、昭和八年刊）にもある。八四歳での没後一一年に刊行されたもので、該当記述は上巻の「公と大逆事件問題」の項だ。

「初め大逆事件の起こるや［幸徳逮捕の時に違いない］、桂首相と渡辺宮相（渡辺千秋宮内大臣）とは善後措置について、公の意見を叩き（尋ね）、参内（天皇に）上奏する所があつた。その次第は宮内次官の河村金五郎が明治四四年一月一七日付け［死刑判決の前日！］にて公に送つた書柬に詳述されてある」と。続けて河村のその書を直接掲載する。以下、大略を現代文で——。

一昨夜（一五日夜）帰途、渡辺宮相を訪ね、（山県公が）清廉なお気持ちでお言い付けになった委細を、（渡辺大臣）に申し述べましたところ、大臣も至極ご同感で、元帥閣下（山県）の御考えの次第、一々ごもっともでありますとの事でした。なお色々と協議した上、昨（一六日）朝、桂首相に面会し、閣下のお考えを繰り返し詳しくお伝えしました。首相も深く御意見を了解され、次の手続きで進めるという事になりました。

明一八日午後一時三〇分、桂首相が判決書の写しを携えて参内し、奏上した折、（天皇から）首相に対して御沙汰のあること。

首相は右御沙汰に基づき一九日午前九時、大審院長、検事総長、民刑局長［平沼である］、その他を内閣に招集し、参考のために意見を聞くこと。この席には宮相も参加すること。これを終えた後、首相は閣僚と協議の上、参内上奏すること。（傍線引用者）

まず公判の判決は一八日であり、午後一時に開廷、判決文の朗読は午後一時一〇分に始まって四七分続き、閉廷は二時五分（東京朝日）である。このことを念頭に最初の傍線部を注目してほしい。閉廷三〇分前の一時半に「判決書の写し」が天皇に奏上する状態で首相のもと――桂は公判には出ておらず当然官邸にいた――に存在することが予め決められていた。つまり判決前から判決書は首相のもとにある手はずになっていたのだ。それも一八日以前、おそらく一七日中には届いていたのだろう（あるいは、判決はもともと行政側で作られ司法に下された可能性もゼロとはいえない）。憲法第五七条、

「司法は天皇の名において法律により裁判所がこれを行う」という司法権の独立の完全な否定である。次の傍線部「御沙汰」とは恩赦のことであり、これもすでに予定のうち。憲法一六条は天皇の大赦・特赦権を定めているが、むろんそれは司法の判断を前提に発動されるものだ。全く無残なほど司法の独立はない。憲法が定める最高権力者らにより当の憲法が踏みにじられているのである。続いて河村書は――。

手続きは右の通りにて(山県)閣下ご考慮の通り、上御一人(天皇陛下)を煩わし奉らざる形式をとることとなりまして、(桂首相は)多方面に渡る検討・考察も行った上で、間違いのないよう期しておられるはずであります。

右は昨(一六日)朝(わたし河村が)首相にご面会いたしました折、内定されて、その午後に宮相と首相の会見の際、確定されましたことで、今(一七日)朝、宮相よりこれらの順序を逐一(陛下に)ご報告申し上げました。(以下略)

判決の二日前の一六日までに判決内容を含めた全シナリオが決まっていたのである。ただ減刑対象者について河村書は、その範囲は一九日朝、司法関係者の意見を聞いた上で首相が腹案を定め内閣諸侯で協議して決めるはずと書き加えている。司法のアイデンティティはこの範囲だった――。

「(減刑の)範囲、今のところ分明ならず……兎角《とかく》軟風吹きすさみ候《そうろう》模様に感ぜられ……宮相も小生と同意見にて云々」が河村書の締め。「軟風吹きすさみ」とは減刑は相当大幅になる模様で、自分ら（宮相と河村）もそれがいいと思っています――の意。本意は御大・山県に「大量減刑でもよろしく了解を……」の事前挨拶に違いない。もとより、軟風レベルの話ではない（平沼の論告では二六名全員に死刑求刑だから、彼らの感覚では半分の減刑は「軟風吹きすさみ」なのである）。これが「大逆事件」なるものの基本構造なのだ。その構造において切っ先役だったのが平沼騏一郎であった。

彼ら権力者にある恐怖を徳冨蘆花が衝いていた。

「死んだ者も恐ければ、生きた者も恐い。（恩赦にした者たちを地方監獄に送る途中警護の仰山さ、その恐がりはあまりにひどい。何十万の陸軍、何万トンの海軍、幾万の警察力を持つ政府が）数うるほどもない、しかも手も足も出ぬ者どもに対する怯えようもはなはだしいではないか。人間弱みがなければ滅多に恐がるものではない」（死刑執行後の旧制一高での講演「謀叛論」）。上記「軟風」云々は権力者にあった心の咎め（やがて恐怖にもなる）の表出に違いない。夜な夜な監獄の平沼を訪ねる編み笠姿の人影が生ずる所以《ゆえん》だろう。

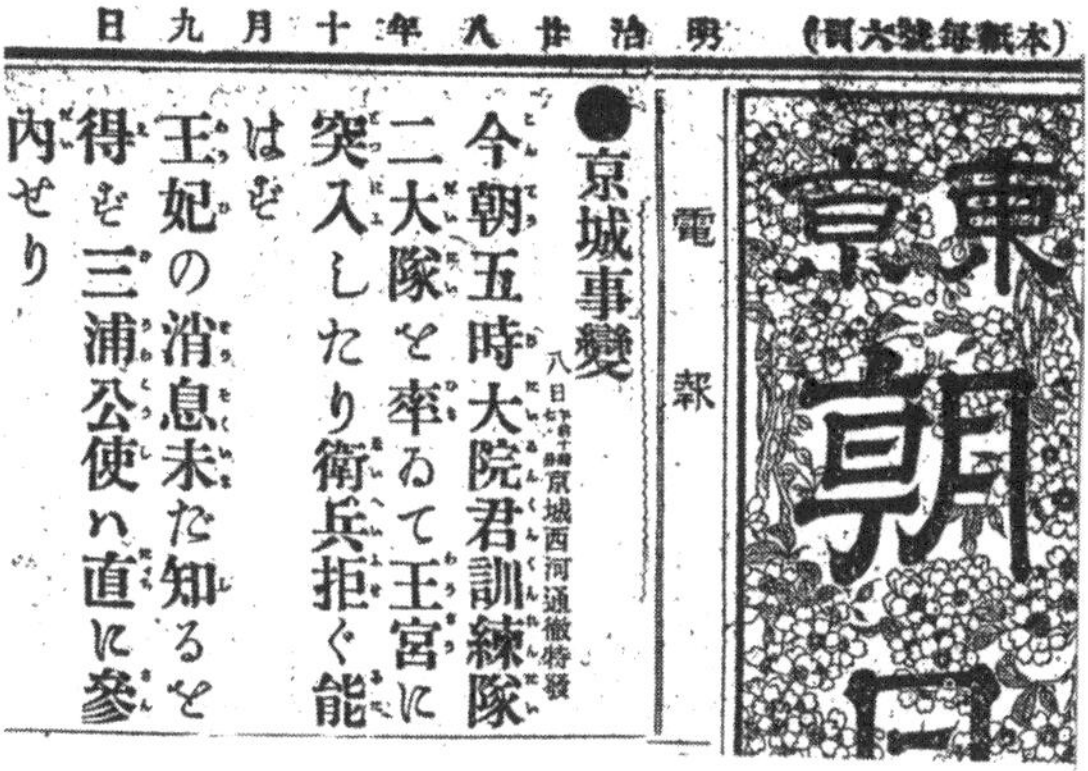

（本紙毎號大□）明治廿八年十月九日

東京朝日

電報

●京城事變　八日午後十時京城西河通徹特發

今朝五時大院君訓練隊二大隊を率ゐて王宮に突入したり衛兵拒ぐ能はず王妃の消息未だ知るを得ず三浦公使は直に参内せり

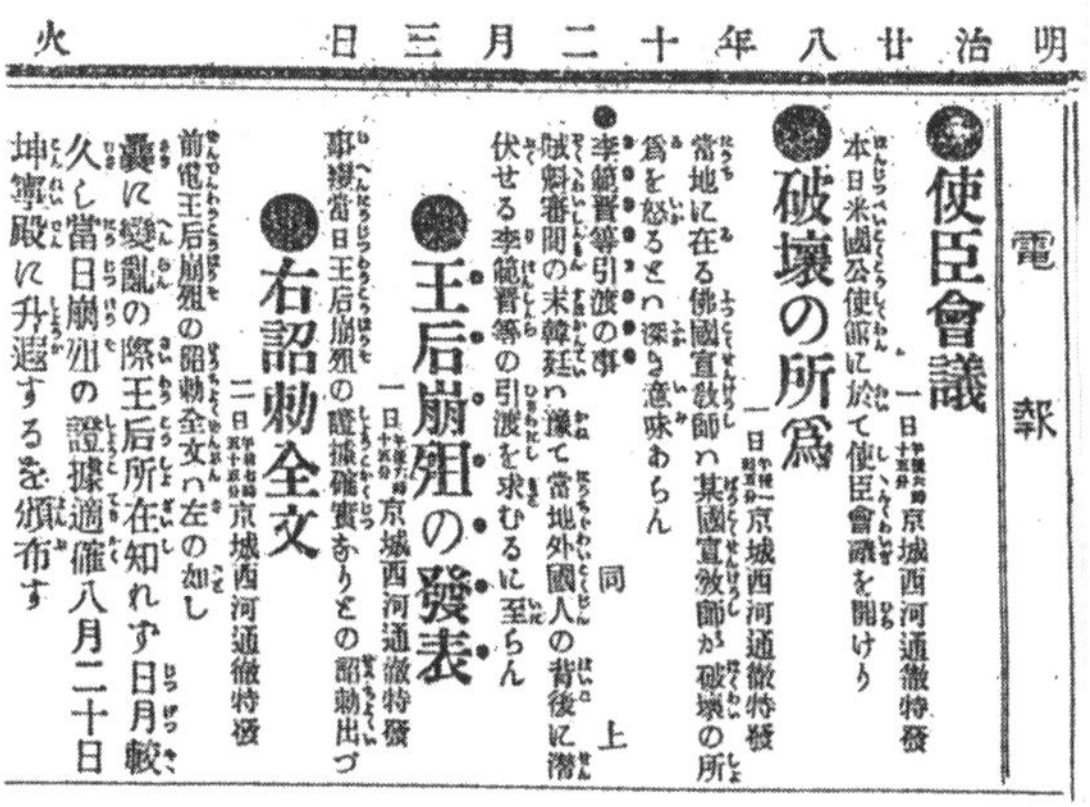

明治廿八年十二月三日　火

電報

●使臣會議　一日午後六時十五分發　京城西河通徹特發

本日米國公使館に於て使臣會議を開けり

●破壊の所爲　一日午後一時　京城西河通徹特發

當地に在る佛國宣教師は其國宣教師が破壊の所爲を怒るされ深き意味あらん

●李範晋等引渡の事　同上

賊魁番間の末韓廷は擧て當地外國人の背後に潜伏せる李範晋等の引渡を求むるに至らん

●王后崩殂の發表　一日午後六時十分發　京城西河通徹特發

事變當日王后崩殂の證據確實ありとの詔勅出づ

●右詔勅全文　二日　京城西河通徹特發

前の王后崩殂の詔勅全文は左の如し

曩に變亂の際王后所在知れず日月較久し當日崩殂の證據適確八月二十日坤寧殿に升遐するを頒布す

事件発生を伝える初報（上）と「殂」の字で幕引きを図る記事（下）
＝東京朝日新聞

第一節　景福宮が「二重橋に……」へ

　ところで、幸徳秋水らへの予審調書で「宮城に迫る」や「二重橋に迫る」という表現が繰り返され、判決文にもいわば決めの言葉として登場した。司法エリートたちには何か具体的イメージがあったようである。思い当たるのが――一五年前、ソウルの景福宮正面の光化門から日本人の集団が押し入り、王妃を居所で殺害した事件だ。日本の軍・外交官・民間人（大陸浪人と称されるようになる）らで、中枢にあったのがもともと長閥の軍人で、在ソウル日本公使の三浦梧楼だった。日清戦争が終結した明治二八年（一八九五）一〇月八日のこと、閔妃は朝鮮王朝第二六代・高宗の王后で、政権内で親ロシア派の領袖という立場にあった。閔妃暗殺事件といわれ、以下のようである。

　日清戦争の後、朝鮮の独立という名目で清国の影響を排除して親日本派政権をつくるが、露・独・仏による三国干渉の受諾を経て、今度は清国に代わりロシアを頼む閔妃の政権ができ、この追い落としを狙った日本公使館主導の政治テロである。一〇月八日早暁、ソウル駐在の日本守備隊が出動、要所に配置され、その下で民間人の岡本柳之助の指揮のもと安達謙蔵ら壮士グループ［文筆を業とする者が目立つ］が景福宮を襲撃した。宮殿内に乱入した彼らは閔妃を斬殺して奥庭にひき出し、遺体に石油をかけて焼き払った。

　直ちに日本派と目された大院君（高宗の父）をかつぎ出し、金弘集を首班とする親日内閣を成立させた。三浦は朝鮮軍隊の内紛を装ったが、王宮の内部にいた欧米人らも日本人の行動を目撃しており、国際的な非難を浴びた。そこで日本政府は関係者を広島に召還し、現場で守備隊を指揮していた軍人八名を軍法会議に、三浦（このときは文官）以下四八名を広島地裁の予審に付した（対朝鮮治外法権）。だが翌年一月、軍法会議は指揮の中佐・楠瀬幸彦ら八軍人に無罪を出し、地裁予審も証拠不十分で四八人の非軍人全員を釈放した。こうした蛮行に対して朝鮮各地で反日義兵闘争が巻き起こる――。

実はこの召還者のなかに、この春から落合直文の弟・鮎貝房之進と漢城（ソウル）で日本学校・乙《いつ》未《び》義塾の教師をしていた二二歳の与謝野寛（鉄幹）がいた。〔翌年刊の『東西南北』で自身が書くところでは、鮎貝が朝鮮政府と図り同塾を創り、市内外に五か所の校舎を設け生徒の総数七百人で、高麗民族に日本文典を授け日本唱歌を歌わせた、この事業は鮎貝と自分を以て初めとすると〕。

教職のかたわら朝鮮各地を回り、何か商売もしていたらしい。朝鮮ニンジンを扱っていたとの説もある。このころ事実上の妻であった浅田サタの父（つまり舅）、徳山の浅田義一郎と同道した記録も残る。鮎貝を通じエリート外交官である京城領事館補・堀口九万一《くまいち》と親交した。諜報活動（スパイ）も兼ねていたともいわれるが、これは大陸浪人としては普通のことでもあった。明星を出す五年前、まだ無名である（翌年の詩歌集『東西南北』で有名人に）。

事件時、彼は旅の途上だったらしく参加していないが、生涯にわたりなぜか事件への関与を主張し続けた――それも自ら「画策した」と。晩年の昭和八年（一九三三）に刊行した『与謝野寛短歌全集』の巻末に収めた「与謝野寛年譜」（以下、「自筆年譜」と略す）中の明治二八年にこんな記述がある。

「この夏腸チフスを病み漢城病院に療養す。十月朝鮮王妃閔氏の事件あり、この前後にわたり、堀口九万一・鮎貝房之進両君等と画策する所あり。たまたま鮎貝君と木浦に遊びたる間に、予期に先だって王妃事件起り、寛は一日後に京城に帰れるを以《もっ》て王宮に入らず。次いで公使館一等書記官杉村濬、副領事堀口九万一等外《ほか》数十人と広島に護送せられたるも、予審判事は取調の上に貫を免除せり」と（傍線引用者）。

九万一は三浦梧楼のもとで実行計画の中枢を担っていた。鉄幹も拘束メンバーの一人として広島地裁に送られたが、すぐ放免された。地裁文書では「堀口領事館補の従者・ヨサノカン」と記された。下働きの若いモン、当事者能力なしの「客分」扱いなのである。「画策者」を自認する鉄幹の鬱屈となる。後述するが九万一の子が堀口大学で、佐藤春夫と同時に慶応大学に入学し、ともに新詩社に入り鉄幹を師とすることになる。

閔妃暗殺事件については、三浦が個人レベルで企てたとする論と、長州閥を軸とした日本国家権力による犯罪であるとする論があり、わたしも拙論したことがあり詳しくは省く（「鉄幹と閔后暗殺事件后――明星ロマン主義のアポリア」二〇〇八年）。ときの政府は第二次伊藤内閣であり、外務大臣が陸奥宗光、この〝名〟外相のもと「事件と日本政府の間には直接の関係はない」とする説［この陸奥評価は敗戦後とくに強まったように思われる、坂本龍馬の第一の門人として大衆小説での龍馬人気の反照がある］。他方、このとき陸奥は病臥中で代行が西園寺公望だったが、実質職務は朝鮮問題の第一人者を自負する井上馨《かおる》が仕切っており、一一歳下の長閥後輩、奇兵隊出身の三浦梧楼を動かしたとする説もある。

当日の公使館と東京の政府側との電信のやりとりを『日本外交文書』などで簡単に見ておく――（前掲拙稿）。初報は在韓公使館付武官の新納某から伊東海軍軍令部長あて午前六時三一分発で、「大院君［閔妃と対立する実力者］率いる訓練隊［日本軍の指導でつくられた朝鮮人部隊約八百人］が吶喊《とっかん》して宮廷に討ち入れり」である。次いで同八時五〇分発、同館付き楠瀬幸彦中佐から川上（操六）陸軍参謀総長あて、「今朝五時大院君は君側の奸を除くと称え訓練隊二大隊を率いて王宮に入り些少の抵抗の後、君側に至ったのは五時五十分、また三浦公使は六時五分に王宮に入る」と、いち早い三浦の現場到着を伝える。いずれも朝鮮政権の内紛をにおわせ閔妃については触れていないが、新納から伊東あて九時二〇分発で「国王無事、王妃殺害されたとのこと」となる。

当の外務省は大臣臨時代理の西園寺（公望）の方から三浦公使への午後一時発で、こんな問い合わせ電という始末だ。「今朝大院君が訓練隊を引率して……王妃は多分殺害されたとその地の公使館付武官より参謀本部へ電報があった。事実（関係につき）至急電報にて報告してもらいたい。それと日本人が之に加わっているかどうかの報告も」。外務省が蚊帳の外である――。

三浦からは午前一一時発で午後一時三〇分着、入れ違いでシラを切るような電報が届く。「大院君を擁立した訓練隊が王城に迫り……我（日本）守備隊は王宮を護衛し鎮圧に努め……（事態はすでに）沈静した。国王世子とも御平安。ただ王妃の所在は未だ不明……」。九時二〇分発電で殺害報が海軍に入っており、西園寺の電報も参謀本部情報により「殺害」と言っているのに――である。

その日午後も西園寺と三浦らの間で何度かのちぐはぐな交信があるが、基調は東京側が日本兵の関与を問い、現地側が関与なしの回答というパターンだ。午後一〇時三二分発の九日午前一時五分着、三浦から西園寺あて次の趣旨の電報で一転する。「今朝の事変に日本人加入（参加）の有無の取調べ方の御電命承知しました。右は表面朝鮮人の仕事でしたが裏面には多少日本人も加わり、しかしながら実は本官が黙視していたことで……王妃を退けて大院君を（担ぎ）出し……日本党の政府を組織すれば将来朝鮮が他国より干渉を受けることなく……」。つまり八日が九日になる零時前後で、「日本人参加」「王妃を退け」の事態と、それを三浦自身が「黙視」していたことが、政府（人格としては西園寺）に入ったことになる。それでも、閔妃暗殺にはまだ触れていない。

つまり三浦配下の武官から海・陸軍の制服トップには直ちに伝えられたが（閔妃殺害電は九時二〇分）、三浦自らが属する外務省には昼になって、なお閔妃不明というあいまいな第一報を上げた。政府（外務省）にいつ殺害報が入ったかは正確にはわからないが、メディアの報もあり九日中にはむろんわかっていた。興味深いのは三浦は一四日付けで総理の伊藤あてに、まるで諭すような長文（原稿五枚ほど）を送っている。電報ではなく書簡と思われる。幕末の志士活動以来のよしみを吐露するトーンで始まり、結論部はこうだ（『日本外交文書 第二八巻第一冊』五一二～五一四頁）。

「宮城に入った（日本人）壮士らについても黙認して隠《いん》に使用した事情があるので、彼等にのみ（罪を）歸せるのは難しいことを御推察下されたく……要するに今回の事件は当国二十年来の禍根を断ち、政府の基礎を固めるための端緒を開いたことと本官（自分）は確信していますので、その行動は過激になったにもせよ、この先外交上の困難さえ切抜けられれば我が対韓政略はこれにより確立することができます……外交上の都合で自分を始め館員らを更迭させることがあるとしても、現政府の方針までも変えるようなことは頗《すこぶ》る不得策と考えます。この点は幾重にも御注意なさいますよう希望するところです。

内閣総理大臣　伊藤博文殿下

明治二十八年十月十四日　在朝鮮国　特命全権公使子爵　三浦梧楼」

ちなみに外務次官の原敬のもとにも報が入っていた。事件当日の八日付け京城領事官・内田定槌《さだつち》から の書簡で、落手は数日後だろう［内田は領事館で九万一の直接の上司］。公使館と下位の領事館には齟齬があり、三浦派でなかった内田は計画から外されていた。こう書きだす。「今朝王宮内の事変に関してはすでに公使館より公報があったことと思いますが、ここで小生が実地に見聞したことを御参考までに内々ご報告申し上げますので、極内々にて御聞取下されたく……」。そして――（陰謀の）噂は数日前から薄々聞いていていたが、今朝五時半、砲声に驚いて戸外に出てみると、王城の方角で頻りに小銃の連発音が聞こえた。……堀口領事官補と荻原警部［共に領事官住まい］を呼び起こそうとしたが二人とも不在なので、荻原と同宿の大木書記生に聞きただすと、二人とも昨夜来三浦公使の内命で大院君の邸に至り、これを擁して今朝王宮に押し入ったとのこと――。内田は翌九日と一一日にも続報を送っている。有能な官僚らしく、いち早く「一部は処罰し、他は不問に付す」などの提言だが、どこか苦々しい響きが漂う。

もう一つ重要な報告が原に送られていた。堀口当人からである。三日後の十月一一日付けでかなり長文（原稿用紙一〇枚ほど）の書簡だ。そこには事件二日前の六日に大院君に呼ばれて会い、その意向を三浦に伝え、七日夕に三浦からの指令を受け、民間壮士指導者の岡本柳之助を案内して蟄居中の大院君を郊外の家に迎えに行く（連れ出す）――ことに始まる彼の当夜の役割が詳細に書かれている。もとより自己弁明、身の処し方上の（所属本庁へのいち早い対応）報告と読むべきものだが、公使・三浦からの曖昧な公電に比べて直後の体験報告としてつじつまはあっている。

内田書簡には自らをシロとする主張と共に、ある種の忌々しさと哀願の響きがある。堀口書簡の方は当夜の大院君邸への自らの出発風景を「時に中秋一八夜の月明、道を照らし、白露満天、秋風袂《たもと》を払って清し」と美文調、内田との意識の差は歴然、確信犯なのである［九万一の若妻マサは事件六日後の一四日に満三歳の大学を残して日本で病死したが、当時の彼の公式・非公式の書簡にそのことはない］。

西園寺の下にあった原敬も、内田と九万一からの書簡で数日内には状況をほぼつかんだと思われる［両者の関連書簡はその後も内田五通、九万一は二通と続く＝『原敬関係文書』分］。『原敬日記』十月一八日の次の記述はこれに基づいてのことに違いない。「昨日首相官邸において伊藤首相、川上（操六）参謀次長と余と協議の結果、三浦公使を召喚し取調べのため出張させた政務局長小村寿太郎を弁理公使としてそのまま京城に駐在させ［小村の京城着は一五日、弁理公使の辞令が一七日付けと後追いになった］、公使館員杉村書記官、堀口領事館補萩《ママ》原警部等に帰朝を命じた、みな今回の事件に関係した者」。原は陸奥に抜擢されてこの年五月二二日付けで次官に就任していた。陸奥は六月五日から大磯で病気療養入り、西園寺公望が外相代理となっていた。

事件は公使館の三浦梧楼、その下僚の杉村濬が主導し、領事館側も堀口九万一と巡査の荻原が公使館指令で動いた。つまり公使館軸の軍部に直結するルートと、領事館の内田から原（西園寺）ら外務省首脳につながるルートという捻じれた二つが併存し、隠微な政権内葛藤があったことを暗示する。朝鮮支配・植民地化という目的は変わらないが、方法論に違いがあったということである。なお原は事件翌年の五月、小村寿太郎の後任の朝鮮公使となり、同地経営を進めることになる。

日本側の研究ははかばかしいとは言えず、近年では金文子著『朝鮮王妃殺害と日本人――誰が仕組んで、誰が実行したのか』（二〇〇九年）が大きく進めた。軍・外交・内田定槌文書などを使い、直接一刀を加えたのが陸軍少尉・宮本竹太郎であることも明らかにした。彼は広島の軍法会議にもかけられておらず、かけられた軍人八人（全員大尉以上）の一人、少佐の馬屋原に付き添っていたという。

基本的資料を押さえながらわかりやすく事件を書いていたのが、ノンフィクション作家・児島襄の『大山巌・第四巻／日清戦争』だ。これによると、三浦はほどなく現場に入り、「死体を一見すると、身元確認して至急に取片付けよと指示……」。児島は焼却埋葬の異説も紹介しつつ、「いずれにせよ、その最期は酸鼻の限り」と書いた（金著では長安堂で襲われた後、堂前で殺害され、しばし別の堂に放置され、少し離れた庭山の麓で焼かれたことを資料で押さえる)。

時間経過とともに安達・岡本ら民間人の行動(活躍ぶり)が前面に出てくるのだが、これは日本軍が手を下したのではないという弁明のためのシナリオに沿ったもの違いない。彼ら民間人も心得顔に〝功名〟を主張し出す。文に係わる者が筆の力で威力を示す。鉄幹もその気分の一人だった。

身辺の危険に高宗と皇太子は事件四か月後の翌年二月、ロシア公使館へ逃れ一年間その保護下で執務する。露館播遷といわれた事態で、反大院君派の李完用が主導した。親露政権である。日本外交にとって以前の清国の存在がロシアに変わり、朝鮮の中立についてロシアと交渉する事態になる(事件翌年の山県・ロバノフ協定など)。行き詰まりが日露戦争で、その勝戦が韓国併合を可能にし、改めて閔妃事件がそれへの道筋をつけた〝功業〟意識で語られ出す。次述の三浦らがそうであり、屈折した口調ながら鉄幹は自らを「画策者」として低音で語り続ける。

三浦は事件一か月前の九月一日付けで、朝鮮通を自認していた井上馨に代わり公使となった。本人も畑違いで最初は断ったという就任の際のことを回顧でこう書く。「いずれ何らかの決定を示すから一日も早く渡韓してくれとのとのことなので、我輩は政府無方針のまま行く以上は臨機応変、自分で自由にやると決心した」と。事件の後は、「一度裁判所へ呼び出されたが、別に大した尋問もなかった。監獄では身分が身分だけに〔すでに子爵〕、大分寛大に取扱つてくれた。……九十日経つと、無罪放免と来た……出ると、アノ辺の有志の歓迎会に招かれた。それから汽車で帰つたが、沿道到る所、多人数群集して、万歳々々の声」（『観樹将軍回顧録』一九二七年）。三二年後の不遜な回顧談と見なければいけないが、世相がそういう気分ではあったのは間違いないところ。もう一例——。

召還された一人、「国民新聞」記者の菊池謙譲も、「当時日本国民の同情は絶対甚深であつた。彼等被告が宇品埠頭に現はるゝや各地より集合した歓迎者は列をなし、被告一行に甚大なる同情、熱情的歓迎を表し、一時広島の獄は事《こと》のためその見舞訪問者が全市客館に充満し、恰《あた》かも凱旋将軍を迎ふるの光景であつた」（菊池謙譲『近代朝鮮史 下巻』一九三七年）。ある種の民衆的な祝祭気分のなか、国士として扱われ、そう自負していた。そういう時流に激しく同調反応していたのが鉄幹であり、平沼騏一郎でもあっただろう。

広島拘束者はいわば国家公認の箔づけとなる。三浦は政界に隠然たる力を維持、大臣を歴任した安達謙蔵は出世頭であり、それぞれが各分野で羽ぶり（まさに隠然たる威圧感）をきかせて行く。参考までに、軍人以外の民間四七人の職業は朴宗根『日清戦争と朝鮮』（青木書店、一九八二年）によると、巡査八人、外交官、朝鮮政府顧問ならびに通訳官八人、新聞記者・社員九人、商人四人、農業五人、そのほかは医業、教員、雑業と数えられ、無職は八人である。この中に旧自由党員だったものが六人、高名な「反帝国主義」作家とされた柴四郎もいた。彼らなりに反権力意識があった。

自由民権運動の挫折の影もある。「朝鮮革命を支援し清国との対立を激化させて対外危機を創出し、それをテコにして国内の革命を実現する……」（牧原憲夫『客分と国民のあいだ』一九九八年）という理屈で、彼らには「文明化のためにしてやっているのだ」との不遜な上から目線があり、侵略意識など皆無、しばしば政府以上に過激であった。何らかの挫折感はもっていたにしても、旧教育のインテリといえる者たちであり、とくに前公使・井上馨の肝いり、つまり外務省機密費で「漢城新報」を経営した安達謙蔵（後の逓相、内相）を中心とした新聞記者の存在が目立つ。漢文・朝鮮語を使いこなす者も少なくなかった。――鉄幹は外れた。一私人としての文学活動へ赴き、憤懣渦巻く丈夫《ますらを》ぶりの『東西南北』となる。だが初の植民地取得事業の端緒を担ったという意識が、終生誇りとして持続した。

第二節　画策し「爆裂弾」の小説も

閔妃事件について鉄幹が書くところを今少し見ておく。事件から二九年後、大正一三年（一九二四）の第二次「明星」一〇月号にこう書いていた――。「京城では日本領事館に槐園《かいえん》君（落合直文の弟・房之進）と共に仮寓して居たので、領事官補をしていた今のルウマニア公使堀口九万一君……などと親しくなつた。堀口君は現に「明星」同人である大学君の父である。自分はその年の七月に（チフスで漢城病院に入り危険とまで言われたが幸に）回復した。この冬の十月八日に起つた閔妃事件と云ふものが、その最初は堀口君と槐園君とが漢城病院の自分の枕頭で一所に計画した事であつた」、さらに「後の史家が日韓併合史を書く際に、かの事件が二三の気を負ふ白面書生の幻想に本づくと云ふ裏面の観察を等閒にしてはならない」と（同誌「沙上の言葉（四）」）。

その九年後、死の二年前である「自筆年譜」で、先述の明治二八年の項の「この夏腸《ちょう》チフスを病み漢城病院に療養す。十月、朝鮮王妃閔氏殂落《そらく》事件あり。……寛は一日後に京城に帰れるを以て王宮に入らず」となる。人生の最後にあって、「画策」と誇り、お呼びのなかったことへの遅参をなお残念がる。殂落《そらく》というのは天子の死、崩御の意で事件後一か月ほどから新聞で使われ出した（**本章扉絵**）。

かすかながら公的資料でも朝鮮での彼の姿が浮かぶ（外交資料館所蔵文書、前掲拙論）。明治二八年一〇月二七日付け仁川領事から西園寺大臣あて外務省公電――「杉村書記官、同じく従者・浅田儀一郎《ママ》、堀口領事館補、同じく従者ヨサノカン……御用船住江丸にて本日午前十一時、宇品に向け出帆したり」。事件後二〇日、堀口の従者として広島送りの報だ。カタカナ処理が彼の位置の軽さを物語っている。浅田はこのころ鉄幹の事実上の妻だったサタの実父で徳山の不動産業の資産家、鉄幹と朝鮮で商売をしていたようだ。

もう一つ、明治二九年三月六日付け仁川の領事館事務代理から原敬・外務次官への公電――「二月二八日……木浦地方に於ても亦《また》人心不穏の傾きありて、同日同地方より入港したる海竜丸にて帰仁したる本邦商人……与謝野寛なるもの自身警察へ出頭して申告する所に依れば、群山に寄港せし際（同地の邦人が語るところによると）、忠清道江景には二三十名の本邦人在留せるも（閔妃）事変後、同地の人心は非常に激高して人気《ひと》極めて悪しく……一同引揚の準備をなし……、当館の保護を待ち居る由、申出たる」と。ここでは名前が漢字に昇格した。

広島の調べからすぐ朝鮮にとって返し、改めて情報を集め、次述の「美事失敗（某国公使館の焼撃）」を試みていたのだろう。商売では国禁の朝鮮人参を扱おうとしたらしく、五年ほど後、鉄幹をよく知る者が書いた怪文書『文壇照魔鏡』で、韓国政府の財産を略奪したと指弾された。彼の姿は、自身が描く「堀口、鮎貝の両君と画策」という主役イメージには遠い。むろんシロだったということではなく、関与はしているのだが、それは三浦と堀口に繋がるラインの最末端であり、鮎貝（公文書中に鉄幹より多く登場）は後年「自分の手足として……」と鉄幹を表現した。

在外公館を軸とした強固な出先の権力構造のなか、特命全権公使・子爵の三浦はいうに及ばず、九万一との格差も歴然。下働きの鮎貝のその手下の若い衆なのである。「従者ヨサノカン」はシンボリックにそのことを物語る。鉄幹は文壇でいち早く著名人になり、そして三〇何年という時間の経過は双方の位置にずれを生じ、「堀口・鮎貝君と……」という上から目線の表現を生むことになった。

軽輩でありながら、なぜあえて関与を強く主張をするのか。近代ヒューマニズムの華とも喧伝される文学運動・明星派の主宰者だけに、戸惑いを感じざるを得ない。それは桑原武夫も指摘した（後述終章）近代日本が抱える矛盾の一断面である。

鉄幹自身の文章でもう少し見ておく。先の昭和八年製「自筆年譜」の明治二八年の「一二月また京城に赴く」（広島予審で放免後すぐの再渡韓）に続き、年が明けた二月一一日、亡き閔妃の夫の国王（高宗）が日本勢力に囲われた状況から脱出し、ロシア公使館に逃げ込んだいわゆる「露館播遷」事件に出くわした前後のことをこう書く。

「一月雪を侵して江原・咸鏡道に遊ぶ。二月朝鮮王の明礼宮に入つて露国公使の勢力下にあるを憤慨し、在京城の諸友と窃《ひそ》かに宮に放火して日本公使館に王を奪ひ来らんことを画策したるも、露国側の警戒周密なるを以て果さず」（傍線引用者）。明礼宮の焼き打ち計画である。閔妃暗殺後、日本派の金宏集内閣ができたものの、国王播遷でつぶれ、露館内にロシア派の金炳始《きんへいし》内閣ができていた（外相が李完用）。記述には、全て失敗という意識からのやりなおし気分、また「画策」の語に捲土重来の意欲が窺える。

実は事件から七年後の明治三五年（一九〇二）春、彼はこの「画策」事件を小説化していた。三年目となる「明星」の四月号に掲載した「小刺客」と、大阪の雑誌「小天地」（薄田泣菫編集）四月・五月号に二回連載した「美事失敗（某国公使館の焼撃）」である——ちょうど一年前は『文壇照魔鏡』の渦中にあったとき。「小刺客」はこんな話——。

一四歳のぼく（山口少年）は京城の高等小学校生で、父親が親しくする公使館の二等書記官・秋本司馬太《しめた》（堀口九万一がモデル）の官舎に通い英語を習っている。東京の中学に入るためだ。ある日、「年頃は二四、五歳、髭のない綺麗な男ぶり」の朝鮮服の人物が来ており、「吉木さん（与謝野である）といって詩や文の上手な僕の友達だ」と紹介される。男は酒に酔っており、「美少年、酒を飲むか」とコップを押し付けてきた。ぼくは屈辱感で逃げ出した。先生に失礼なことをしたと悩むなか、数日後、呼び出しがかかる。てっきり非礼を叱られると思ったが、いつもと変わらないやさしいお声

——意外な要請があった。

まずジャンヌ・ダルクを知っているか、と。一六歳の少女、祖国フランスがイギリスに攻められたとき、自分が天使だと信じて祖国のために働き、火あぶりになりました——とお答えした。この朝鮮が今フランスの時のように、ロシアという国の軍隊に攻められて危険になり、お互いに日本人がこの国から追い払われるようになったとして、君を仮にジャンヌ・ダルクとしたら、君はその時どうする。ジャンヌのように働こうと思うかね。

両手を膝の上に置いてきっぱりとお答えしました。はい、勿論です——。

詳しい地図と外務大臣・閔景黙（李完用と思われる）の邸図。逃げ道はここ、もし逃げ遅れて邪魔する者があれば、かまわない、そいつ等にも（これを）投げろ。先生は次の間の戸棚の錠を開けて、取り出して御出でになったのが、その品、火鉢の側は危ないというので……お見せ下さったとき、ぼくは寒気がして目をふさいだ（それは）、周囲六寸もある、ブリキで丸く包んだ爆裂弾——。朝鮮の服装（鳥売りの）と青い洋紙箱《ボウル》も。箱を開けろというので見ると、美しい薄紅梅色の羽の鸚鵡《おうむ》が一羽。大きなベッドに先生と寝て、早朝四時四〇分、ひとり出発。

……桂洞《けいどん》の貴人街までくると声がかかる。首尾よく閔大臣邸に導き入れられる。絵図通りの門をいくつか通り、山水築山の庭を過ぎ、高い御殿の上に若い一四、五人の女性たち。なかに一人真白な上着に、真白な裳を着けて、髪の黒い、色の玉のように白い、一四、五歳の細面……そのお姫様がお買い上げになる。お値段を言えに、ぼくは大臣様にお目にかけた上で決めていただきます——。大臣様は夕べからロシアの公使館にお泊りお留守、帰りは一二時。待ちましょう。

ちょうどその時、半町もない表通りで、石を煙硝で割るような大きな音が一つ、地響きをして、わッと魂消《たまげ》る大勢の人声……大臣が御殺されになったの大声。ぼくは一散に駆け出した。死骸は輿《こし》のままそこに砕けているそうな。ぼくより先に誰がこんなことをしたのだろう。帰りは裏道を迂回《まわ》って来いと言われたのを思い出して、汚い支那人の住んでいる小路に入ると、後ろから「美少年、待て待て」と呼ぶ人がいる。

振り返ると朝鮮服のあの吉木。早口の朝鮮語で、君、ご苦労、ご苦労、しかし剣呑だった、君、しかし愉快だと……駆け抜けて消えてしまった。帰ると先生はお留守、夕暮れ、公使館からお帰り。もう外務大臣が爆裂弾でやられたのはご存知で、非常に喜んでいらっしゃる。犯人は一人の朝鮮人だということ……。ぼくは小学校の祝賀会で、卒業生総代として朝鮮語の祝文を読みました――。〔李完用は高宗の露館播遷を図り、この時は日本側から親ロシアの筆頭と目されていたが、日露戦争後は大韓民国の総理大臣として統監・伊藤博文に協調し併合への道を進めた。事実上の属国化となる第三次日韓協約調印の一九〇七年七月二四日、李邸が焼き討ちされた。テロにもあったが生き延びている。李暗殺願望の「小刺客」は奇妙な予見をしていたといえる。作者の美少年好きも率直に書いている〕。

「小天地」掲載の「美事失敗（某国公使館の焼撃）」は、閔妃事件のすぐ後、蜂起した民衆に日本派政権の金弘集首相らが殺され、京城の日本人がパニックに陥る状況から書き始める。こちらは半ばドキュメンタリーのタッチ――〝気骨〟ある日本人が主人公。

一旦逃れた仁川でソウル反撃を狙う鉄幹と行動を共にするのが京城領事館のY書記生だ。二人は、日本へ逃げようと京城から逃れて来た親日派の安青年に、もう一度京城への案内役を頼む。「僕等は決して物好や利欲の為めに、斯様《かよう》な事を思ひ立つのでは無い、他国人の僕等が此熱心は君に解ら無いか、斯様な事は寧《むし》ろ君から僕等日本人に依頼し懇願すべきことであるのだ、君の様な卑怯な日本党が有るから朝鮮の士気は振《ふる》は無い、国王が外国の公使館へ伴れて行かれると云ふ様な不面目な事にも成るのだ。僕は更に態《わざ》と激して見せて（中略）仕込み杖を抜いて安君の胸倉を左の手で掴んだ」。

その仕込杖は「王妃事件の当夜に友人が用ゐた記念」のものだった。国王をロシア側が公使館内に抑留し続けることなどできるはずがなく、遠からず同館の隣りの明礼宮に移すだろうから、そこを待って我々（鉄幹ら）は「明礼宮へ火を放ち度い、火を放てば国王は屹度また露公使館へ逃げて入るに違ひ無い、其を門前に擁して、国王を奪つて今度は日本公使館へ連れて来て、小村さん（小村寿太郎のこと）、此処《ここ》までは僕等が働いた、是《これ》からは貴公の腕で如何《どう》でも為《な》さい」と。

事実かどうかはともかく、当時の壮士（大陸浪人）なるものの意識が「小刺客」以上に生々しく描写されており興味深い。地方の雑誌ということでより遠慮のない表現になったのか。いずれにしろ、彼は韓国での挫折からそこでの体験を生かして文学活動に収斂するようになる。「美事失敗」の美事は「びじ」と読むべきなのだろう。一年前の三月刊の『文壇照魔鏡』は品格を欠く表現ながら、韓国での狼藉など諸業を厳しく糾弾していたが、この明星〝ヒューマニスト〟はそんな中でも地の声を出していた。明星調とは言えない二作品の同時発表は、日本壮士ここにあり……の意思表示に読める。

　確かに照魔鏡に発した紙・誌の激しい攻撃は品格を欠くところがあり、一年過ぎてバックラッシュ気運が生じていた。「小刺客」の載った「明星」の巻頭の社告の「我等既に過去幾多の大風濤を凌ぎ来る」はこのことを示しているし、巻末掲載の自作一八首の題は「獨笑」だ。翌月号ではあとがきで「今日社会の最大害毒を為す者は新聞記者の多数なり。彼の文筆の賊子を一掃し得ば幸いなる」とメディア攻撃に転じている。

「明星調とは言えない」と上記したが、じつはこの認識自体が敗戦後のものである可能性が高い。もともと壮士気分を含めた明星派——だったのだ（傲岸と自己陶酔、「明治の覇気」なる評価は今もある）。一章で触れたが敗戦後、晶子・反戦詩人イメージが急騰するなかで、丈夫＝壮士への言及をそれとなく避ける気配が生じた（「小刺客」「美事失敗」は全集類にも収録されたことがない）。

　新詩社内ではすでに妻・晶子、山川登美子、増田雅子ら才ある女性たちから「師の君」と崇敬の念で呼ばれ、自らをも天与の才を授けられた「星の子」と称していた。照魔鏡で鉄幹本人はもとより、彼女たちも揺るぐことはなかった（ただ登美子は別の傷つき方をしていたのを前拙著で分析した）。我らは才優れた者、身内とともに「天」に（つまり天皇とも）通ずる存在、という陶酔的な感覚である。

　自らを宇宙の中心に据えたフィクション化がこの時期の特徴であり、佐藤春夫は後年それを選民思想と呼んだ。「理想とする詩歌の革新という天職のためには、田舎の豪家の一軒や一族の滅亡ぐらいは意に介せず。革新に犠牲はつきもの。「あめつちに一人の才」を自負する彼は、その天職を果たすためには犠牲も当然に払わせる資格があると神がかりで思い込んでいた」（晶子曼荼羅）と。「君死にたまふことなかれ」も、弟は才ある我が肉親であり由緒ある家柄、なにより天の存在につながる身——一般大衆とは違うという意識だったことは書いた。

「明星」創刊の年は晶子や登美子作を前面に売り出し、一気に明星ロマン最高の輝きを得た瞬間だった。挿絵のアールヌーボー調も利き、丈夫《ますらを》ぶりから手弱女《たおやめ》ぶりへの転換といわれた。晶子らの才能がファッショナブルに時流に棹さした。飛ぶ鳥を落とす勢いだったが、照魔鏡で部数激減、最大のピンチとなる。晶子の『みだれ髪』の威力、平出修のヒューマニズム論からの援護が功を奏し、ともかく切り抜けたときである。逆に照魔鏡への義憤から人材が集まる効果も生じ、「明星」がその後、七年も持続する要因となった。啄木の来訪は照魔鏡の翌年の一一月、最大の人材の獲得であった。

芸術は道徳とはレベルが異なり、古今、芸術家が犯罪者であった例は必ずしも稀としない。魔性性ともいえる魅力の核心部であるが、閔妃暗殺事件における生身の鉄幹の問題はいぜん解消できるわけでもない。「自筆年譜」の明治二九年（一八九六）、明礼宮への放火画策の叙述のすぐ後に、「後年に至り当時の思想言動の粗野浅薄を悔ゆる所多し」とも記す。これを反省の弁とする解釈もあるが、この年譜を書いた昭和八年（一九三三）というのは、韓国を併合して二〇余年、日本が植民地支配を享受していた時代であり、侵略の軍国主義も本格化、言論界もその流れのなかにあった。

その文脈および鉄幹の性向から読むと、閔妃事件と焼き打ちに現れる「画策」なる語は、植民地化に貢献した事件に自分も寄与しているのだという「功」の再宣言であり、「後の史家が日韓併合史を書く際に……二三の気を負ふ白面書生の幻想に本づくと云ふ裏面の観察を等閒にしてはならない」という大正一三年の「沙上の言葉（四）」以来の主張に違いない。「粗野浅薄」という表現は、青春の激情への羞恥はあるにしても、事をなすには万全を期さなければならず、我が「美事失敗」の轍を踏むな、つまり、ぬかりなくせよ……という〝アドバイス〟に帰しよう。

それにしても凄惨、世界史上にも稀有な恥ずべき事件である。例え閔后がいかに権謀術数にたけた専制的権力者であったとしても、正当化の理由はない。カントが『永遠平和のために』で一切の外国干渉を排したはその百年前のこと、普遍的な理念である。西洋を持ち出さずとも東洋的人倫主義からしても全く外れている。負い目が生じ、そこから密やかな語りとなり、公然と触れることこそ避けるが、不遜な自慢話として沈潜持続していく。それが大衆的感情としても受容されていった。

とくに「小刺客」に現れた「爆裂弾」という語に注目したい。幸徳らの「事件」の八年前である。懐に抱えて邸内に入り込むプロットも気になる。「事件」ストーリー捏造側が得たりとばかり取り込んだ可能性がある――ほくそ笑みが見えるようだ。閔妃暗殺事件の武力は現実の軍隊であった。小銃一つない丸腰の民間人に武装イメージを張り付けるのに、「爆裂弾」は格好の言葉だったはず（鉄幹は誠之助の線からの「事件」連累を恐れていたが、この功でもそれは杞憂に過ぎなかっただろう）。

玉城徹がすでに的確な指摘をしている。「鉄幹は単純に壮士だったのではない。これも、鉄幹は隠そうとはしなかったが、韓国における鉄幹の活動は、特務機関（間諜）としての性格を帯びるものであった。公的なものか、私的なものかと問うことは、スパイという性質上、意味があるまい。何にしても、それによって（国事に奔走）するのは、父の礼厳《れいごん》譲りであった。この（閔妃暗殺）事件を知らず、また知ることを欲しないのは、日本人だけというのは、誠に情けない話ではないか。一片の謝罪で事が済むようなことではなく、わたしたちの精神形成の根源に横たわる暗部を、ここに見なければならないのである」（『子規――活動する精神』二〇〇二年）。

――平沼騏一郎はそのとき司法省に入り七年目、東京地域で判事を務める一方、東京専門学校（後の早稲田大）、英吉利法律学校（中央大）などの講師をしていた。この事件裁判を担当する官庁の若手として、事態を十二分に把握していただろう。武装して王城に迫り、押し入り、殺《あや》める――一五年後、鮮烈なそのイメージを幸徳らに反転させて被せたのだ。予審調べで繰り返された「決死の士の四、五十人」も広島召喚の民間人人数と符合している（虚言はコンプレックスから何らかの事実にすがろうとする）。閔妃暗殺事件という目撃者多数の犯罪で、予審は四八人もの容疑者を起訴せずあっさり放免した。つまりこの国家的犯罪は、調べ（予審）だけで裁判（公判）がなかった。

幸徳らの冤罪事件では平沼息がかりの東京地裁判事による予審は、朝鮮王宮（景福宮）攻撃のイメージを爆裂弾をテコに二重橋襲撃に反照させて（「小刺客」をグレードアップさせて）――つまり濡れ衣であることは彼等自身が承知の上で、公判が必要との意見書を出した。大審院では一回だけの公判で二四名の死刑判決を出し、一二人を即執行した。振り子が端から端に振れたような、閔妃事件の被告らとは対極の苛烈・残虐――人々も息をのむ思いがあったに違いないが、聞きなれない「大逆」報道がその報道を通じて、天人とも許さざる大罪であったかのように作用していった。

加えてほどなく起こった皇帝ニコライ処刑のロシア革命が、社会主義者に残忍な血のイメージを塗りつける効果があった。こうして「大逆事件」なるものが創造された。犠牲者は「大逆と残虐」で二重に嵌《は》められたのだ。「万世一系にして神聖な天皇」の憲法発布、その翌年の教育勅語から二〇年ほど経過――神聖天皇観は成熟を見せていた。あるいはこの事件を通じて著しく促進された、十分の恐怖感を帯びて――。

第三節　山県の朝鮮「利益線」論

維新政府、つまり薩長政権にあって朝鮮政策をハンドリングしたのは長州閥であり、端的に伊藤博文（天保一二＝一八四一年生まれ）、井上馨（天保六年）、山県有朋（天保九年）と言える。維新時にそれぞれ二七歳、三三歳、三〇歳。伊藤は六歳下ながら井上をリードする関係でウマが合ったようだ。山県とも幕末以来、不即不離で協調してきたが、憲法制定時には対立関係が明確になってくる。山県は明治二三年（一八九〇）一一月に開いた第一議会で、総理大臣として朝鮮及び大陸政策を規定することになる重大な施政方針演説を行った。

冒頭、「天皇陛下の至仁なる聖慮により千載不磨《せんざいふま》の大典が成立した」とし、「旧幕府の三百年もの鎖国の中で世界の大勢に背馳し、進歩を遅緩してしまったが……我々はその遅滞を償還するのに力を尽くし今日に至った」と維新の業を自賛。続いて国の制度の整備と産業・経済の振興の要を述べ、とりわけ歳出予算について「その大部分を占めるものは陸海軍に関する経費である」と、有名な「主権線」と「利益線」論を展開した。

主権線とは国土と境界（国境）のこと、利益線は主権線の安全と密接に関わる区域のことで、「国家独立自衛の道はまず主権線を守り、利益線を防護することにある」。そしていまの国際情勢を見ればぜひとも利益線を確保しなければならず、そのためにも軍備に巨大なる金額を割かねばならぬ――と。むろん利益線はまず朝鮮を意味していた。

この主権線・利益線論が山県の独創というわけでなく、オーストリアの法学者ローレンツ・フォン・シュタインの教示によるものであることを加藤陽子が明らかにした（『戦争の日本近現代史――征韓論から太平洋戦争まで』二〇〇二年）。周知のようにウィーン大学教授だったシュタインは明治一五年（一八八二）春、憲法制定作業のため訪欧した伊藤博文に確信を与えることになった人物である。ドイツ（プロシャ）を手本とする方針は決まっていた伊藤だが、ベルリンでは頼りとしていたグナイストらに冷淡な対応をとられた――後進国に憲法があり得るのかという見下した態度だったのだ。夏休みに訪ねたウィーンでシュタインの講義を聴き、君主・立法（議会）・行政の三機関によって立つ立憲制に確信を得ることになる［立法・行政・司法の三権分立ではなく司法が抜けていることが、その後の司法の弱さを規定した］。

この後、政府高官らの「シュタイン詣で」という情況が生じる。

山県は明治二一年（一八八八）冬から翌秋初まで、六年前の伊藤の跡をそのまま辿るように欧州を回る。黒田清隆（薩摩）内閣の内務大臣ながらその職を蔵相の松方正義に託しての外遊。地方行政と軍事制度の視察（山県の勢力を改めて浸透させる二領域となる）ということだが、文明開化を象徴する一大イベントである憲法発布式（二月一一日）を含めての長期不在は、そしてシュタイン詣では、どこか憲法第一の功の伊藤を意識していたことを感じさせる。ベルリンではやはりグナイストの講義を聞くが一時休み、ウィーンにシュタインを訪ねて主権線・利益線論の受講となる。

シュタインは「日本の利益線を守るということは現今とも朝鮮の現状である中立を維持すること」と。朝鮮を明言するが「中立」であり、占領ではない。だが、その「利益線を侵害するものが現れた場合、日本は責任をもって、軍事力に訴えてでも排除しなければならないという意見」（加藤）となる。まさに帝国主義の論理である。すでに朝鮮の中立化（清の排除）の考えはもっていた山県だから、得たりかしこしの思いだっただろう。日清戦争前だが、侵害する現実の脅威として清国以上に、ロシアあるいは英国の姿が見えていたときである。

シュタイン詣でには、新たな舶来品が来ると一辺倒となる状況がよく現れていた。権力トップの伊藤によるシュタイン主導の憲法制定は、天皇の意を体する事業である。作業の内部では葛藤があったにしろ、基調は定まっており、すでに乗り遅れるな…だった。洋行願望の高官らのプロシャへの官費出張の承認は出やすくなる――伊藤のサポート勢力となるからだ。

山県の前年に出かけた元老院議官の海江田《かえだ》信義（薩摩）が勉強成果を示した。その夏から半年間、隔日ごと日に二時間の講義を受け、翌年七月に『須多因氏講義』【図7】を宮内庁から出した（山県は一〇月帰国で受講は三か月ほど）。同院書記官の有賀長雄が通訳・筆記した（「凡例」中の有賀の記）。六百ページ、厚さ三センチもある大部の書で、質素な製本ながら意欲が伝わる。一二月に第三版である。

山県は帰国の三か月前に出ていたこの本に心中穏やかではなかったはずだが、すぐに安心しただろう。元首・立法・行政論が大部分のなかで、地勢・外交論は少なく、とくに朝鮮についてのシュタインの直接言及は以下だけ。「日本人は東洋開明の義兵であり、諸君はその事に勉められよ。この功ひとたび成れば東半球は日本の麾下《きか》に属し、朝鮮・支邦以下の諸国も日本を以て新様（式）の文化の本源とするだろう」（五一三頁）。「海江田は師の言に対して「我等日本人は体が小さく色が黒いが、胸中では決して西洋人にそう劣らない」と愛らしい決意を開陳、師に「何でいまさら体形が西洋人と異なることをいう必要があろうか、同じ人間として異なるところはない」と励まされる」。

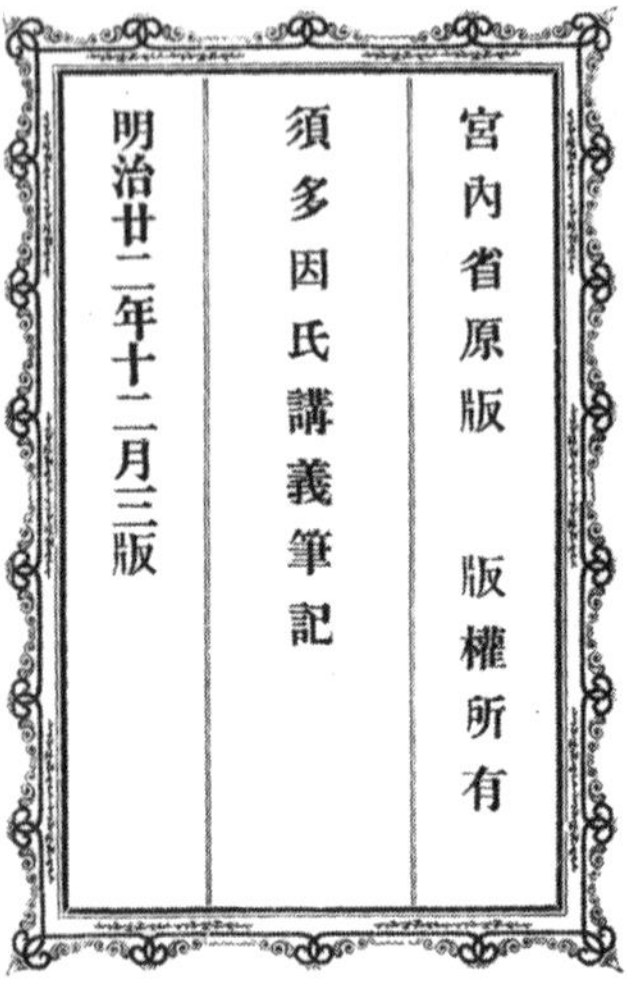

図7　『須多因氏講義』の扉絵
海江田信義の編

つまりシュタインは主権線・利益線論を海江田には話さなかった。ほどなく来るこの新興国の軍トップが早晩首相になることも承知だったに違いなく、すべて心得ていたのだろう。山県の方もシュタイン思想の最先端を担うは今や我なり…の誇らか気分の議会演説だったと思われる。

この首相演説の段階での山県は、「朝鮮中立」の保障として中国（清）との相互承認を想定していたと考えられる（一時期にしろ永世中立国化案は持っていた）が、清が韓国との宗属関係を維持する以上ことはならず、今度は「朝鮮独立」が対清戦争の理由づけとなった。実際には日清戦後すぐに日本の占領政策が露骨化するのだが、これは同戦争中の山県の天皇あて「意見書」にいち早くはっきりと現れた。

戦争初年の二七年（一八九四）八月、山県は第一軍司令官として釜山に上陸し、一〇月中に鴨緑江岸の義州に至る。陸戦の帰趨を決めた九月の平城会戦は、配下の野津道貫《みちつら》（薩摩）指揮の第五師団が行い、同会戦後に平城に入った。出兵理由の一つに挙げられた農民反乱も鎮まっており、沿道の非協力抵抗と鉄道なしの運送・兵站作業が何よりの難だったようだ。意見書は一一月七日付け陸軍大将伯爵として九連城（旧満州）から出されたもの（『公爵　山県有朋公伝　下巻』所収）。「臣有朋　謹んで奏す」で始め、「我が軍すでに鴨緑の大河を渡り九連城をとり安東県を収め……（いずれ）長駆して北京に入り彼をして城下の盟をなさしむる（所存）」として次の展開をする［平城会戦への言及は一切ない、野津についてはもとより］。

「釜山から義州に至る道路は東亜大陸に通ずる大道で、やがて支那《シナ》を横断して直ちに印度に達する道路となるのは疑いの余地がなく、我が国が覇を東洋に振るい、長く列国の間に雄視［絶大なる実力者としての存在」しようとするなら、当然のことこの道を直ちに印度への大道とせねばならないこと、臣の確信するところ。その道にしてもわずかに二三の険坂があるのみ、幾多の河川に架橋をするにしても決して鉄道を敷設するのに難しくはなく……」。そしてこの「百年の大計を躊躇すべきでなし」と断言する。

日本の軍、特に陸軍を作ったといえる山県だが、勇将型ではまったくなく石田三成タイプの軍政家。実戦の大軍のトップの経験はこのときだけであり、ともかくも凱旋の将の位置にあった瞬間――ハイな気分が伝わってくる。鴨緑江渡河を前に自らこんな軍歌を作り全軍に歌わせたという。「尊《とうと》かりける皇《すめらぎ》の、御稜威《みいつ》は四方《よも》に輝きて、我が日の本の丈夫《ますらお》が、錦の御旗ひるがへし……雨や霰《あられ》の弾のなか、命を惜しむ人ぞなき……屍となるも退きて、生きんこゝろの人ぞなき……渡れや渡れ鴨緑江」（同伝）。上奏文や内閣意見書の生硬さに比べテンポのいい！七五調となっている（記者・文人も随行していた）。立派な丈夫調である［その調べの名でデビューした与謝野鉄幹の『東西南北』は二年後のこと、彼はこの戦中は東京で「二六新報」の若手記者］。

後の回想でも、山県は「生涯中において最も愉快を感じたのが軍統率をしたこの戦役」とした上で、自分は主に軍政を担当し近代的国軍の建設を全うしたが、不幸にもしばしば内乱にも遭遇した。だが維新以来の最初の（本格的）外征で清国との懸案を解決して面目が立った。さらに、「碧蹄館《へきていかん》に宿するや……文禄の役、小早川隆景が明軍の将帥李如松《りじょしょう》をこの地に破った遺跡を追憶し、感慨禁ずる能わざるものがあった」と。――間違いなく、秀吉気分である。事実、この国（有朋の後継者ら）はこの道を行き、行き詰まり、インドへの架橋を試みるなか（インパール作戦）で八・一五を迎える。意見書から半世紀後のこと。

大言を披歴しているが、意見書の本意は朝鮮策だ。「……仁川より義州まで日を経ること五〇日。道を行くこと凡そ一五〇里。風土・山川・民情を臣が自ら親しく見るところ……民人おおむね暗愚にして産業に努めず、進取の気性に乏しく……この国を助けて独立の名と実を成すのは至難のわざ」と。明らかに倭王・武の上表、「山川を跋渉《ばっしょう》し寧処《ねいしょ》（おちつく）遑《いとま》あらず……東は毛人を征すること五五国」を踏まえた自己陶酔的な文章である。その意図するところは伊藤・井上が進める「内政改革」の批判であった。山県にはそれが生ぬるいやり方と映っていたのだ。

この朝鮮策の冒頭部分では「そもそも今回の事（戦争）の主意とする所は義兵を起こして朝鮮の独立を助けて、完全に清国の干渉から免れるようにすること」と中立国論を掲げるが、直後に急転直下の植民地化言及であり、師のシュタインの論（それは独立国であることが前提）も顔色なしの馬脚の出しようとなる。そして、釜山より京城を経て義州に鉄道を敷設（日本が作り経営）すること、京城から義州に至る枢要な地に邦人を移植することの二点を力説する。

半年後の下関条約調印直後の参謀本部次長・川上操六あて書簡でも大連—金州間（遼東半島内）の鉄道はすぐ着手すべしと指示。鉄道の敷設は列強が帝国的侵略を進める軸となった政策であり、本人も半島縦断行で身に染みたには違いなかった。ともかく、勝ち戦の将で倭王・武の気分にもなったのだ（なお鉄道敷設は野津が先立つ九月九日付けで「軍隊の行進等で非常に渋滞……釜山京城間に日本の所有権にして緊急に必要」と山県に書簡を出している）。

九月一三日、京城に入った山県は八・一五まで重大な意味をもつ檄文、「生きて虜囚の辱めを受けず」を発している。この前段に「我が軍が敵とするのは、ひとえに敵である。その他の人民については、我が軍を妨害し害を加えようとする者の外は敵としない。軍人であっても降る者は殺してはならない」とある。この点をとらえ松本健一は「戦時国際法に準じた文明の戦争」の表明とし、東条英機の大東亜戦争での非文明の戦争と比べ、山県を評価する（『明治天皇という人』三八二頁、二〇一〇年）と書いた。そうだろうか。

この論理では「我が軍を妨害し害する者」と我々が認めたなら、それが日本人民でも「敵」であり、殺すべしとなる――実際そうした。それが敵国民ならなおさらに――一一月二一日、遼東半島に上陸した大将・大山巌の第二軍配下の少将・乃木希典が指揮した第二旅団が旅順虐殺事件を起す。旧津和野藩主の出の伯爵カメラマンと言われた亀井茲明《これあき》が同二四日、現場に立った酸鼻の写真と記述を残している。

「兵農問わず……敵屍の横たわる見ざるなく……脳漿流迸《りゅうほう》（ほとばしる）腹膜露出、到る所鮮血淋漓《りんり》（びしょぬれ）……」（『日清戦争従軍写真帖――伯爵亀井茲明の日記』一九九二年）。先発した日本軍兵士の死体が切り刻まれていたことへの報復からのようだが、「兵」はともかく「農」、さらに「市中の人を見れば射殺……人家に入りても皆殺し、大抵の家二三人より五六人の死者なき家はなし」（一兵士・

窪田仲蔵の日記）という惨劇。これが戦時国際法違反でなくて何か。今に日本人はほとんど自覚するところもない（加藤周一は一九八八年八月二三日付け朝日新聞夕刊文化面に「南京 さかのぼって 旅順――加害者の立場 自覚必要」を書いた）。旅順なる地名は直ちにあの女性詩人の「旅順の城はほろぶとも……」を喚起するのではないか。自己陶酔のロマンの響き。

松本著によると「明治天皇のもとでおこなわれた日清・日露の戦いは、上から下まで「文明」の戦争という意識」だったそうだ。松本が私淑した国民作家なる司馬遼太郎（本名・福田定一、元産経新聞記者）の「明るい明治」論と軌を一にする論点である〔ご両所に多少の縁あった身でや、心苦しいが、影響力ある方々だけに明確にしておきたい〕。山県檄文は「敵国は極めて残忍、酷虐にして野蛮惨毒の扱いは必然……」としていた。その認知のもとでの行為だろう。

確かに、日露戦時の捕虜となった白人ロシア兵に対しては麗しい話も残るが。

その司馬は、明るい合理主義の歩みを始めた新生明治の日本が、対露戦争の勝利により国・国民が傲慢になり、鬼胎の時代（侵略の昭和軍国主義）への転換点となったとする（『この国のかたち』など）。傲慢はその通りにしろ、実際には軍部を軸とした国の形を一応整えた一〇年前の日清戦争時に、軍最高権力者である山県――秀吉への自己陶酔的アナロジー意識をもつ――によって八・一五への侵略の〝グランド・デザイン〟が設定されていたのである（加藤論文は司馬批判でもあったのだろう）。

『山県伝』、一一月七日付け九連城からの「意見書」引用の前段では、地の文で伊藤・井上批判を展開する（恐らく蘇峰の筆）。「井上の朝鮮改革は伊藤内閣の方針に基づき、法治主義によって官制を更革し（日本のような文治的国家を一挙に実現しようとしたが）、山県公の意見はこれに反し朝鮮の国情に適した改革を施し、植民政策を実行すると同時に、主として鉄道敷設権を我に収め、我が国防的外郭として朝鮮を扶植せんとするにあった」。この後の解説でも意見書の要諦とし、「井上の官制改革の如き形式的改革は国策の根本に触れておらず、政策の出発点を誤ったもの」とダメ押しする。

伊藤・井上の策を法治主義（文治国家志向）と見る批判はピントはずれだが、ここには山県の両人に対する憤懣の私情が表れている。「この軟派《ナンパ》め」なのだ。同方針は直接には外相の陸奥［紀州出身!!土佐系の政府転覆計画関与で五年の入獄後に伊藤の引きで権力機構入り］のもとで推進されたのだが、山県は陸奥の名をあげていない。陸奥自身は鉄道敷設交渉の促進を時の公使の大鳥圭介（旧幕臣）にしつこく要求していたが、山県の眼中には陸奥も大鳥もなかったのだろう。

ちなみに鉄道敷設への願望は列強共通であったが、もとより朝鮮は独立国であり閔妃事件後の日本勢力の後退のなか、事件翌年に京城―仁川間を米国モース社が権利取得、続いてフランス・ロシアが京城―義州―元山を取得する。朝鮮資本の自主的な建設も始まるが、日本はこれらを買い戻し、譲渡させる形で日露戦中に鉄道網を完成させていった（朴『日清戦争と朝鮮』一〇三頁）。日露戦争中に朝鮮侵略を鋭く指摘したのが、幸徳であった。明治三七年（一九〇四）七月一七日の「週刊 平民新聞」に「朝鮮併合論を評す」と題し――。

鎧《よろい》丸出しの武力強行派と一見合法を装う法衣派とがあるが、「脅し、あるいは騙《すか》し……韓国滅亡の為に働きつゝあるを見たり。……又日本浮浪の輩がかくの如き論議を背後に負ひて……塩専売権、あるいは煙草専売権、あるいは仁川埋立て工事、あるいは水田買収計画等に奔走し居るを見たり。日本が文明の為に戦ひて東洋諸国を指導すと言ふものの、その公明正大」であるはずなのに、なぜこうなるのか――と。

武力強行派とは山県派、法衣派は伊藤のそれで、浮浪の輩＝大陸浪人の跳梁も見据えていた。開戦から五か月、旅順口封鎖が失敗し、遼東半島の陸上戦も行きづまっていた。非戦・反戦の声も上がり出したが（晶子の「君死に…」は九月）、総じて被害者意識からのなかで、幸徳には加害者の自覚があった。マークされる目障りな存在になっていた。――現実は、山県の「植民政策を実行」のお墨付きのもと、一旗揚げ組や大陸浪人なる者たち（狼藉認可と諜報活動期待）が陸続と生まれていた。

第四節　軍暴走の先例と大陸浪人

軍人・三浦梧楼の常軌を逸した狼藉が、伊藤・井上ラインの認証のもとだったのか、山県の軍主導だったかはさて措き、三浦自身は忖度以上の確信で行ったのだろう。事実として、軍が要所を押さえた動きをしており、民間壮士は実際には脇役、いわば目くらまし役であった。ただ四月末に遼東半島返還の三国干渉受け入れがあり、ロシア勢力が伸張するなかで、国際外交上で窮地に陥ることは明瞭。政府があわてたことも確かであった。

山県には若い日に四国連合艦隊の砲弾を浴びた体験から強い列強トラウマがあり、とくに終生、対ロ恐怖症――世界一の陸軍大国・シベリア鉄道の進捗――があった（その反転が対アジア傲岸となる）。深刻さは津田三蔵の大津事件の比ではなく、青ざめる事態には違いなかった。朝鮮の朝野に親ロシア感情が一気に高まり、同勢力の伸長を促し、困難な交渉となった。山県伝（下巻）は事件二週間後の一〇月二二日付けで山県が宮内次官の田中光顕に手紙を出し、田中から三浦にこんな忠告をするよう依頼したことを記す。まず田中から三浦の身の処し方について山県に何かの伺いを立て、それへの山県の返信と分かる。

「三浦公使が（事件に）関係したこと確実であるのは了承。貴（田中）が諭す如く容易でないことと察している。忠告の趣旨、尤もなことで全く同感。御案〔不明〕の外、彼が一身を処する道はない」。広島予審の前なので「案」とは免訴のことである可能性はある。続けて、「ただ良心に恥じずの一点のみ。……平素学ぶところの真理に基づき国家の困難を一身で負担し、迷夢を打破し一心を晴天白日のなかに安置する決意を覚悟せよ……本人帰国後（自分からこの旨の）手紙をするが、老兄（田中）からも面談の折に伝えておいてほしい。男子として恥じずの覚悟は平生養成する学問のほかなし」。

エールにも読める。そして結び――

「もしも誤って縄墨《じょうぼく》〔法律の意〕の外に出るときは、一人一身に止まらず、国家を如何《いかん》せん。ただ細思細慮、一条の大道を闊歩すべきことのみ、千祈万寿に堪えず」。有罪となったら当人自身にとどまらず国の大事になる、そこを考えて対応を図れ――。つまるところ、曖昧化してごまかせ、だろう。

宮内次官・田中あてとは、天皇にはそのように説明を、ということである。「十月二十二日　南禅寺畔　無隣庵主　朋」の署名、京都に建てた気に入りの別荘からだ。

ちなみに田中は土佐の軽格の郷士出身、脱藩して長州の奇兵隊に入るが、また帰藩し中岡慎太郎の陸援隊士となる。脱藩時代から山県への思い入れがあったようだ（刀が自分に所属するのではなく、自分が刀に所属するようなユーモラスともとれなくもない大刀姿の若き日の写真を残す）。

予審放免後、三浦が首脳らにどう迎えられたか、『回顧録』で見ておく。東京に着いたその晩、米田侍従が来た。自分から、「お上（天皇）には大変ご心配遊ばされたことであろう。誠に相すまぬことであった」。すると侍従は「イヤ、お上はアノ事件をお耳に入れた時、遣《や》る時には遣るナというお言葉であった」。次にすでに宮内大臣になっていた田中（光顕）が「伊藤から頼まれて来た」と言って現れ、各政党が今度の件で（評判となった君を）担ごうとしている、それに乗ってはいけない、との伝言。はなはだ不満になり、「折角のご親切だが返上する。それだけの親切があるならなぜ広島に来て乃公《おれ》に会いにこなかったか。真実に国を憂える心から出たことだ……ソレを何ぞや、火付け夜盗の扱いをして閣員の一人も出てこぬ……」。田中は華族（子爵）の礼遇はもとのままだといって帰る。自分はもともと政党など問題にしていない。それで伊藤も後には大いに安心したと見えて、「ソレから後には会いもしたがね」と。

井上馨からは藤田伝三郎（奇兵隊出身、実業家）を介して手料理で一緒に飯を食いたいと招待。「頗る贅沢な馳走を仕てくれたがただ、気の毒だ、気の毒だと云う一言のみであった」。山県とは以前からしっくりいかぬ仲になっていたが、ここでは「アレ（三浦）は肝を焼かして仕様の無い奴じゃが、自分一個のことについて彼是《かれこれ》いったことはかつてない、と始終人に言っていた。これは知己というべきである」と又聞きでの言も引用した山県への好評価を披露。そして「閔妃事件は大体こんなものであった」と回顧を締めくくる。——権力最上部、密室のなれ合い支配の構造がよく出ている。通常は足の引っ張り合いだが、共通利害では即結束する。

事件は軍コントロール上でも重大な禍根を残した。出先軍部の暴走を問わず（法も政治も）、既成事実で認めてしまったことだ。昭和期のそれは昭和に始まったわけではない。とはいえ恣意的行動というだけでもなかった。明治一一年（一八七八）末の参謀本部の設立により、陸軍は「一に天皇陛下に直隷す」となり、作戦・用兵つまり軍事行動について指揮権は天皇に属し、政府から独立化されていた。これを行ったのが陸軍卿・山県である（海軍は「軍令部」として明治二六年に）。直接には軍への政治的影響の排除の意があったが（この八月、近衛兵反乱の竹橋事件）、やがて逆転し統帥権の名のもとに政治支配の具となるのは周知の通り。

文官職にあった三浦には政府（西園寺ら）へのいくばくかの後ろめたさがあったに違いなく、それが前節で述べた総理・伊藤博文あて十月十四日付けの書簡だろう。おそらく伊藤はこれに返答していない（それが上記の「火付け夜盗の扱い」の言となったのだ）。『伊藤伝・下巻』でも事件自体は、「閔妃が国王を無視して同族を要路にまで力を振るうようになり、国王父の大院君も排斥された。朝鮮の一部識者はこの機に同君を擁して立つ計画をし、これに日本派残党の有力者が加わり、三浦公使に助力を求めて来た」という捉え方に変わりはない。

ただ伊藤の動きに微妙なものがある。年初からの講和条約と三国干渉受け入れで、閣内乱れと民党の攻撃を受け［そのため民党と連携も画策］、何度か骸骨（辞職）を申し出ていた。閔妃事件は泣き面にハチに違いなかった。一一月二一日の東京朝日に「●伊藤首相、骸骨を乞う」の見出しで、「一二日、内閣会議を終えた後、陛下に拝伏して切に骸骨を乞い［三度目］、即夜、大磯（別邸）に行く」として、その理由を「自由党との結託が公然となり、閣僚・元勲らから異議が出て内閣不一致状態になったため」との記事が出る。

これに「●山県侯召還」の記事が続く。首相辞任につき天皇のお召しで京都（無隣庵）から一昨日（一九日）に目白（椿山荘）に戻り、二〇日午前一〇時参内、午後三時を過ぎるも退出なし。さらに「●汽車中の邂逅」として、京都からの山県侯の汽車が大磯に着くと、白根逓相が新たに同乗し、横浜では板垣伯、及び河野氏［自由党の広中か］また停車場にあって乗り込み、四人ゆくりなくも車中の邂逅、その談話こそ聞きたいもの——と。

翌一二月二五日からの第九議会の召集が決まっていたときである。通常、伊藤の民党との連携問題でのこじれと解釈されるものだが、明らかに国際問題化した閔妃事件がある。嫌気がさして政権放り出しに動いたのだ。高熱を理由に、後任に山県と黒田清隆を推すが天皇が認めない。天皇にも山県はあり得なかったのだろう（山県も固辞）。事件は伊藤の本意ではなかったのであり、そのことが、肝心なところでグリップの利かなかった宰相であったことを物語る。伊藤は留任しその第二次内閣は翌年八月、閣内不一致で辞職となる。

新聞報道も簡単に見ておく。東京朝日は一〇月九日付け、「今朝五時、大院君訓練隊二大隊を率いて王宮に突入……王妃の消息未だ知るを得ず、三浦公使直ちに参内せり」が第一報。翌一〇日、「……大君主陛下（高宗）世子殿下（皇太子）は無事、王妃の行方は全く不明なり……大院君、王宮に入り直ちに王妃を廃す」。一一日、「事変の一大原因、数日前より訓練隊と（朝鮮側）巡検との間に争闘絶えず……王妃が訓練隊を廃する口実を作るため教唆したる（により）訓練隊を檄せしめ……」。一貫して大院君首謀の事件という書き方——政府発表の伝導管（メディア）である。

そして大阪朝日の一一月二八日付け紙面に「（朝鮮）政府は閔后を殂落《そらく》と認めて喪を発せんとす」の見出しが登場（東京朝日は一二月三日付けで「王后崩殂《ほうそ》の発表」と＝**本章扉絵**）。「殂落」とは「天子の死去すること、崩御、最上級の敬語」（日本国語大辞典）である。事件に冠せられて今も見かけるこの語の使用の始まりだ。鉄幹も自筆年譜の中で使っていた。この語で重大事件を何もないことにした。この対偶的用法が「大逆事件」である。こちらはないことを、重大事件に塗り上げた。歴史偽造の語として共通する。

第四章　山県における権力の用法

太刀を誇示して写真に納る
武士願望の志士姿

田中光顕

山県有朋

第一節　反乱・奇兵隊を殲滅《せんめつ》せよ

山県が秀吉を擬《ぎ》していたことは間違いない。擬すとは「なぞらえる、真似る、欲する、もどき」（漢語林）等の意である。なぞらえる（同一化する）ととるか、真似るととるかは見者の立場による、むろん同じことだ……の論もあろう。ただ、慎重居士の彼は自身で口外したことはなく、ひそかに日清戦争の陣中で小早川隆景に掛けて暗示した程度であった。日々槍を扱《しご》いて鍛え、「一介の武弁」を標榜。史上こわもての人物だが、性格は陰にして細《さい》な神経＝小心（地位の上昇とともに無言の威圧感となる）――ここは伊藤と違う点だ。

わたしは山県の専門研究者ではなく、「大逆事件」から発した彼への関心に過ぎないのだが、実体のない事件――つまり冤罪であるのを承知の上で犠牲者を造り出していった者たちを調べていくとき、どうしてもその者の人間性に踏み込まざるを得なくなる。その視点から山県について触れていく――人間性はプライベイトな面によく表れる（秀吉が凝った城造りに擬して大邸宅造りに入れ込んだことは次章で）。

維新史での登場は庶民兵からなる奇兵隊の指揮官としてだった。もとより正規の毛利藩士ではなく庶民層の出である。文久三年（一八六三）六月に高杉晋作によって結成された騎兵隊が、力量のある有志を入隊基準としたことで、士からなる従来の軍組織とは違っていた。列強との海戦や対幕府戦を経て、武士層がさほど役立たない実態を露呈し、なにより万国対峙下で統一国軍の要が認識され出していた。そのため人口の大部分を占める「農」＝庶民層の組み込みが必然となってきた。応募してきたのは腕力のある、農からの者が目立った（本業を継げず雑作業者化しつつあった層、また帯刀は許されていたが実業は農であった郷士層）。それでも構成は士族四四％、農民三八％、商人など八％という（田中彰『高杉晋作と奇兵隊』一九八五年）。

士も下士あるいは陪臣（家臣のその家来）が主で、総じて二、三男が多く、彼らには「武士になりたい」あるいは「正真正銘の武士になりたい」という強い欲望があった。幕府側の関東の新選組と根は同じである。結成綱領に士族化の保証は明記されていないが、それへの暗黙の了解の気分はあったようだ。応募への誘導と使いものになる武闘への期待感である。隊内から武士化の要求は折々出されたが藩庁や上士に反発があり、ウヤムヤとなり次述の隊の解消時の惨劇にもつながる。

発足の日に三〇余人、六日後に六〇余人となり、定員五〇〇人までとなる。ほかに遊撃隊、整武隊、鋭武隊、御楯隊、鴻城隊、それに伊藤博文が指揮する力士隊など名称の異なるいくつかの隊もつくられ計二五〇〇余名となり、合わせて諸隊といわれた（田中前掲書）。行き詰った社会情況（徳川封建体制）への不満の噴出口となったのは確かであり、戊辰戦争でも〝活躍〟することになる。四民平等の組織という評もなされてきたが、実態は冷静に見た方がよさそうだ。初期の奇兵隊の指揮官である総管が赤祢《あかね》武人（安芸灘の島医師の子で藩重臣・赤根家に養子）で、その補佐役が同年齢の山県だった。

折しも幕府の第一次征長戦時で藩論は対決派（やがて討幕派）と和平派に割れ、赤根は和平で動き隊員も同調した。ところが高杉が八〇名ほどを率い下関で挙兵、流れは高杉に有利となり（山県も参加）、赤根は失脚状態のなか、幕府・長州間の周旋に動くが失敗。倒幕方針に決まった藩の捕吏に故郷の島で逮捕され、裏切り者として一度の審問もないまま山口で斬首された。二九歳、奇兵隊の終末を予告するかのように――。後任の総管が山県だ。後年、明治政府は維新時に命を落とした者の顕彰・贈位を行っていくが、赤根への請願は全て却下された。元老・山県の猛反対、隊出身の三浦梧楼の反対もあったという（一坂太郎『長州奇兵隊――勝者のなかの敗者たち』二〇〇二年）。

戊辰戦争における東北の惨状、とくに会津・白河戦線のそれは近年改めて明らかにされている（原田伊織『明治維新という過ち』、星亮一『明治維新というクーデター』など）。無差別攻撃、殺戮と埋葬を許さぬ死体放置、それに対して怨からの東北側のカウンター行動――負の連鎖である。会津戦の〝官軍〟は薩摩・土佐が主力で、山県の奇兵隊は越後・長岡戦が長引き間に合わなかった。戦後処理で会津藩一万七千人の下北半島への強制移住となる。山県の上役、木戸孝允（桂小五郎）の画策であり、木戸は幕末時から京都守護職の同藩を仇敵視しており、会津人の新たな苦難の歴史となる。

岡義武は「山県は後年「明治の元勲」とよばれるようになったが、しかし、明治維新にあたって彼の演じた役割はさほど大きいということはできない。彼は維新を生み出す巨大な流れに動く代表的な、主役的なひとびとには属せず、この過程において登場してくる多くのワキ役の一人にとどまっていたといっていいだろう」（『山県有朋』一九五八年）と書いた。『山県伝』のなかにはそれなりの雄姿があるが蘇峰の筆によると見た方がいい。

奇兵隊には重大な戊辰戦の後史がある。ともかく終戦となり、奇兵隊始め諸隊が不要になったのだ。前提として中央政府が兵を一括管理し、府県のそれを廃止する方針があった。兵庫県知事となっていた伊藤博文の提案でもある。明治二年一一月末、藩は「精選」して常備軍として残す者以外は除隊とする令を出す。不満が一気に爆発し、脱退兵が続出（藩から見れば反乱）となる。かねてから隊内において幹部の不正・堕落、士と農商ら庶民間の身分・待遇の差別がくすぶっていた。以下、主に田中著と一坂著に拠る――。

一二月一日、精選で排除された諸隊隊員たちが三田尻周辺に集まる。一八〇〇人の記録がある。農民出が半数、町人・僧・神主を含めると六一％、陪臣まで入れると七八％。折りしも大規模な農民一揆［主体は奇兵隊に出た層と重なる］がおこり藩域不穏を深めるなか、翌年二月九日と八日、山口付近で反乱軍と藩軍（木戸孝允の指揮で残留組の〝精選〟常備軍が中心）が衝突。反乱側の死者約六〇、藩側は二一で鎮圧――引き続き脱走者の探索が中国始め九州、大阪、名古屋、越後に及ぶ。

年内に二二一名捕縛、うち斬首八四、切腹九、牢舎三三、遠島四五。首は各人の地元でさらされた。さらに四月始めの六日間、三つの地域で脱隊兵の挙兵が続く。直ちに鎮圧、三五人のさらし首となる（遊撃隊一六、奇兵・健武・整武が各五など）。つまり一応記録に残る者だけでも死罪計一六三、戦死八一の総計二四〇余の死者となる。戊辰時の会津・白河戦を思わせる残虐な事態が、それも直前まで戦友だった若者同士が相食む形で行われたのだ。

多くは農民出の兵だが、総管ら幹部クラスにも同調した者があった。一坂著は禁門の変から幕長戦、戊辰戦と奮戦し、常備軍に精選されながら反乱奇兵隊の指導者となった佐々木祥一郎や長島義輔らの悲惨な運命を記す。連行中、鉄棒で叩きのめされて斬首された祥一郎、大穴の淵で二五人の先頭に首を切られ次々と屍が積み重ねられた義輔など――「為政者たちは、民衆の力の恐ろしさを知っているだけに、見せしめのような処刑をした」と。

同じ指導層でも奇兵隊の山県始め三浦梧楼、品川弥二郎ら、井上馨（鴻城隊）、山田顕義（整武隊）、寺内正毅（同）、伊藤博文（力士隊）、野村靖（御楯隊、後の内相・逓相）、それに藤田伝三郎（奇兵隊、実業家）、野村三千三（同、山城屋）ら、反乱に与しなかった残留・鎮圧側はいち早く東京人となり、国家の重鎮及び政商となる。もとより大部分の長州人が権力と縁があったわけでなく、彼ら権力者は実数ではごくわずかであり、多くの同郷人を踏み台にしていったというのが実態だろう。端的に明治新政権の核心には、諸隊残留組幹部のやましさの共有感があった（その意味を込めてわたしは「長閥」という表現を使っている）。

山県は奇兵隊などによる残虐と、奇兵隊などへの残虐を、終生語ることはなかった。確かに後者の真っ最中には国内に居なかった。内乱半年前の六月、藩主の命を受ける形で憧れの欧州旅行に発った――攘夷などまったくの方便であり薩摩の西郷従道と同道――帰国は事態が大方片付いていた一年二か月後の明治三年（一八七〇）八月のこと。『山県伝』は上・中・下の三巻計三千六百ページ余の巨巻だが、中巻に「二月、奇兵、振武、健武、諸隊乱をなすが尋《つい》で［まもなく］平らぐ」と数行あるのみ。ただ反乱の黒幕と見做された大楽源太郎（高杉・久坂と行動したが離間）が、九州久留米藩内に逃げたことから起こった日田事件については、「日田県出兵問題（上・中・下）」の見出しを立て、計一二ページにわたり詳述する。久留米藩の一部士族らが同調して動き、この鎮圧のため薩摩藩に出兵要請したが、西郷隆盛が容易に動かなかったことへの苦労の叙述がメインだ。大楽はほどなく暗殺され事件は終わる。つまり、諸隊反乱は一地方の些事であり、西郷との対決は国事であるということを強調する筆法である。

明治三年一〇月の年譜に「十日大阪を発して萩に帰省し、家族を引纏め東京に帰る」とあるのは、現地に行くまでもなく日田事件の鎮圧にめどがついたとき。東京にはすでに「帰る」のだ。庶民らの「武士になりたい」願望などに彼自身がすでに辟易しており、心中で一蹴していただろう。

戊辰戦争史は会津藩の下北半島強制移住と反乱諸隊の殲滅までを語らねばならない。あるいは明治史はここから書き始めなければならない。

第二節　徴兵の反乱と教育勅語

徴兵制は明治五年（一八七二）末の布告によって翌年正月から施行された。その告諭には「双刀を帯び武士と称して抗顔座食し……」という表現があった。公家サイドの意識の反映も思わすが、今や武士を廃して国民皆兵を実現しなければならなくなった、熱烈武士志望だった山県の〝転向宣言〟と読めないこともない。自身の古傷から発するような神経的な響きがある。徴兵制の強行実施を通じ、ワキ役の一人だった山県（戊辰戦争時には奇兵隊を軸とした数百人ほどの指揮者）が国家権力の主役になっていく。

旧武士層には伝統的な特権はく奪への烈しい憤りと、一般庶民にはいわゆる「血税」への嫌悪から騒動が勃発するが、初代の陸軍卿として山県が腕を振るった。士族反乱は叩き潰せばよく、一〇年（一八七七）の西南戦争で片をつけた。

問題は万国の対峙下の近代世界において、庶民をどう「お国のため」、命令一下で死ぬ戦士に仕上げるかであった。群れなす者たちがひとたび発するエネルギーの巨大さと、同時に、怠惰でずるくもあるその性を山県自身がよく承知するところだった。それをどう訓馳するかが彼の人生のテーマだったといえる。自身の「武士」願望は、早々に職位として全士族どもの最上位を実現し、彼らの命運を掌のうちと化すなかで、解消していく。制度としての華族制は一七年（一八八四）発布、その発布当日に伯爵となる。当然のごとく派閥の一党らも上位に昇進していく（旧藩主も諸大名も下に据えて）。士族などもはや眼中になし――貴族である（もともとのそれである岩倉・三条ら一部が最上位になるが、彼ら自身が誰のおかげで得た地位かは認識していた）。

庶民で作った軍がともかく武士のそれを破ったのが西南戦争だった。翌年の八月二三日の深夜、竹橋事件が起こる。皇居・竹橋門内に兵営をおく近衛砲兵団の兵卒と一部将校二五〇人ほどが、論功行賞が文官優先だという不満から、阻止に入った将校三人を殺して決起した。竹下門から繰り出して近くの大隈重信邸に発砲し、一部は砲二門を引いて直訴へ赤坂の仮皇居に向かおうとするが、近衛歩兵隊（千鳥ヶ淵を挟んだ隣りが山県邸）が明け方までに鎮圧した（将校の岡本柳之助はあいまいな立場をとり職務はく奪、大陸浪人の走りとなり閔妃事件に姿を現す）。一〇月、五三名が銃殺刑となる（『明治天皇紀』）。山県の頭には諸隊の反乱がよぎったに違いない。

だが、さすがというべきか、不穏な動きは察知していたようだ。事件直前に内務卿の伊藤あてに、「下士卒が不平を鳴らし申し合わせた投書などをしている。日夜穿鑿《せんさく》中だ〔諜報網があったのだろう〕。さほどの事はないと思うが……心痛している。励みもせず不満を言うのは軍隊の最も忌むべきこと……一応連絡まで」（山県伝・中巻）。伊藤からは鎮圧当日夜の日付で、「内務官が神田橋外の便所で近衛兵隊の三人の者が不穏な密談をしているのを立ち聞きした……捨て置けないので急報」との趣旨の報が入った（同）。肝を冷やしたに違いないが、対応は早かったわけだ。即処分に諸隊反乱の影が窺える。

その対策が明治一五年（一八八二）の軍人勅諭となる。「軍人は（朕に）に忠節を尽くすのを本分とせよ……忠節なき軍隊は事に臨み烏合の衆と同じ……世論に惑わされず、政治に関わらず、ただ一途に本分である忠節を守れ」。世論とは新聞を軸にした自由民権運動だ。勅諭の文章には近侍した法務官僚・井上毅、それに政府寄りの党「立憲帝政党」を立ち上げた新聞記者・福地源一郎も関与した。

山県伝（中）はこのように書く。「近衛の不平党の目的は、火を皇城に放ち、（駆けつける）参議の出勤を待って、一挙に彼等を斬殺しようとするにあったが、公〔山県のこと〕の処置よろしきを得て鎮定」と。蘇峰らによる筆はずっと後年（昭和に入ってから）であり、ここには諸隊、竹橋、激化自由民権運動、日比谷焼き討ち（後述）——それらを「大逆事件」に収斂する形で、後づけ的に重ねたイメージがある。山県の頭に偏執的に巣くっていた想念（妄想）である。

民権運動のピークともいえるその前年の明治一四年の政変で、二三年（一九〇〇）の国会開設が決まる。同二二年二月に帝国憲法公布、翌二三年一一月末の第一回議会の一月前、山県内閣下で教育勅語が発布された。憲法を担ったのは伊藤博文、教育勅語は山県が主導、起草は双方とも井上毅（法制局長官）が軸となる。「我が臣民、よく忠に、よく孝に……いったん緩急（戦争など緊急事態）あれば義勇公に奉じ、天壌無窮（広大永遠）の皇運を扶翼すべし」——兵士になってからでは遅い、幼時からの心得の注入に違いない。

伊藤の憲法作業と並行していたのが鹿鳴館（直接には外相の井上馨担当）に象徴的な欧化路線であり、山県はこれを苦々しく思っていた。「唯物主義を基調とした功利思想、利己的個人主義が風靡し、国体の基礎である忠孝倫理の教えは荒廃に帰した……これが明治五年の学制発布以来の風潮」（山県伝）とあるのは、伊藤・井上馨への批判なのだ。

つまり、教育勅語は憲法への対抗として生み出された。山県は勅語の文章がほぼ固まった段階で、末尾部分に「一国の独立を維持するは、陸海軍に基因……の趣旨を一語入れるよう」井上毅に要請したが（伝・中巻）、さすがに通っていない。「いったん緩急あれば義勇公に奉じ……」の前に置きたたかったのか。円やかには違いない詩調の中に本意とするところをくるみ込んだものを、武骨に露出させてしまう——破調である。井上というより、それ以上からダメが出たのだろう。ともかく、伊藤の下でも尽くした井上毅は、山県のリアリズムにも同調して動く能吏だった。

ところで『伊藤博文伝』（金子堅太郎・代表編集）は山県伝と同様の三巻の巨本だが、この中には教育勅語についての記述が一切ない。発布の一〇月についての巻末年譜も、二四日の自身の貴族院議長就任の記だけ。伊藤はこの勅語に冷ややかだったのだ（ここには金子の井上への意も窺える）。発布は政府の法令（内閣大臣の副名が必要）ではなく、天皇のいわば私的な文書（親書という語が使われた）として出された。これについて井上は「天皇の思いより出た勅語を政治と混同するようなことは断じて避けねばならない」（山県伝・中）と説いたが、これは正規の法令化は政治的紛糾を生むという認識があったことを物語る。面白からざる伊藤の意への忖度があったのも間違いないだろう。

もともと伊藤と山県の教育観の違いは根深いものがある。明治一二年（一八七九）に教育令が出るが、主導したのが内務卿の伊藤だった。五年の学制頒布を踏まえとくに高等教育の充実を意図した。まず「教育議」を上奏し「重きを実用の学科に置くべし」を軸にこう展開した。——高等生徒には科学が適しており、政談に誘うことがあってはならない。その徒の過多は国民の幸福にならない。現今の書生はたいてい漢学生から出ており、口を開けば天下の事を論ずる。洋書を読むにしても謙虚に百科を学ぼうとせず、欧州政治学の末流程度に触れただけで空論をなす。よろしく工芸・技術・百科の学を広めること。この（理系）高等の学につく者は精微密察、実用を重んじ、自ずと浮薄激昂の風を消滅させる――。伊藤は志士時代、密出国してロンドン大で分析化学を学んだ理系人間である。

直接には自由民権運動への批判だが、洋書を読めない山県を皮肉っているようでもある。政論に口角泡を飛ばすより、鹿鳴館で素敵なステップでも踏み給え……エリート青年よ、なのだ。文系生にも言及している。「法科政学は試験を厳格にして、人数を限り、優等の生徒のみを入学を許すべし」と。理系人間の面目躍如。教育と社会全体の関係はこんな趣旨で述べる。「世相・風俗世の流れはいくつかの小川が集まって大川となるように、その勢いは止むを得ないものがある。そうして生じた世相の弊害も確かにあるが、これは維新以来の教育が悪いからだということではない。教育とはもともと社会全体の弊を療するための間接の薬石に過ぎない」と。

伊藤にとって社会全体を律する軸とは議会なのだ――たとえ制限選挙下のそれにしろ。強力な国民国家を創るという目標は山県と同じでも、修身・治国・平天下では確かになかった（政党を体制に組込み得る目途・自信をもっていた）。この教育議にもとづき教育令が出る。七年前の明治五年発布の学制が二一三条だったのを四七条に整理し、学校は小学・中学・大学・師範・専門・他各種とした。教科も大綱を示しただけで煩雑な規定を設けず、公私学校の設置・廃止はすべて府県知事の所管にし、公立学校の教則に限り文部省の認可が必要とした。外形的枠組みであり内容にはあまり踏み込んではおらず、「自由教育令」ともいわれることになる。

山県は当然、伊藤が推進してきた憲政・議会制に冷ややかだったが、時勢のなかで（天皇も承認）やむなしという現実感覚はあった――骨抜きにしたらいいと。目指すのは軍優先と、地方の末端まで貫徹する官僚統制だ。伊藤は法で近代の天皇制は可能と考えたが、山県は内側、つまり道徳・教育（むろん彼が考えるところの）が前提として重要と考えた。教育勅語に伊藤はケチをつけられたという思いがあったはずだ。

山県伝では「教育勅語の渙発《かんぱつ》」という一章を立て、多くのページを割き彼の〝努力〟を書いている。この温度差が第一議会で山県の首相演説が、議会開設の意義でなく朝鮮利益線に力点を置くそれとなって現れた。欧州事情の理解でも伊藤に負けぬの自負を持つだけに、議会こそ政論の徒、不逞な思想の温床・培養の場となると見ており、いわばそれへの予防ワクチンとして教育勅語を急いだのだ。実際、かなりの効能をもつことになった。それは法でないから、法的な改正も廃止もあり得ない。結果的にそれが教育現場などへの浸透に融通無碍な効果をもったと考えられる。

出自を同じくする（疚しさも共有する）伊藤と山県だが、この時点で同一視することはできない。とくに伊藤を評価する訳ではないが、彼がいたなら（暗殺死の半年後に幸徳らの災難勃発）「大逆事件」は山県の筋書き通りとはいかず、異なる経緯をたどっただろう（彼の死を期しては発動された可能性さえある）。

第三節　「客分」庶民を勇猛戦士へ

いったん事あれば死ぬ覚悟の庶民の兵を一律につくることは容易なことではない。福沢諭吉はこの庶民を「客分」と定義し、「戦争ともなれは客分のことなるゆえ一命を棄《すつ》るは過分なりとて逃げ走る者多かるべし」（『学問のすすめ』明治五〜九年連載）と嘆いた。この前段で、「この国の人民は主・客の二種類があり、主は千人ほどの知恵ある者で良く国を支配するが、その他の者は皆なにごとも知らない客分である……（だから）心配も少なくただ主人に依りすがって自身で（責任を）引き受けることもない……実に水臭い」輩《やから》と。端的に「無知無気力の奴隷根性」（牧原憲夫『客分と国民のあいだ』一九九八年）の愚民であり、この認識は山県と同じであり、実は自由民権運動家の意識にも通底していた。

彼等は強力な国家、近代的なそれ（国民国家）をつくるという点で共通していた。ただし国民像には差があった。山県においては客分（この語こそ使っていないが）でかまわない――牧原のいう「客分のままの国民化」である。庶民を武士身分化する道はすでにノー、もとより西洋のように庶民に主権を与える道［例えばフランス革命で庶民は選挙権をもつ主権者となり、議会を通じ共和制国家をつくり自覚ある国民兵となる］は山県の到底採りうるところではなかった。伊藤は一部にしても民への主権の認識があり、ともかく議会の重視となる。民権家とりわけ左派には国民主権論があった。近代国家を目指しながら国民像が違い、そこから混乱・屈折が生じる［自由民権派は大筋では伊藤路線に飲み込まれていく］。

山県は、客分である民衆が客分のままで、やりようによっては巨大なエネルギーを出す集団となることを体験から知っており、この点で福沢やインテリ民権論者と違っていた。それを可能にするのが軍と行政（地方から中央までの一貫した官僚機構）と教育との三点セットの枠組みであり、それを組み上げつつ各領分を自らの権力基盤としていった。前二者で外側から締め、後者（教育勅語）で内面から得心させる。三者の軸芯に天皇を据える——そのために天皇も〝育て〟る。そこに臣民なるものを実体として成立させた［明治憲法は大権（主権）は天皇一人にありその慶福の下に臣民を位置づけた］。

その一方で、よき臣民には寛大な仁政者として振る舞う。天皇行幸や祝勝会など祝祭・祭典で一体感の醸成を図り、簡単に効果が上がり金もかからない表彰（賞）・勲章も多用、公的権威づけの懐柔文化も生み出す。不満のなきよう、あっても逸《そ》らしながら、「客分のままの国民化」を進める。ただし、枠から外れる者——その恐れは常にあった——には容赦ない鉄槌を下す。リアリズムの政治家に違いない。

肝を冷やした竹橋事件から取り組みを進め、日清戦争でまずは勝軍となり、秀吉気分に浸った。次の日露戦争は満足と恐怖に振れることになる。旅順戦では兵士は屍の山を越えて突撃し、屍となり、次がまた……投入兵力一〇万、戦死一万五四〇〇、傷病四万四〇〇〇という事態となる。与謝野晶子の「君死にたまふことなかれ」の一節、「旅順の城はほろぶとも　ほろびずとても何事か」を見たとき、山県は苦々しさだけでなく、密かなほくそ笑みもあったに違いない。田舎の商家の息子が、いったん急が生じた今、商売になんの関係もない異国の地で刃（銃）をもって命をかけて忠をなしている——水臭い輩どころではない姿が高唱されていたのだ。

元首相・元勲でときの制服組トップの参謀総長、山県有朋を震撼させたのが、ポーツマス講和条約の報道から生じた日比谷焼き討ち事件だ。明治三八年（一九〇五）九月五日、同公園に集まった群衆は、賠償金なし・期待した領土の割譲もなしと知った不満から暴徒と化す。内務大臣官邸、講和賛成論の国民新聞社［多くの新聞は講和に反対、戦争継続でモスクワ進撃論さえも］、警察署・交番、市電の車両が次々焼き討ちされた。六日夜、戒厳令を敷き翌日に収束。死者一一七名、負傷多数でその数は不明、逮捕起訴三〇〇名余。外相・小村の交渉方針については首相の桂、蔵相の松方、そして山県も了解、その条件（朝鮮の支配権、遼東・満州の権益）が精一杯という現実的な認識があった。逮捕者の大多数は人足・車夫・職人、中小の店主・工場主らとする分析がある――つまり客分層であり、直前までの戦場での奮闘が賞賛された者たちの近親・仲間――それが暴発したのだ。

細部まで把握せずにはいられない細心（小心）な人物の心中には、押し寄せる群衆がこんな映像で映っていたのではないか。屍を乗り越えて進んでいた者たちが、くるりと向き変えってこちらに向かってときの声を上げげて襲い来る！　組織立って見えるが、軍の組織でない。社会主義・無政府主義の隊列に違いない。先頭の者たちの血濡れたその顔も見える！……その瞬間、別の群像にスライドする――かつて横に並んでいた諸隊の幹部や兵士たち！――根拠なき想像ではない。

まだ満州に在陣中の元帥・大山巌（その下に黒木・奥・乃木・野津の四軍）にあてた山県の九月二〇日付け書簡がある（山県伝下巻）。「都会田舎の各新聞は筆先をそろえて当局者と老生（自分）を誹謗……下等人民を扇動し不慮の騒擾を引き起こし戒厳令を出すに至った」として――「このような情勢が万一、内（地）外（地）にいる百万の兵隊に伝播（伝染）したなら実に容易ならざること、その防止策につき陸軍大臣（寺内正毅）と種々協議中……この波動（影響）広がって満州駐屯軍に感染浸潤することなきよう熟慮（対応）を願いたい」。自らが造った軍に対してほとんど妖怪的イメージを持っているのがわかる。

元来、西欧崇拝の勉強家であるから、『共産党宣言』（一八四八年）及びその書き出し「一つの妖怪がヨーロッパにあらわれている」くらいは周知だったに違いない（多分、幸徳訳を読んでいただろう）。それが被害妄想的心理に作動した。つまるところ「下等人民」である兵士を信用していないのだ。現実の社会主義者は実数でごくわずかであり、実態も都市部の言論人だった。後のレーニン・スターリン的な運動とは全く違い、組織原理もなし、社会改良主義まで含む基本的にインテリ層の言論活動なのだ。

そんな彼ら言論人の多くはすでに「客分」ではなく、それを拒否した者たちだ。だが、「国民」を望んでいたわけでもない。いまふつうに言う「市民」である。理念に基づき国境を越え、向こう側の思いを同じくする人々とつながる。理念のベースに「自由・平等・独立した個人」がある。幸徳、そして大石誠之助がその典型であり、いわば国民をパスして登場した存在――山県にはそれ故に許せぬ存在だった（許容範囲は客分を「国民に擬す」程度まで）。目障りな輩、神経に触るのだ。

山県自身は二度の長期の欧州体験があり、西欧崇拝者なのだが、低レベルの日本はそのレベルに応じた行き方をするしかないという、自身で現実的と確信する思いがあった（最初の時にオースマンのパリ大改造に感嘆、普仏戦争下のパリ騒擾を体感し、ベルギーのワーテルロー古戦場に足を延ばしウェリントン将軍に思いを馳せ……結論はプロシャに希望を見る)。

もともとの庶民兵反乱のトラウマにこの対西洋屈折が加わり、社会主義への誇大被害妄想イメージが生じた。先述した幸徳ら一斉逮捕時の「社会破壊主義論」と題した意見書にも、兵士反乱への言及が表れる。「仄《ほの》かに聞くところだが、社会主義はすでに近衛ほか他の師団の軍隊内に浸潤している。これの撲滅根絶は実に急務中の急務……(各位の胸中に対処法はあると思うが)あえて鄙見《ひけん》を述べ参考に供したい……下策の蛮勇としても、連中を排除しないというようなことはないことを切望する」。二重否定での「切望」表現に思いがこもる、脅迫観念となっているのがわかる。

つまり、ある種の思想性をもった集団、とりわけ武装した集団(山県が意図していた徴兵)の威力を熟知するだけに、思想性を別にする(自分が統御できない)武力集団には極度の恐怖心をもった。

実態は、自ら押さえどころを知悉する「下等人民」を鍛えて造りあげたその軍隊は、隊内に社会主義思想が入り込む余地があらばこそ——のリッパな組織に成長していた。屈折した小心が生んだ幻想の〝赤色〟武力集団である。『共産党宣言』とパリ・コミューンを知るつもりの自負が幻想に拍車を駆ける。むろん逆手をとって利用した面もある。そのようなものに染まったらただでは済まぬ——国民的レベルでの恐怖感の刷り込み、それが「大逆事件」なのだ。日比谷事件の段階からスイッチ・オン状態となった。

一方で、多大な血税を支払わされた客分の民衆(いつでも兵士にとられる)は、彼らからすればまるで報われるところの無かった戦果に怒った。その怒りの暴動で客分は国民になれたのか。むろん、そんなことはない。客分は客分であり、むしろ自ら脱出口を閉ざしてしまったのである。

血の代償に異国の領土と、賠償金という異国の人々が納めた税金を求めた。帝国主義の時代にふつうのことではあるにしろ、そのふつうを求めたことで、自らの倫理的正当性・普遍性を失った。彼らは再び客分のなかに恫喝的に押し込められた。その枠組（桎梏《しっこく》）はより強固になった。

ただし支配する者は、そのエネルギー自体を枯らさせてはならなかった。異国の地、つまり侵略地ではさりげなく解き放つ（残虐行為の動因）。加えて軍内でも客人のままであることは、隊内務の陰湿構造（暴力・いじめ支配）となり、自由思想やその組織化が入り込む余地など全く許さなかった。さらに国家内の最も強大な組織のＤＮＡが、一般社会にも浸潤していくことになった［日比谷焼き打ちを抵抗する民衆像ととらえてデモクラシーの展開につなげる論もあるが筋違いである］。

第五章　秀吉に擬した築邸三昧

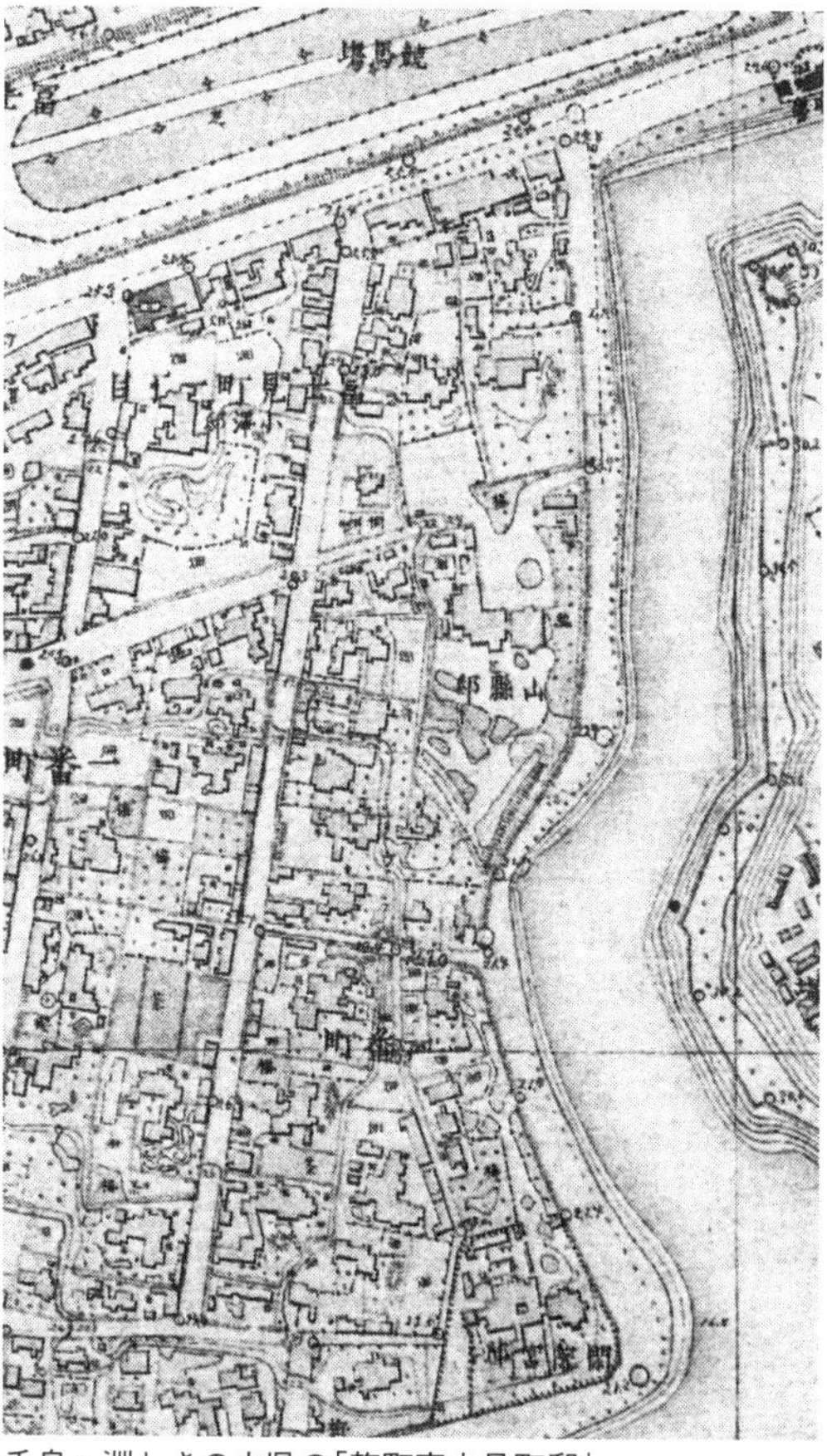

千鳥ヶ淵わきの山県の「麹町富士見町邸」
＝明治16年（1883）陸軍参謀本部図

第一節　官有地、広壮・瀟洒な邸宅に

山県は椿山荘で知られる邸宅を始めとして、各地に広壮・瀟洒《しょうしゃ》な屋敷をもった。築城とはいえないまでも、これも城造りに凝《こ》った秀吉に擬した気配がある。ただ、派手好み顕示欲旺盛な秀吉とは確かに違い、豪奢ながら地味作り、外部からの目を慎重に遮断した気配が窺える——作庭への自賛の陶酔的文章も残す。

邸宅造りも含めて山県を論じたのが岡著（前掲）だった。西南戦争（明治一〇年）から東京へ凱旋した後、「山県は目白の椿山に一万八千坪の土地を得て、ここに彼の構想による造園を行い邸宅をつくって、椿山荘と名づけた。そのときまでは、彼は麹町富士見町に住んでおり、その家からは遠く富士が眺められた」と。現在の文京区西南部、目白といわれるところで晩年に藤田（伝三郎）家に譲渡し、今もホテルとしてその名を残す。

『山県伝・下巻』によると、近郊［先住の麹町富士見町の家からだろう］へ遠乗りの際に、目白の椿山下に「岡本某の所有に係る旧旗本の下屋敷があったのを購入し、これが規模を拡張した」とある。四〇歳ころのこと。木戸孝允、西郷隆盛、大久保利通という倒幕期からの先輩格の三人が明治一〇〜一一年に死に、軍を押さえていた山県が自ずと頂点の位置に浮上したときだ。ただ住居としての完成には一〇年近くかかったらしい（その間は富士見町ほか次述のところに住んだのだろう）。

念のため明治一六年（一八八三）の陸軍参謀本部測量地図――同組織のトップが山県、精度と芸術性ももった作り自体はみごとなもの――によると、神田川（江戸川ともいい船河原橋＝飯田橋で外堀に流入）の北岸沿いで、西側の細川邸と区切る道と東側境の蓮華寺との間の、やや右傾きのほぼ正方形に近い台形状の土地。もとは大名邸や旗本屋敷だったところである【地図A】。

推算すると東西約二五〇メートル、南北二四〇メートルで一万八千坪にほぼ符合する。地勢図なので伝が「溪山が三分の二」とする情況も読み取れる。邸内の北半分が高く中央部から段丘状に神田川へ落ち込む野趣豊かな地形、武蔵野の原風景を思わせる。前住者の家産を取り払って復活したそれか。

明治四三年刊、名流人士五〇人の邸宅を紹介した『名園五十種』（近藤正一著）に完成した椿山荘がこう書かれている。「門は鋳鉄無蓋の洋風の武張つた建て方で、門内は大小の雑樹が弥茂《いや》りに茂って所々に雲を凌ぐ老松が聳《そび》へて、木立の彼方《あなた》には一叢《ひとむら》の竹篁《たかむら》も見え、邸宅は全く樹木の裡《うち》に包まれて……（雑木の茂る坂道を屈曲しながら山に登ると古松高く聳え）仔細を聞くに喩《たと》へ一枝を伐《き》るにも恐ろしき祟りあり……遥か奥まりたる木陰に滔々《とうとう》と音して落つる飛瀑の末が脚下の谷間に注ぎ入る」と。

かの時代なら一城の主の気分が可能な規模には違いないが、家臣らが終日詰めて脈動する空間ならともかく、広壮に縁のなかった個人が住むには孤独・寂寥《せきりよう》感に苛《さいな》まれそうでもある。取得から四〇余年、大正初期に政商・藤田に売却するが、多く持った邸宅のうちで最も著名なものとなる。土地の一角に貸与か譲渡か、股肱《ここう》の臣・田中光顕邸があった。

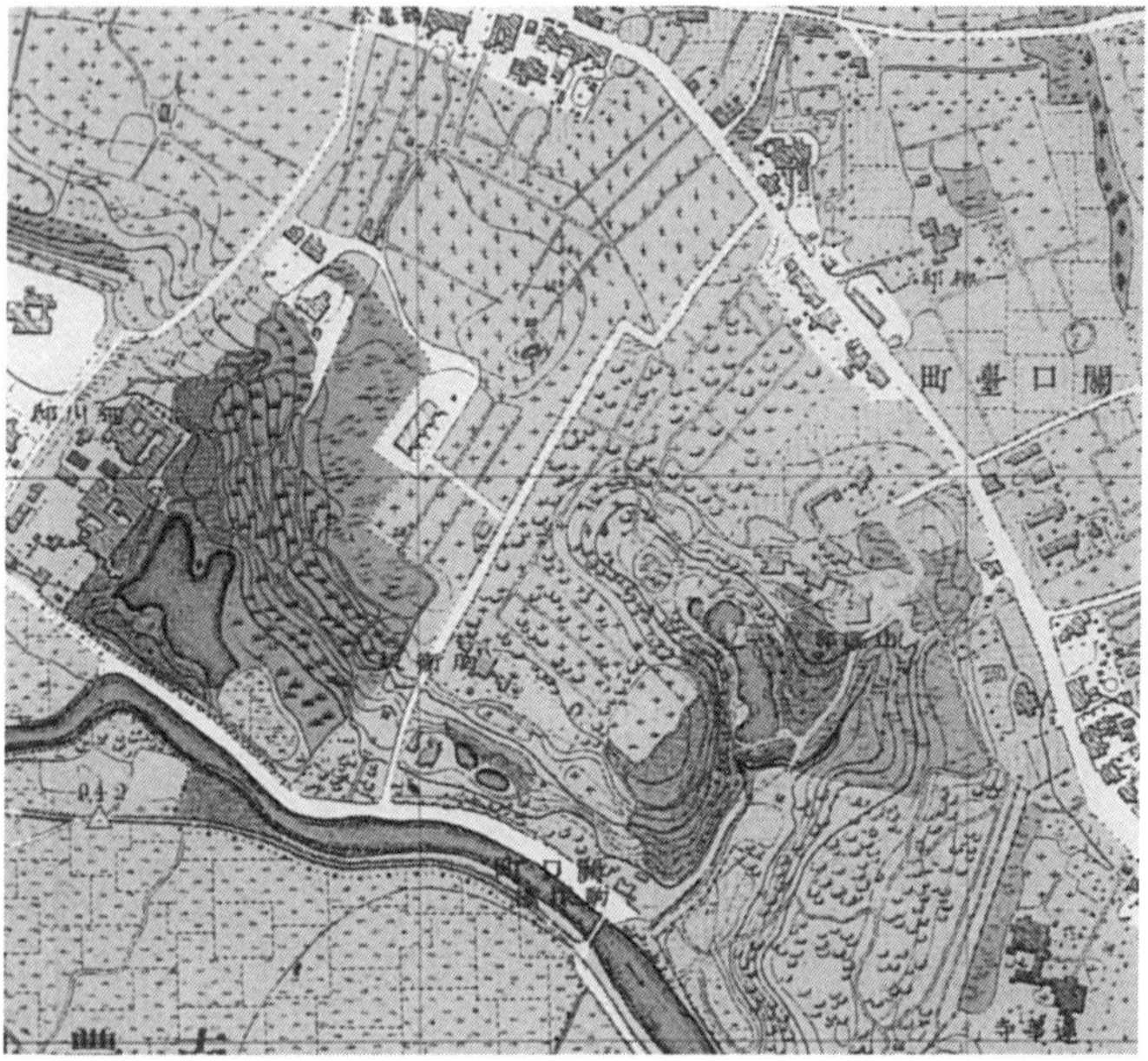

地図A　目白の山県の椿山荘、西側の細川邸との隔ての道路から東側の蓮華寺までの間＝明治16年（1883）陸軍参謀本部地図。下は同所の安政４年（1857）の絵図＝尾張屋版

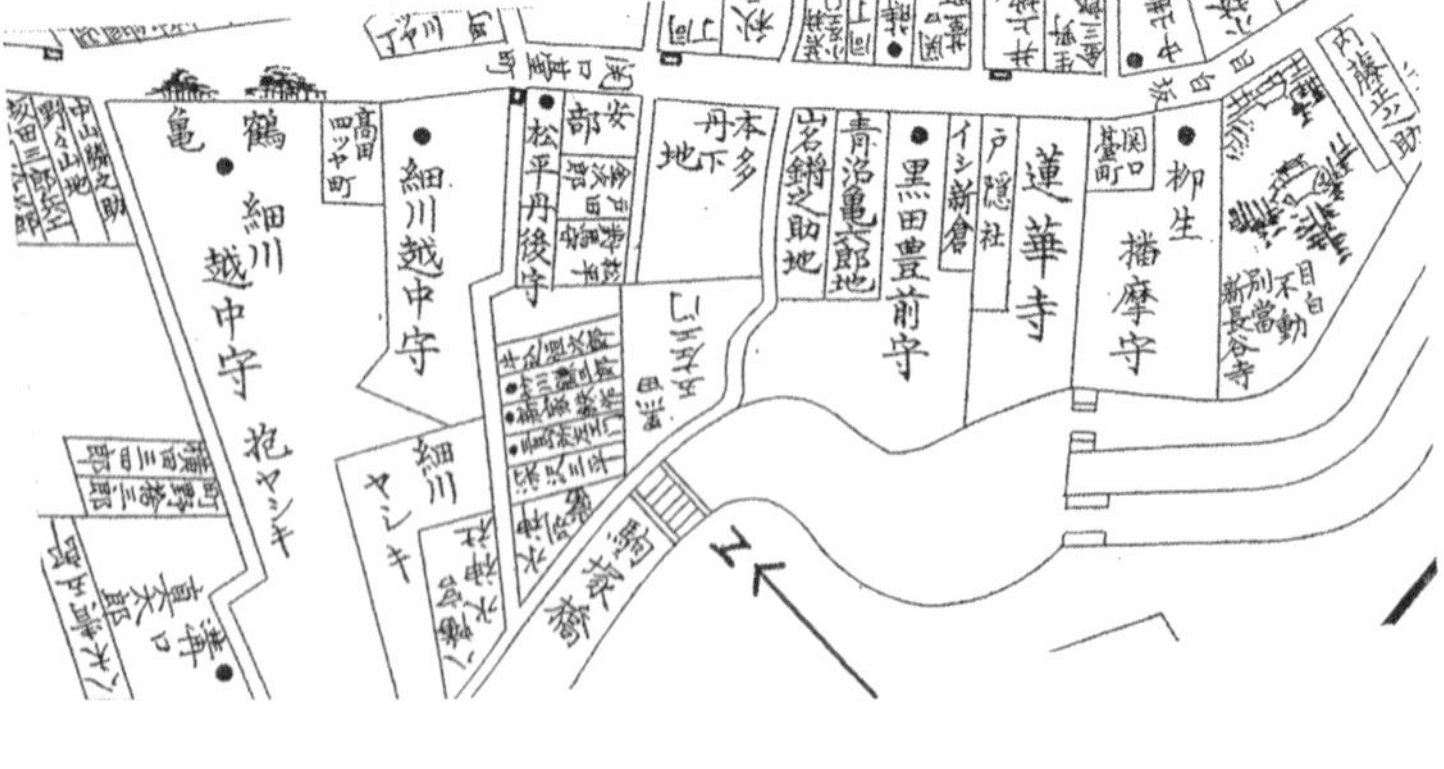

次いで明治二〇年ころ、湘南の大磯に「小淘庵《おゆるぎあん》」を営み「游息」所とした。『山県伝』は「五千坪内外……瀟洒たる一草庵……僅《わず》かに膝を容れるにすぎず」と書く。ほどなく伊藤が小田原にあった別荘を移して来、西園寺、徳川、大隈も別宅を建て、「寥々《りょうりょう》として見るべきものもなかった海辺の一漁村が、王公貴紳の別墅《べっしょ》［別荘］」となった。権勢政治家らの奥御殿の地の始まりだ。滞在中には伊藤、西園寺との往来が頻繁だったよう。明治四〇年ころ三井男爵家に譲り、小田原に「古希庵」を営む。「古希庵」は大磯邸を三井に売却して買ったという小田原・城山の六千坪。この地は秀吉が北条氏を滅ぼし（一五九〇年）事実上の天下統一をなした地――その認識があったに違いない。漸次付近を買い足し約一万坪とする。著名庭師を招き一草一木も手を抜かず、「箱根山中より引き来った鑓水《やりみず》を庭内いたる所にめぐらせ、瀬となし、滝となし、あるいは池となして樹竹苔石の趣を添え……渺々《びょうびょう》たる相模の蒼海《そうかい》を横に、箱根一帯の翠巒《すいらん》［緑の山の峰］を望み……天下名園の一」に。「その規模の大であるだけでなく、公の手腕は独り千軍万馬を指揮するのみでないことを知らねばならない」と『伝』は強調する。

「大逆事件」の明治四三年（一九一〇）六月五日、皇太子であった後の大正天皇が宮内大臣・渡辺千秋、同次官・河村金五郎、伯爵・清浦圭吾らを従えて訪ねた。庭内を案内申し上げ、「大君のめくみあまねき草の庵に又光そふけふにもあるかな」と一首。山県と渡辺に能の仕舞《しまい》を所望された。宝生流の忠度《ただのり》の段、舞った後、歌を奉る。「若竹の笛のひとふし老の身の手ふりをいかにみそなはしけむ」と山県。栄光の日を強調する記述である。近くの湯河原の宿で幸徳秋水が逮捕された四日後のこと

――。

この古希庵の続きの土地に大正二年（一九一三）、「皆春庵」二千坪を得る。古希庵を得てほどなく清浦圭吾（法務を押さえた大正末期の首相）に勧めてここに別荘を持たせたが、清浦が東京宅を新築したことで彼から譲り受けた。秀吉が小田原城攻めのとき築いた一夜城、石垣山を正面に望むところという。ともかく、山県が蒼海と陽光のこの地を最も好んだのは間違いない。ここから少し箱根山系に入ったところに内山愚堂の寺があった――宸襟を悩ます位置、彼は逃れるすべもなかっただろう。

少し遡り明治三五年（一九〇二）ころ、「小石川の水道町に小邸をつくった」と岡著。『伝』は「わずかに五百坪に過ぎない」と。椿山荘から神田川沿い少し下流に「新々亭」、サラサラと読ませたらしい。神田川の流れを自然に利用した築庭で、「紅塵《こうじん》紫埃《しあい》のなかにあって閑雅……山中にいる趣」。この辺りの川辺は「幕末から明治にかけて治水の護岸工事が行われ、土手に植えられた桜並木が美しく、川面に船を浮かべた花見客で賑わった」（人文社編『江戸から東京へ 明治の東京』一九九六年）。

巨大な椿山荘の闇の静寂は逆に落ち着けなかったのか――あるいは、青白い月明の深夜、樹間の奥深くからの仄《ほの》かなせせらぎ音に、呻くがごとき鬨《とき》の声と朧《おぼろ》な何ものかが寄せる、幻視幻聴を感ずる瞬間もあったか……。または元来嫌いではない紅灯のさんざめきも程よく耳を過ぎる「わずか五百坪」に、粋筋の山居の風を得て、畏怖《いふ》なく過ごせる場を近くに得たのか。山県没後、夫人・貞子の邸宅となったと『伝』は記す。貞子は元芸妓で前妻亡き後に添うたが入籍はなかったようだ。

京都にも早くに邸宅を営んだ。「維新後、京都に遊ぶごとに往時を追憶し」、鴨川が分流して高瀬川に入る地点、旧角倉邸を購入し、「無隣庵」とした（奇兵隊時代の下関で最初の結婚で持った小家の名を継いだという）、明治二四年ころのこと。ここに七年、市塵雑踏の地であり、今度は静寂の京趣を求めて南禅寺近くに移る。琵琶湖疎水の分流などを引き込み、庭の巨石は醍醐の山中より二〇余頭の牛に運搬させたものという。大坂築城用に秀吉が使おうとしたが運べなかったものだと山県自身が晩年、蘇峰に語っている。大阪城の一三〇トンあるという巨石「蛸石《たこいし》」と比べたら小石に過ぎないが、ここは量（規模）ではなく質（センス）の問題であるはずなのに、あえて量で秀吉への対抗意識を表したところに、地が出てしまった。築庭の才を自負していた。名匠の手によるにしろ。

志士時代の「往時」に顕著な姿は見えないが、身を潜めて闇夜を走ることもあったか――功成り地位を極めて、こじんまり（九五〇坪だが）の居心地よい追憶の空間となったようだ。日露開戦の前年四月、ここに山県・桂・伊藤・小村が会合し、満州はロシア優先、朝鮮は日本という対露交渉方針が決められた。昭和一六年に京都市に寄贈され、現在も無隣庵の名で国の名勝として公開されている。行き届いた手入れで今が完成形か、贅を尽くした瀟洒を見せつける。

第二節　新椿山荘は軍の土地〝融通〟

八〇歳で英国大使館の西南わきに新椿山荘をもつ。『伝』はこう書く。「椿山荘を男爵の藤田平太郎に譲与した後、小田原の古希庵を常住の居としたが、折々の上京の際に宿がなくてはならないと［新々亭があるはずだが］、三〇年来、公の所有であった麹町五番町の邸宅四百坪に、西隣二百坪余、北隣百坪を取り広げて七百坪の地積上に、西洋館及び付属日本館を新築した。大正六年一一月に落成」（傍線引用者）と。

『伝』の年譜によると「大正六年（一九一七）一二月一五日、同荘を引き払い、麹町の新邸に移り新椿山荘と名付けた」とある［ロシア革命の年で承認問題で春から度々政府の会議に出席］。空き地だったこの所有地に新築した、と読める。英国大使館わきだ。三〇年来というから、明治二〇年（一八八七）少し前あたりから土地をもっていたことになる。目白の椿山荘が完成したころで、次述する先住の麹町富士見町邸を売却したころでもある。

完成した大正六年一二月、徳富蘇峰は「支邦漫遊を終えて公を新椿山荘に訪問し」、一万八千坪が七百坪になったその感動の記を献呈した。――門内に二台の自動車が出入りでき不自由はなし、二階建ての洋館がきっと聳え、玄関を入れば客室、室を出れば大理石の外廓、直ちに庭、生活は最も多く過ごす書斎を含め一切二階。洋館に接して百余坪の日本館……庭は高野山よりの五重の古石塔、西洋館の外廓に瀑布、椿・松・椎など常盤木、その他灌木を植え込み……深山幽谷の想を実現……公の芸術方面における造詣は一種の天品なり。椿山荘は天然を以って人力に勝ち、新椿山荘は人力を以って天然に勝つ――云々。長文の絶賛文を『伝』に収録する（ただ、死去は小田原の古稀庵でだった）。

蘇峰賛中の「二階建て洋館と百余の日本館」とは、『伝』の本文が書く「新築した」それに違いない。だが、八年前の明治四二年（一九〇九）陸軍測量部地図には英国大使館左下わきの地にすでに四、五棟の建物の姿がある【地図B】。新椿山荘については従来、蘇峰のこの賛以外よくわからなかったのだが、遡る前歴があることを佐藤信の論文「山県有朋とその館」（国際日本文化研究センター「日本研究」51号、二〇一五年）で知り多くを教えられた。サマライズして書かせて頂く。

——明治一二年（一八七九）ころの話として曽祢《そね》達三（お雇い外国人コンドルの弟子で工部大学校一期生）がこう語った。「山県さんが麹町五番町の邸内に自分の住宅を新築しようとして、その設計を……辰野金吾、片山東熊（後に赤坂離宮を設計、一二歳のとき奇兵隊の少年従士）ら三、四人の学生に諮った、コンペティションのようなもの……片山君と山県さんは萩の同郷で君の兄は陸軍将校でもあり……片山案が通り彼の処女作となった。あの木造の家が長い間あったが、いつしか農商務省か何かの官邸になったようだ」と。

ただ「三〇年来」所有していたとすると一八八八年時点の山県の「財産調書」に記載が無い……。注目したいのは一九一六年（大正五）、つまり新椿山荘造営の一年前に大島健一陸軍大臣が山県に送った書簡に、「番町官舎の件……ここはまだ相当余地があるので、今後（建築）進行の都合（次第）により、さらに必要ならば申し付けて頂きたく」——。

佐藤論文は「ここにある番町官舎とはなにか」と問い、「調べると山県の新椿山荘の住所は麹町区五番一四なのだが、隣地の五番町一三が陸軍次官官舎である。番町官舎とはこの次官官舎のことではないか……ここで指示されているのは隣地の次官官舎からの敷地の融通だったのではないか」——と。

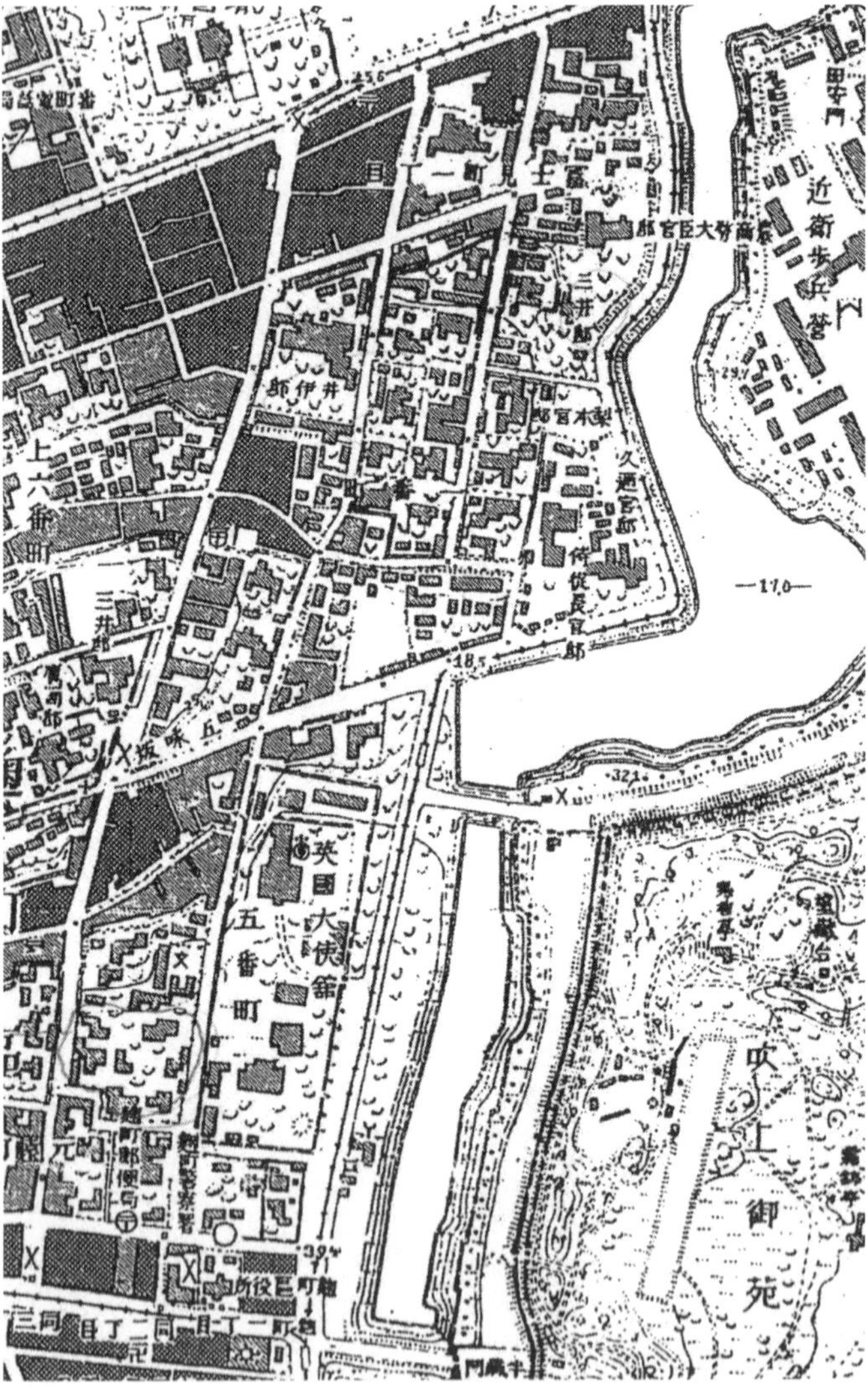

地図B　英国大使館わき（左下部）の新椿山荘、及び農商務大臣官邸と三井邸になった山県の旧千鳥ケ淵邸あたり＝明治42年（1909）陸軍参謀本部地図

わたしは上記『伝』が書き出す新椿山荘の冒頭部、「取り広げて」に傍線を付したが、佐藤のこの〝融通〟が的確な表現である。官有物と私物（権力者の）の融通無碍な取り扱い——陸軍大臣が軍最高権力者である元老に「軍用地を申し付けていただきたい、ご要望に応じます」と愛らしい忖度の言上をしているのだ。この大島書簡を『山県有朋関係文書1』（山川出版社、二〇〇五年）でわたしも確認しておくが、「大正五年六月三〇日」付けである。上記大島の引用の前段にこうある。「日露攻守協約が成立の運びとなり、昨日政府一同で賛を決しました。これも閣下の御意向がよろしきを得たため……来週末までに公布に」。年初から続いていたロシアとの交渉が七月三日の日露協約調印で成立することを言っている〔武器供与と中国への第三国の影響排除を意図、一〇年前の戦争とは一転した帝国主義間の親密さだが、それも翌年のロシア革命までのこと〕。この正月、あの大津事件のとき皇太子ニコライに同行したゲオルギオス大公が来日し山県が会見した。首相・大隈も何かと山県に依頼していたときだ。ご苦労様への御礼が「軍用地ご要望に応じます」なのだろう。重要な史料なので該当部を原文で示しておく。

「……日露攻守協約成立に至り、昨日枢府も全員一致賛決相成候。是亦閣下之御方寸に因り候事と存候。来週末迄に公布……番町官舎之件に付米村副官へ御伝言拝承仕候。併官舎之方は相当之余地有之候事故、今後御進行之御都合に依り更に御入用生し候は丶、御申し付可被下候。……恐々拝白

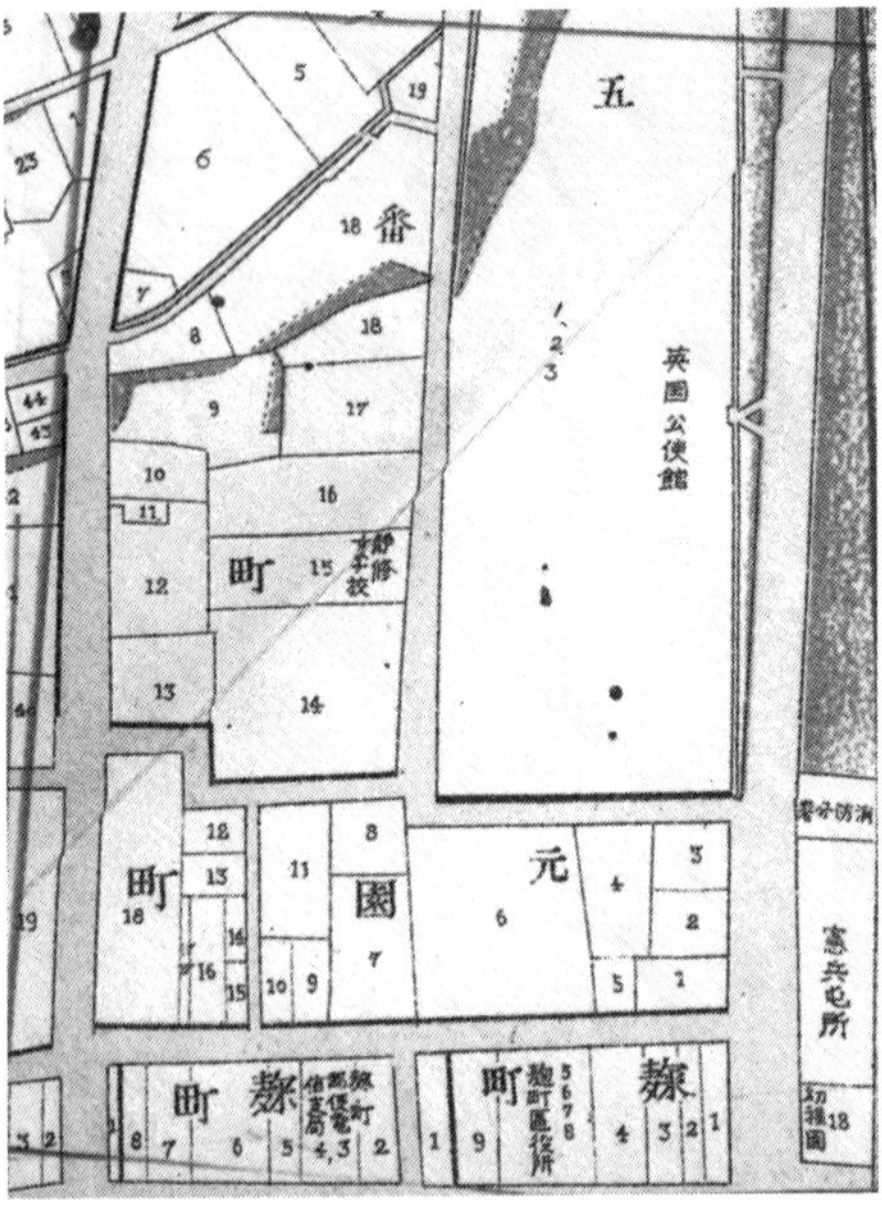

地図C　英公使館わきの14、13、12の土地
＝明治28年（1895）東京郵便電話局地図

古稀庵師膝下　　六月尽日夜健一」

［屋敷の件は最初に山県から米村副官へ声かけがあったことが分かる＝大島書簡の現物写真版を国会図書館憲政資料室の『山県有朋関係文書26冊』（一八八～一九二頁）に見ることができる。巻紙のなかなか流麗な毛筆である］

この融通無碍は旧椿山荘しかり、次述の富士見町邸（千鳥ケ淵）しかり。新椿山荘の佐藤分析はわたし自身が調べていた周辺状況と全く一致する。こうである。

まず手元の明治二八年（一八九五）の東京郵便電話局製の「東京市麹町区全図」**【地図C】**で五番町一四と一三を確認したい。郵便配達用の地図だから建物の形状の記載はないが、主要な公共物の名はある。ここでは英国公使館だ。『伝』がいう「麹町五番町の邸宅四百坪に、（取り広げた）西隣二百坪余、北隣百坪」を図から見ると――細長い英公使館の左（西）側道路の南端角地が「一四」で、その西地続きが「一三」である（傍線引用者）。『伝』の「三〇年来、公の所有であった麹町五番町の邸宅四百坪」とは一四だろう（配達用の図なので地積の表示はややアバウトか）。

『麹町区史』（同区役所刊、一九三五年）は、区役所が「明治一四年七月、五番町一三番地、陸軍省官邸（今の陸軍次官々舎の所）を借入れ移転、一六年に麹町一丁目に移り……」と明記する。「一三」の軍の施設を二年間、区役所が借りていたということだ。ここが『伝』の「西隣二百坪余」であり、「北隣百坪」とは、この「一三」の北隣の「一二」と思われる。一二も軍用地で「さらに必要ならば……」の意味するところの可能性が強い。面積では一二の方が広いように見えるから、一二の一部分の「百坪」ということか（一四の直の北隣の一五は静修女学校だから、『伝』のいう「北隣」は一二に違いない）。

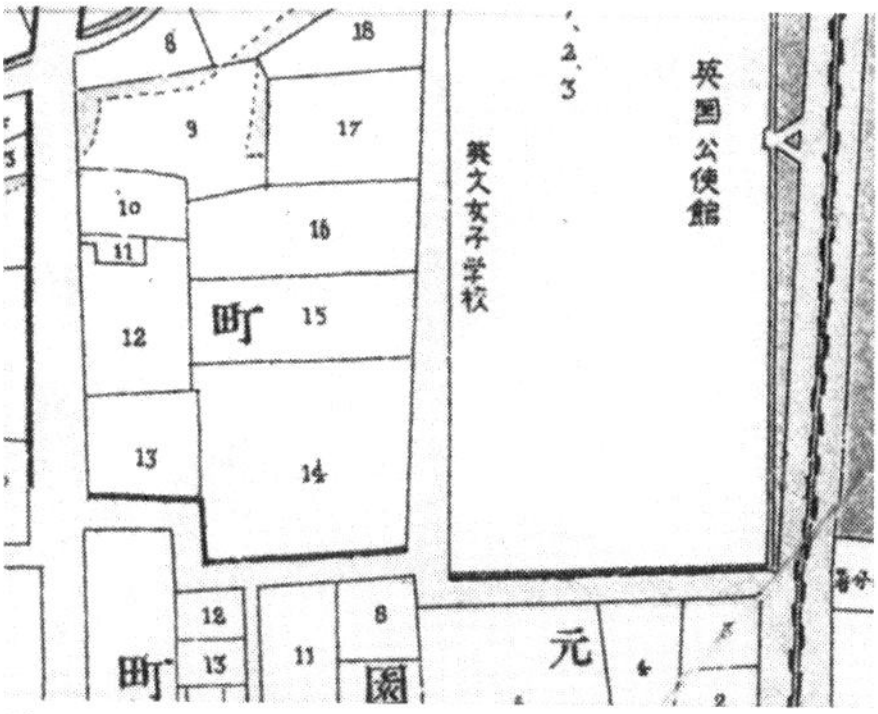

地図C′　明治40年の郵便電話局地図

　奇妙なのは明治四〇年（一九〇七）の郵便電話局地図【地図C′】では一五の同女学校が消えて（ここまで山県邸となったのか）、道路を隔てた公使館の敷地内に「英文女子学校」があることだ。静修女学校は二八年図の凡例の学校欄に明記されているが、英文女子学校は四〇年図の凡例には存在しない。

明治四二年の参謀本部地図【地図B】に戻ると、その地は麹町郵便局の「麹」字から学校の「文」マークまでの間となる。ただし、そこに「山県邸」は記されていない。有力者邸には三井・井伊など名の記載があり、本来山県も記されて当然だが、伏せさせたのだ〔明治・大正期の地図を何種類か調べたが、どれにも見つけることはできなかった〕。

つまり大正六年に新築した西洋館と日本館は、この図にある建物、つまり従来からある数棟を取り壊して建てたことになる。壊された一つが曽祢達三が明治一二年ころとして語った、片山東熊の処女作の家（一四の土地の大使館寄りのだろう）であり、区役所が一時期入った陸軍次官々舎とは一三の道路寄りの二、三棟に違いない。

「木造の（その）家が長い間あった」それが、山県のこの麹町五番町邸であり、「いつしか農商務省か何かの官邸になったようだ」は、曽祢に千鳥ヶ淵わきの麹町富士見町邸との混同（次述）がある。新椿山荘はその名が（旧椿山荘を売って）大正六年に付けられたというだけのことで、片山設計の家を含む図上の館は明治一〇年過ぎころから存在していた。それを取り壊し、取り広げた地積上に西洋館と日本館を新築したということなのだ。山県（そして意を体した蘇峰）はなぜ手の込んだこんな隠蔽をしたのか。官有物取り込みの後ろめたさか、ここだけに限らないのだが……。

ここが英国公（大）使館の横であることに留意したい。同国と同盟下にあった明治三七、三八年の日露戦争時、作戦を最終決定する陸軍参謀総長がここに居た。ことにおいて何かと便宜だっただろう。電報を扱う郵便局あり、警察署しかり――至便の立地である。

故に、公表に及ばず……地図には載せない。『伝』は椿山荘の項に、「三十七八年役の起るや、公は多く椿山荘に起臥しつ、大本営に勤務……」と断り書きのように記す。実際はこの五番町邸に起臥しつつ（片山設計の家）、指呼の間の大本営［現・国会議事堂の前庭部分］へであり、むろん時には椿山荘に戻ることもあっただろう。好みの小田原はさすがにイザの間に合わず戦役中は控えたと思われる。既述のように山県は志士時代から西欧（英国もかなり）の崇拝者であり（陛下のもとのウェリントン将軍！）、その心理は庶民に対する「下等人民」感とワンセットになっていた。そこから現実路線としてのドイツが範となる（ビスマルク、モルトケ賛は隠さず）。ことを公《おおやけ》にするを自身に許さず――屈折・寡黙の心中である。

新椿山荘は関東大震災で大きく被災したが、建物本体の倒壊・焼失はなかったようだ。麹町区史は「山県公、鍋島公、井伊伯……諸家秘蔵の名宝珍器烏有《うゆう》に帰す」。ちなみに幕末の江戸図では「一四」は小堀安太郎と戸川近江守邸、「一三」は旗本らしき四、五名の名があり、英公使館は前田・水野・永井・南部の四大名邸である。明治の東京地図で英公館は、規模と位置において他国公館と比べて際立つ存在感を示している。

屋敷はまだある。山県は椿山荘などの前にも皇居（千鳥ヶ淵）わきに持っていた。岡が「麹町富士見町に住んでおり、その家からは遠く富士が眺められた」と書いた物件だ。『山県伝』は下巻で「公と其の邸宅及び築庭」と一章を立てて五五ページにわたり上記各邸を縷々述べているのに、なぜかこの富士見町邸についてては事実上、触れるところがない（岡著もこの記述だけである）。事実上というのは下巻末尾の年譜、明治一八年（一八八五）の項に「十月十九日、明治天皇富士見町山県邸に行幸あらせられる」とはあるからで、この巨本のなかでこれだけなのだ。江戸城の内堀と石垣が見事な景観をつくり出す千鳥ヶ淵沿い。別の資料で見て行く——。

明治一六年の陸軍参謀本部図の北の丸地区には、この場所に「山県邸」と明記されており、二ないしは三連棟と思われる建物が見分けられる（**本章扉絵**）。その敷地部分（細長い野球のホームベース状）を概略試算すると内輪に測っても東西ほぼ六五メートル、南北一二〇メートルで、二四〇〇坪近い（軍トップの屋敷地の計測において下僚らに遺漏のあろうはずがない）。

目白の椿山荘は一〇年の西南戦争から帰っての購入ですぐには住めなかったようだから、それ以前に住んだのがこの千鳥ヶ淵邸だったことになる。諸隊反乱を鎮圧した明治三年一〇月の年譜中の「萩に帰省し家族を引纏め東京に帰る」とある帰り先は、ここの可能性がある。東京人になって得た最初の家なのだろう。

ところが、明治二〇年（一八八七）四月一六日付けの東京日々新聞の第二面に、「農商務大臣の官邸」という見出しのもとこんな記事が出る。

「谷（干城）農商務大臣の官邸は山下町（内山下町の誤記）の旧同省蚕病《さんびょう》試験所跡へ新築すべき筈なりしも、同所は手狭なるを以て麹町区富士見町の旧山県内務大臣の邸宅を其の筋にて買上げられ、谷大臣の官邸に充《あ》てらる、事に決定せし由《よし》にて、右邸内へ秘書官の官舎も新築せらる、事となり、既に工事に着手せし由なり」。先の一八年の郵便電話局の「東京市麹町区全図」でここは「農商務大臣官邸」とだけある。建物の形状の記載はないが、住居表示は富士見町一丁目一番地。それならそれでなぜ『伝』は売却を明記しないのか。

ここで明治一八年（一八八五）一〇月一九日の天皇の山県邸行幸を考えたい。上述の伝の巻末年譜中に「明治天皇富士見町山県邸に行幸あらせられる」と一行あるものだ。

あの「大逆事件」時の明治四三年（一九一〇）六月五日、小田原の古希庵を皇太子であった後の大正天皇が宮内大臣・渡辺千秋、同次官・河村金五郎、伯爵・清浦圭吾らを従えて訪ねたときは、自ら歌舞でもてなした饒舌な記述があった。それに比べて余りにも素気ないのである。他方、『明治天皇紀』（編修総裁・金子賢太郎）の方が、「参議伯爵山県有朋第《てい》に行幸……」としてこう詳述する。

――午後二時三〇分の皇居出門から、侍従長伯爵徳大寺実則が陪乗し、宮内大輔伯爵……ら宮内書諸官が供奉《ぐぶ》し……有朋及び家族に謁《えつ》を賜《たま》い、有朋に金千円、御紋付・銀杯・銅花瓶、妻以下に各々賜物あり……庭中の天覧所で近衛兵・陸軍戸山学校生徒らの槍術・銃剣術・銃槍術及び撃剣等の試合を各数番を覧《み》られ……終って食堂に入り有朋及び参集の熾仁《たるひと》親王（ほか二親王）・参議伯爵西郷従道・同伯爵川村純義以下と御陪食、夜に入り煙火《はなび》を設けて天覧に供す。八時二〇分還幸あらせられる――と。

山県伝は完全無視もできず、義理で一行書いたという印象なのだ。明らかに〝格〟としては小田原邸行幸よりこちらがずっと上なのに……である。天皇紀が記すこの栄光の行幸を蘇峰が略したのには理由があるのだろう。

まず明治一六年秋、参謀本部長の山県は一か月余ながら不在の西郷従道・農商務卿に代わり代理卿を務める。同一九年七月から二〇年六月まで自身が農商務大臣である［一八年一二月の内閣制度採用で「卿」が「大臣」になる＝このとき内務大臣に就任し一九年七月から農商務相を兼任＝二二年末に内閣総理大臣兼内務大臣］。つまり行幸は内務大臣直前のときで、二一年後の二〇年四月の農商務大臣官邸への売却報道は内相兼農商務大臣のときだ［当時は制度が未整備で本業大臣と兼任大臣が併存することがあり、東京日々は本業大臣の谷の名前だけを出している＝同紙社長の福地源一郎は山県と近い新聞人］。

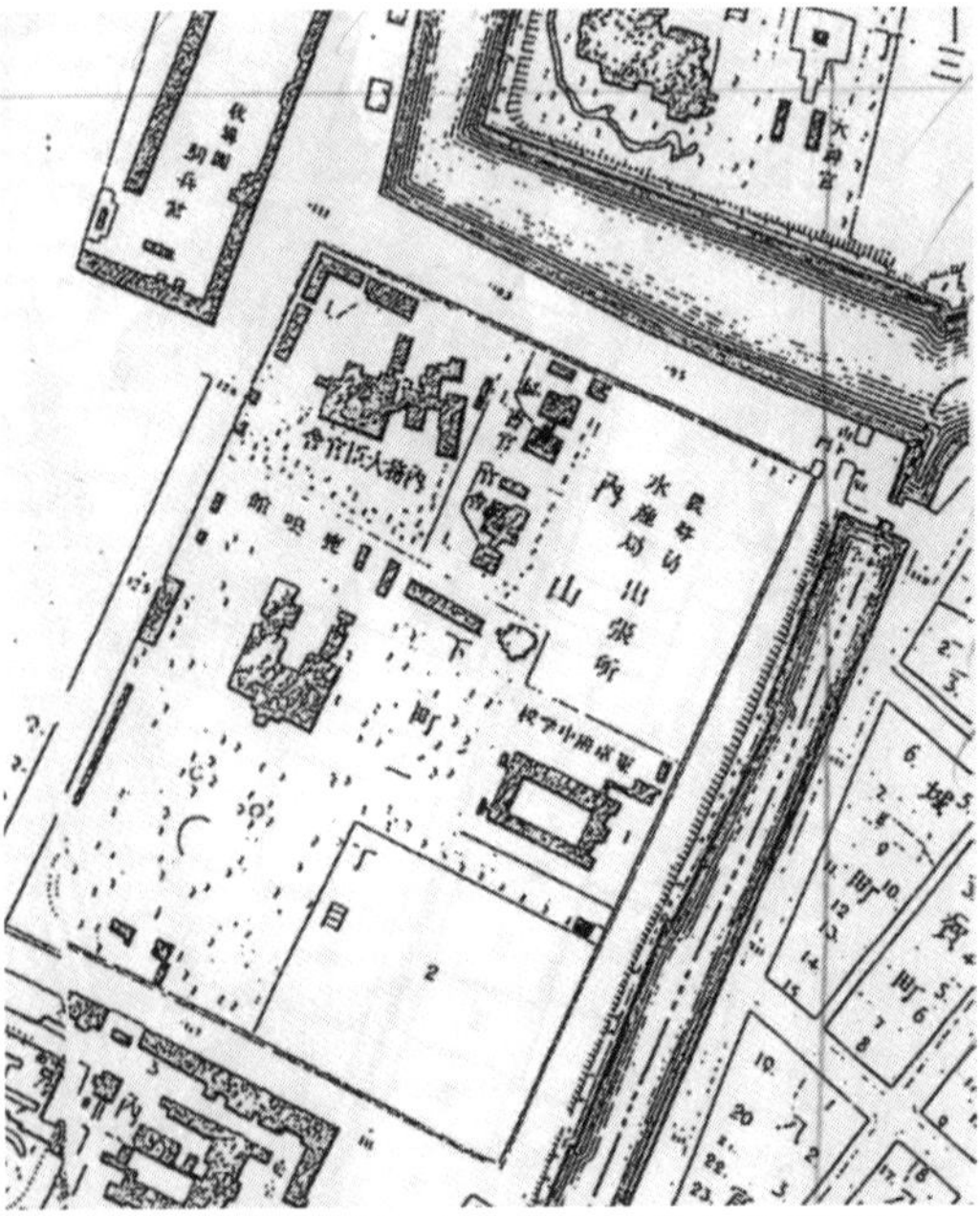

地図D　鹿鳴館の北側の内務大臣官舎地などが帝国ホテルに＝明治19年（1886）参謀本部地図

内山下町の蚕病試験所跡へ新築するはずだった農商務大臣官邸を、富士見町の旧山県農商務大臣邸（売却が決まっていたので旧邸としたのだろう）にしたのは、同試験所跡を帝国ホテルにするという、外務大臣兼内閣臨時建築局総裁の井上馨の考えだった。自ら力を入れて一六年に開館させた鹿鳴館の隣接地【地図D】である。

井上はワンセットの特上の国際的社交・迎賓施設として、推進中のバロック調「官庁集中計画」の必須の構成体とする腹積もりだった（外相として不平等条約改正の条件づくりに見栄えでも欧米に伍す意図）。有名なドイツのエンデとベックマンによるプランも出来たが、あまりに壮大なバロック都市計画案は、内務省主導の江戸の道路拡幅・修正を軸とした「都市区画整理案」に敗れ、井上は二〇年建築局総裁を辞任し計画は挫折する（藤森照信『明治の東京計画』一九八二年）。

ただ帝国ホテルは渋沢栄一・大倉喜八郎に有限会社をつくらせ二三年に開業した。内務省御大《おんたい》の山県が井上に一部ながら協力した形だが、ここにも貸しをつくる山県の手法が窺える。試験所は現・北区の西ヶ原に移され（東京農工大の前身）、バロック都市案の残滓の形を留めるのが現在の霞が関官庁街である（松平・戸田・柳沢・大久保・水野など譜代の大名屋敷跡）。

つまり山県は自邸・千鳥ヶ淵邸を自身が大臣である農商務省に（四二年の【地図B】から見ると一部は三井にも）売ったことになる。実は、以前から借家（?）にしていたらしい。『明治十七年一月 改正官員録（彦根正三編）』の太政官の項には「参議 陸軍中将兼内務卿 山県有朋 富士見町一丁目一番地」とある。そして農商務省の項には、卿の西郷従道の次位に「大輔《だいふ》 品川弥二郎 富士見町一丁目一番地」なのだ［品川は奇兵隊以来の山県の腹心、二五年の第二回総選挙時の内相として大選挙干渉］。一六年の参謀本部地図（**本章扉絵**）にある三棟はかなり大きな建物と思われるから同居でも不思議はない。山県側からすると椿山荘の完成がまだだったとしても、麹町五番町の片山東熊設計の家はあった時である。つまり農商務省の官舎に貸し出し可能な状態にあった（ちなみに同官員録の俸給表で見ると山県は月給五百円、品川四百円＝一円が優に一万円越えに当たる頃）。

明治二八年の郵便電話局地図では、ここはしっかり「農商務大臣官邸」だ。建物の形状の記載はないが、四二年参謀本部図**【地図B】**にある凸部をもつ三棟構造（?）は一六年図（**本章扉絵**）と同一に見える。ただ、その左（西）側には一六年図とは異なる横長の建物が建て込んでいる。二〇年四月の東京日々に「邸内へ秘書官の官舎も新築せらる、事となり」と書かれた官舎なのだろう。

いま一つ不可解なことがある。

明治二一年一〇月、シュタイン詣での二度目の渡欧をする際、不慮の場合に備えて田中光顕に財産取調べ書を託すが、そこに「富士見丁に家屋敷有り、これを（養子）伊三郎の地券に……」と（佐藤論文）。一年前に農商務大臣の官邸用に売却されたはずなのに、である。他方、所有している五番町の新椿山荘は二一年時点の山県の「財産調書」に記載が無い……（同）。ないものがあり、あるものがない。まことに融通無碍――。ともかく、「千円」ほか多くの下賜もあった栄光の行幸の屋敷について極端な寡黙ぶりなのである。今もここには農商務省の後身の施設があり、庭は「旧山県有朋邸庭園跡」と名打ち公開されている。

第三節　もとは幕府・大名の所有地

富士見町の屋敷地はもともとどういう土地だったのか。江戸末期の絵地図で見るといずれもこの地は「御用地」ないしは「明き地」となっている。防火用の火よけ地であり、江戸図からは各所に設けられた公共《パブリック》の地であることが分かる【地図E】。北と西からの風対策だろう、とく北に突出した北の丸の西側隣接地に多い。真北のそれが靖国神社となる（元幕府歩兵調練場）。堀西が山県邸に、その南隣は現・千鳥ヶ淵戦没者墓苑（一六年図からは皇族邸に）となっている。冬は北風と富士山からの西風が北の丸（田安家・清水家）に吹き付けるが、町名になったように富士山の眺めのいいところ。江戸に侵攻した新政府、つまり薩長軍がまず接収した場所に違いない。

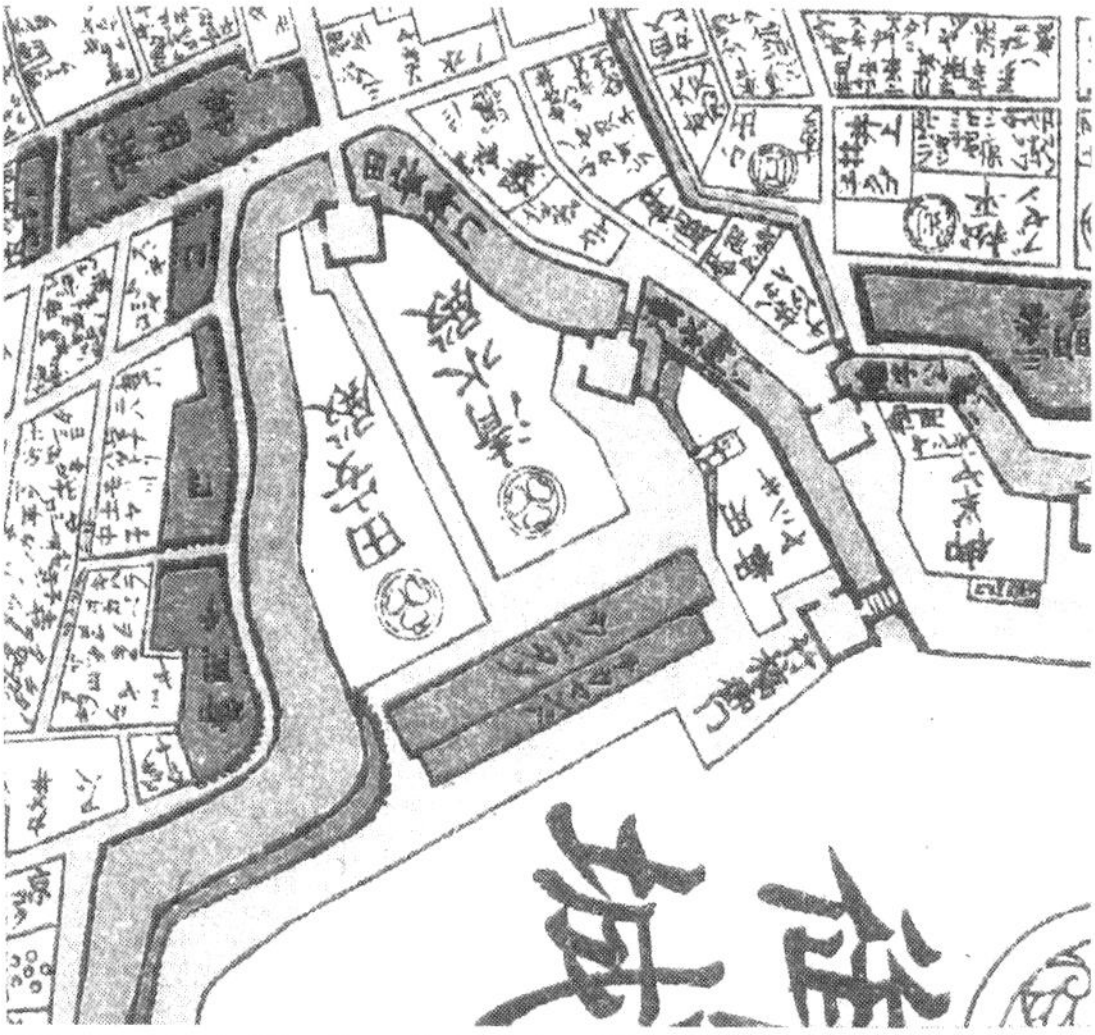

地図E　幕末期の北の丸と千鳥ヶ淵あたり
＝安政6年(1859)須原屋版

靖国神社は長州軍総司令の大村益次郎による立社。大村は当初、上野に招魂社を考えていたが、そこは上野戦争の亡魂の地なので考えを変え、九段上の現在地に定め、諸藩から提出の三五八〇余の戦没者を祭った。大村は狭かった一帯の道を、今後は三頭四頭曳き、さらに六頭曳きの馬車が通れるよう拡幅させた。あまりに広すぎて「富士見町一丁目のあの路へ（当面は）両側に茶店を出すことを許した。さうして中央に細い道を付けた」（『大村益次郎』一九四二年）という。

この都市計画下で、神社正門の鳥居に接する枢要な地である千鳥ケ淵北端部を陸軍が占めた事情が窺える。功一等の位置は奇兵隊に違いない［鳥羽・伏見から箱館戦までの〝官軍〟戦死者を『靖国神社忠魂史 第一巻』で数えると山口藩全体で一八〇名、うち奇兵隊が六九名で、その五五名が長岡を中心とした河合継之助指揮の北越戦争である。もとより一八〇中には既述の反乱諸隊士の二四〇余は入っていない、つまり戊辰の本戦死者より反乱死者の方が多かった］。自ずと山県の相貌《そうぼう》が浮かばざるを得ないところ。

そして神社の北隣りが木戸孝允邸（現・九段高辺り）となる。山県邸から北の丸（近衛歩兵団＝現・日本武道館）を東側に超えた、対称位置の堀沿いには大隈重信邸。田舎の軽格輩が一気に天下を睥睨する位置を占めた。新たな権力者における「官」と「私」、それに絡む政商の構造を窺わせる配置図である。実はこういう不可解さは巨邸、椿山荘にもある。

椿山荘となる方を前掲**【地図A】**中の江戸末期の絵地図で見ると、松平丹後守・本多丹下・黒田豊前守など大名屋敷と牛込・山名・青沼など旗本を思わせる記名がある。ただ、『伝』が「岡本某の所有に係る旧旗本の下屋敷があつたのを購入」と書く岡本なる名は、複数種の江戸図で見ても確認できない。ともかく黒田豊前及び譜代大名・幕臣系の土地だったことがわかる。ところが、明治一一年製、内務省地理局地誌課による「実測 東京全図」（『江戸から東京へ 明治の東京』掲載、人文社、一九九六年）では、ここは「陸軍用地」と明記する。

つまり、『伝』が書く「岡本某所有……を購入」ではなく、実際に購入したとするなら自己の支配下の陸軍からの〝購入〟だったわけだ。前述の一六年の参謀本部図ではしっかり「山県邸」である。ところが二八年製の「改正 東京全図」（同）ではやはり「陸軍用地」だ。これは内務省製であり、陸軍製への何らかの意図があったのかとも思われる（こちらも山県の基盤だが、両官庁間には何らかの不調和があったか）。いずれにしろ官（陸軍）由来の地であったのだ。

維新直後の東京は、「諸大名が国元に去り、旗本・御家人が離散し……江戸時代の最盛期には一三〇万人に達していた人口は明治四年には五八万人弱に激減した。市中の七割を占めていた武家地は荒廃し……」（前掲書解説）という状況にあった。多くの大名地・上級旗本邸が二束三文で事実上接収されたり、あるいは恭順の納付もあったと思われる。

それらの多くが陸軍用地となり、官庁ほか一部は公園・大学ともなった。とくに江戸城から西北に軍用地が目立ち、砲兵本廠（旧水戸徳川邸）、陸軍士官学校（尾張徳川邸）、陸軍戸山学校（同）、それに陸軍埋葬地（護国寺西側、鷹狩用幕府御料地）、市ヶ谷監獄（板倉周防守邸）など。ほぼ山県の千鳥ヶ淵邸と椿山荘を結ぶ軸線近くに位置する。つまり山県邸は軍用地の核心部にあった。

山県にとって富士見町（千鳥ヶ淵）邸は特別に思い入れが深かったと思われる。いわば辺境の地から出てきた軽輩が文字通り「皇」をバックに一気に天下を睥睨し、その中枢地点に住まいを得たのだ。藤吉郎を実感した瞬間に違いなく、出世ぶりでは上回る速さと思ったかも知れない。「秀吉」としての再スタートである。

ただ『麹町区史』(区役所、昭和一〇年刊)にこういう記述がある。維新後、九段界隈の衰微甚だしく、土地の昌隆のために花柳界を置こうと地元民が参議の広沢真臣に請願した。彼は応じ明治二年、九段上の後に大村益次郎の銅像が建つ前あたりにそれを認可。だが四年に広沢が暗殺されると「山県ごときが反対し」、一五、六軒あったものが四、五軒に減少、発展は阻止された——と。

山県邸について言及はないが、彼が自邸直近のそれへの忌避感からの行動ととれば腑に落ちる。同区史は千三百ページ余の巨巻だが山県に触れるのはここと、関東大震災での「名宝珍器」被災についてわずかの記述のみ。冷ややかな筆である。どこか江戸人の意地を感じさせる史書である(復刻もなく埋もれた感がある)。ただ大官・著名人の多く住むなか単独で五〇ページを割くのが東郷平八郎だ。


明治一八年(一八八五)の天皇訪問はもとより栄光の日だったに違いなく、それ故にその後の不明朗な経過に、沈黙となったのか。そもそもこの行幸とは何だったのか。この年一二月に太政官制度を廃して内閣制度としたが、この改正に太政大臣の三条実美が反発した。立憲体制のためにしなければならない改革であり、同体制に本心は反対の山県も、老害排除では伊藤と同調していた。

『山県伝』(中巻)によると伊藤の要請を受け三条を説得する(天皇にも伊藤を初代総理にする含意があった)。行幸はこれへの天皇の謝意だろう。伊藤は山県に借りを作ったことになる。第一回議会の開会演説で山県が憲政の意義より、朝鮮利益線論を遠慮なくぶてた理由でもある。どこか早くから親しくもあったような天皇を差配していた。

接収した「官」の地に権力者が住み、なんとなく公私不分明となり、いつしか私有地となる。必要に応じては「官」扱いで処理し（税金対策などだろう）、栄光の箔付けとなればまた価値も上がる。その過程で現職大臣が管理地を「申し付けていただきたい」と取り広げの気配りサービスまで……。官の官による官（に擬した私人）のための公有物搾取の構図である。

『麹町区史』に地価について興味深い記述がある。政府は明治六年（一八七三）、諸官吏に邸宅を貸与したが翌年七月、「拝借地はすべて低価をもって払い下げ」られた。その代価は麹町・虎門内裏霞ヶ関・桜田辺は坪二五銭、飯田町・番町・永田馬場は同二〇銭などと。これを明治二〇年と比較すると、麹町辺は一〇円から一五円、番町辺は七〜八円から一〇円。「わずか一五年ほどの間に地価は二百から六百倍に騰貴している」（四五九頁）と。一方、「旗本数万人は一朝にして食録を離れ地所は召し上げられ……」であった。

なお一章で書いた佐藤春夫の小説「或る女の幻想」のなかで、ヒロインの少女が山県有朋邸と思われる「麹町×丁目×番地」を訪ねる話があった。麹町の山県邸は富士見町（千鳥ヶ淵邸）と五番町（英公使館わき）の二つがあるのだが、イメージとしては前者の富士見町邸がふさわしい。

山県には「官」と同時に政商との関係がまとわりつく。明治五年（一八七二）、徴兵制度を進めていたときに生じた山城屋事件が名高い。戊辰の北越戦時、山県配下の奇兵隊員だった野村三千三は、戦後は貿易商の山城屋和助となり兵部省の御用を勤めた。

『山県伝』は「大小の軍需品を兵部省に納め兵制改革の折、利益は巨万の上、その信用から数回にわたり省金六四万九千余円を借り入れた」と書く。そして生糸相場に手をつけ多大の損害を出し、貸付金を返納できず、外遊先の欧州から帰り、帳簿・証書類を焼却の上、同年一一月二九日、陸軍省応接室で「屠腹《とふく》して潔く最後を遂げた」。さらに逃亡した和助のパリでの豪遊、一流女優との婚約話、競馬など個人問題をあげて、「直接責任は陸軍会計局の当局者にあり公には何らの疚しき所は無かった」と結ぶ。

山県が陸軍大輔《だいふ》（第二位）で、御親兵を廃して新設された近衛都督を兼任していたときのこと。近衛隊長の野津道貫ら薩摩系将校が長州派の一掃へ気勢を上げたが、西郷隆盛の取りなしで収めたようだ。藤村道生は「長派の軍人・官僚に献金し軍需品の納入を独占……六五万円は歳入の一二パーセント、空前の汚職事件」と（『山県有朋』一九六一年）。要するに尻尾きりで曖昧化パターンの典型例である。山県への処分らしきものは七月二〇日に近衛都督罷免、陸軍大輔はそのままで翌年四月に罷免、だがその二か月後の六月八日にはトップの陸軍卿拝命――「山県史」における早期の不可解な一例である。

第四節　武士願望と西洋仰望の屈折

蘇峰編述の『公爵 山県有朋伝』によると彼は天保九年（一八三八）、萩の蔵元付き仲間組なる家に生まれた。蔵元とは藩の蔵屋敷（倉庫）で米など貢納品の売買や出納を扱う商人（町人）のことで、その下にある仲間（中間《ちゅうげん》とも書く）だったわけだ。通常、中間は足軽と小者（下働きの者）の中間《ちゅうかん》の身分であり武家の奉公人を意味した。ただ補助的あるいは季節的な農を兼ねるのもふつうのことだった。農村部にも耕作地（小作にしろ）を持てず、流民化する層が目立ち出した。百姓一揆及び江戸など都市人口増の誘因となる［敗戦後の社会経済史で、広範に生じた彼らを半プロ（レタリア）層と規定し、これとブルジュア化しつつあった豪農層との矛盾に幕末の階級対立の基本構造を見て、農民戦争の段階とする左翼の史論、いわゆる豪農＝半プロ論があった。提唱者にちなみ安良城・佐々木説ともいう。幕末から明治初期は農民一揆と都市での打ちこわしが全国的に頻発、そんな中で踊るええじゃないかも起こる］。

動乱の時代、地にあってそれなり優秀な若者の激しい上昇志向は武士願望となる。明治になり足軽・中間は卒族とされ士族と区分されたが、明治五年の改正で禄高をもつ足軽のみを士族に入れ、他は平民とした。『伝』のいう「卒族の階級に属し蔵元仲間組」は、禄高がなかったことの蘇峰（肥後の豪農出身）による婉曲な表現と受け取れ、経理的な実務をふくむ雑作業者、つまり平民である。裕福でなかったのは確実だから民衆層の出ということであり、当然ながら民衆（庶民）というものを皮膚感覚で熟知していた――。

明治国家第一の権力者・功臣となった人物を賛美・顕彰する立場から書かれたこの伝記は、とりわけ検証的な視覚から読む必要があるが、逆にそれ故に（その自覚で読めば）あの幸徳ら事件における予審調書のように、豊かに語り出してくれる所の多い重要な文献である［明治一五〇年もの刊行物のなかに山県も登場するが、同書からの無批判な引き写しが多く、蘇峰の呪縛健在をうかがわせる」。

敗戦後の山県研究の一つの原点となった岡義武の『山県有朋』（一九五八年）は、出自について「蔵元附き仲間組という微賎な下級武士の家に生まれた」とあっさり記すだけ。そして槍術をもって身を立てようとした少年時の姿から始める。もとより戦国の世とは異なり、槍だけで行けるとは本人も思っておらず、「文」への自覚も十分あり、和歌と漢文への認識をもつ少年だった。そこから浮かぶのは、まともな武士になりたい、という焦げるような思いであり（このときは秀吉よりまずは藤吉郎願望だっただろう）、終生、素朴な和歌と生硬な文章をかなり饒舌に書くことになる。

吉田松陰の門であることを自賛したが、期間はわずかであり、その思想的影響は一応あったにしても、「文」の学びは基本的に独学であったと思われる。蔵屋敷の下職、帳簿と文にも親しんだという父の影響もあった。勉強家だったのは間違いない。師・松陰の攘夷の論を弟子たちは早い段階で無言のうちに捨てた［本気の攘夷論者であった孝明天皇は、幕府と協調してそれを行おうとする公武合体論であり、倒幕では全くなかった。ここから倒幕のための攘夷論を名目に掲げた薩長倒幕派との齟齬が生じる。天皇は突然の不可解な死をとげる］。

倒幕運動の早い段階から洋行こそ弟子たちの熱望であった（英公使館焼き討ち後、脱兎のごとき伊藤・井上の英国行）。渡航経験のない山県は新政府になった二年六月、西郷従道と連れ立ち通訳を伴い駆けだすように出発（諸隊反乱の直前、そのトップにいた彼は気配を察知していたに違いない……鎮圧直後の翌年八月帰国）。官費にしろ派遣者は旧藩主であった。

新政府としての使節団は最初に参議・大隈重信が太政大臣・三条実美をバックに立案したものの、右大臣・岩倉具視の使節団に変わる。大隈構想は木戸・大久保を残留組にしたが、岩倉団では大隈が残留し木戸・大久保らが派遣組となる。薩長側の反大隈の画策があったようだ（田中彰『岩倉使節団』など）。明治四年一〇月、伊藤（このとき工部大輔《だいほ》、八年前の文久三年に井上らと密航し一年近く滞英）が奔走し岩倉・木戸・大久保を頭とした大旅行団に組上げ、二年に渡る出張となる。

大隈計画では三〇人弱だったのが、岩倉団は使節だけで約五〇人、留学生を含めると百有余名。密航者だった伊藤には、新政府下に早駆けした山県への対抗意識があったに違いなく、何より堂々の大国家使節団の満足感があっただろう（幕府がすでに何度か送っていた気迫の交渉団の後をたどるコースである＝後述）。ともかく、この攘夷志士たちには西洋仰望の驚くほどの熱気があった。

ワシントンで一応条約改正の話に入るが、天皇の委任状なるものを要求され、伊藤・大久保が東京に取りに戻り、太平洋の再往復で四か月の空費となる（待ちぼうけ組はナイアガラの滝、ニューヨーク見学などの日々）。そのあげくまともに相手にされず、腰砕け——子どもの使いである。ようやく大西洋を渡り、物見の旅を継続、幕府使節団の気迫など全くなし。財政的基盤も成立していないこの段階で（最終的には庶民の負担）、政権中枢部、もともと攘夷論の急先鋒だった者たちが雁首そろえて——冷静に考えれば誠に不可解な行動であった。そして、明治の新文化を開いたとの評価が刷り込まれていく——確かに紀行文や幼き留学生の側から優れたものは生まれたが。

「洋」及びそれと交わる者を焼き討ちし実際に殺すことまでした彼らが、この「洋」一辺倒をどう合理化したか。『山県伝』（中）の告白記述が興味深い。正面から、「公と欧西遠游の宿志」の見出しを立て、「遠游の志を起こしたのは一朝一夕のことではなく、維新前、すなわち奇兵隊軍監時代にあった」と……。そして師・松陰は「鎖国退嬰の説を排した」航海遠略論者であり、久坂玄瑞、高杉晋作しかり。伊藤・井上の英国密航もその志のため。ここは仲間意識で「我らこそ開国論者」なのだ。攘夷の志士なる者はどこにいたのか――呆気に取られてしまう。

不平等条約（一八五八年）を結んだのは幕府だが、実は条約改正に着手したのも幕府自身であった。これらの事実は明治政権のもとで無視され、岩倉らの大使節団が全ての始まりのように喧伝されてきた。この問題について稲田雅洋『自由民権運動の系譜』（二〇〇九年）に拠り書く。

文久二年（一八六二）、竹内保徳《たけのうちやすのり》を正使とした使節団が派遣され、江戸・大阪の開市と兵庫・新潟の開港の延期を、仏・英・蘭・プロシャ・露・ポルトガルの六か国と交渉し成功した。ただし、その際の「ロンドン覚書」で輸入税の大幅な軽減を課せられ、新たな課題となった。使節団は各国の様々なところを見て回り、これが岩倉使節団のモデルとなる。竹内使節団には福沢諭吉、福地源一郎、箕《みつ》作秋坪《くりしゅうへい》らも参加、福沢は『西洋事情 初編』を書くことになる。

翌文久三年（一八六三）の暮れ、今度は池田長発《ながおき》ら三四人の使節団が派遣された。翌四年（一八六四）春からの交渉で上記六か国とアメリカ・スイスを相手に開港済みの横浜の再鎖港を目指すが、五月、最初のフランスとの間で失敗し、他七国は諦めて帰国し七月に報告書を出す。使節団は真剣だったが、孝明天皇の攘夷方針を受けた苦境の幕府当局が、時間稼ぎに政策的ポーズとして送ったものだった（八月に四国連合艦隊が下関砲撃）。しかし、池田ら使節の三幹部は次の趣旨の上申書を幕閣に提出した。

①欧州各国に大使館をおく②他の地域の独立国とも条約を結び、万一戦争になった時の備えとする③西洋の軍隊を学ぶため留学生を派遣する④西洋諸国の新聞の定期購読者となり内外の事情に通じること――など。とくに④の新聞についてはこうだ。「一枚の紙切れの数行の文章は百万の兵に勝る」、ペンは剣よりも強しである。さらに「世界の正確な情報を知るだけでなく、国内的にはパブリック・オピニオン（公論之儀）を形成するために必要」と。幕府の第一次長州戦が始まっていた。彼等は「狂人」とされ蟄居処分にあう。

稲田は対外認識において「一八六四年時点で幕府にこれほどまでの大胆な提案をした者はいない……一八六四年七月という時点で、言論こそが国家を動かす力であることを身を挺して」行った上申を高く評価する。優れた幕府官僚が生まれていたのである。すでに留学生は一八六二年にオランダ（西周・津田真道ら九人）、六五年ロシア、六六年イギリス（中村正直ら一四人）、六七年フランスへと送っていた。「彼らは幕藩体制が西欧の君民共治に似た体制に軟着陸して行くことを期待……彼らの目には無知で粗暴な尊攘倒幕派が幕府を亡ぼしたことは、立憲制への道が遠のいたように映った」と稲田。江戸期の文化が生み出した知性である。

伊藤博文・井上馨・山尾庸三ら五人のイギリスへの密出国（長州藩暗黙の承認）は、竹内使節団の一年後の文久三年（一八六三）五月一二日の出発で、伊藤・井上の帰国は翌年六月。だから池田使節団の方とは滞欧時期が重なる。彼らは幕府使節団の情報は当然得ていただろう。エリート旗本の輝かしい公式使節を（実際には池田は交渉不調のなかで切腹を試みた）、出会う機会はなかったにしろ（あれば身を隠さなければならない）、それだけに不法出国者として羨望の眼差しにならざるを得なかっただろう。

彼らが出発した五月一二日というのは、幕府が定めた攘夷決行の同一〇日の二日後のことで、その日、長州藩は関門海峡通過の外国艦船を実際に砲撃していた。この事実と、前年一二月に品川の英国公使館を高杉晋作らと焼き討ちし、その一〇日後、山尾庸三とともに国学者の塙《はなわ》次郎（保己一《ほきいち》の子）を斬殺した（『伊藤伝・上巻』七〇～七三頁に明記）ことを考え合わせると（迷宮入り状態とはいえ）、伊藤らの英国行には不可解なところがある。

もとより仲介したのは英公使館など政府機関ではない。犬塚孝明によると、井上と山尾が横浜のジャーディン・マセソン商会（麻薬貿易で巨利）と交渉し、船賃・生活・学費含めて一人一年間で千両、つまり計五千両が必要といわれ、それを受けて伊藤がアメリカから購入予定の藩の鉄砲予算から捻出。その線でロンドン大学（一八二六年創立、英初の国立大学）のユニバーシティ・カレッジに入り、主に「分析化学」を聴講した（犬塚『密航留学生たちの明治維新——井上馨と幕末藩士』二〇〇一年）。最新兵器への関心からだろう、伊藤は初代の工部卿となり、山尾も後に同職に就く。元勲たちは粗雑な「爆裂弾」製造者よりも、その道の専門家であったのだ。

『伊藤博文伝』の年譜はなぜかこの渡欧について記さない（焼き討ちと暗殺の文久二年は丸ごと空白）。だが、帰国二か月後の四国連合艦隊の下関砲撃後の講和交渉で、「通弁役ヲ命セラル」とは記す。この点、苫米地英人が「外国勢力と言っても外国政府と国際金融資本とは別である」（『明治維新という洗脳』二〇一七年）という指摘は重要である。戦争で巨利を得る国際金融資本はすでにアジア及び日本に展開しており、有名な長崎のグラバーはジャーディン・マセソン商会の長崎代理店である。ちなみに『伊藤伝』年譜の慶応元年から三年（一八六五～六七）の間は、「武器購入」、「軍艦買入れ」、「外国側情勢偵察」のためとして「長崎出張」記述が頻出、彼が潤沢な資金を動かしていたことを示す（山県が奇兵隊のなかで動いていたときで、彼らの齟齬感はこのころからだろう）。維新史の未解明な領域の一つである。

もともと当時の辺境・長州にあって、強烈な上昇志向に取りつかれていた彼らの頭にある栄光の武士像とは、江戸の旗本エリートであった。建てまえ攘夷の志士たちだが、本音である西欧仰望の開国に拍車が駆かる。すでに幕府は安政五年（一八五八）七月、大老の井伊直弼が「外国奉行」を設立し、水野忠徳、永井尚志《なおむね》・岩瀬忠震《ただなり》の三奉行を全権委員に通商条約を結ばせた。有能な外務官僚であったことをイギリス側の資料が伝える。主要国への大使や大使館の開設も進めるなどプレ「外務省」であった（犬塚孝明「外務省の誕生」二〇一七年など）。

二年後、条約の批准書交換に太平洋を渡ったのが特使・新見正興ら（米国船乗船）と咸臨丸の軍艦奉行・木村喜毅および操練所教授の勝海舟らだ。以後、慶應三年（一八六七）の最後の使節まで、竹内・池田らを含む計六回の公式使節団を欧米に派遣した。岩倉使節団とは気迫が違う（ただし竹内・池田らの仕事を生かせなかった幕府当局の問題もある——この点で幕府の命脈は尽きていたとはいえる）。新政府の要路についた勝の虚実ないまぜの弁舌巧みな話が、池田ら先達の上司のことに触れないまま、誇大に広がっていくことになる。

薩長軍は幕府施設を接収し、使節団の記録も入手した。同時に幕府の実務官僚、多くは中・下層の旧幕臣を新政権に取り込んだ。とくに外交実務（それと海軍）は、刀や槍を振り回し観念的攘夷を叫んでいた田舎の庶民層には手に負えない分野で、まさに江戸文化の知的水準を要した。彼ら恭順組も、自らの先達の功には沈黙し、新権力者の「我らこそ開国・新文明の先導者である」とするすり替えに同調していった。伯爵・勝安房もその流れの中の人物である。

彼等が、ほどなく現れる新制度下のエリート官僚の実務の先輩として存在していたのだ。上級権力への卑屈さという組織的ＤＮＡが、新官僚に引き継がれた。池田が正確に把握した西欧文明の神髄パブリック・オピニオンについては、山県の内務省がこれを潰すのに辣腕を振るうことになる。

『山県伝』は、松下村塾への入塾を仲間から勧められながら、武道を優先して応じなかった山県が、彼を高く評価していた久坂玄瑞の意見で改心し入門したと書く。入塾に遅れをとった意識が読み取れるが、この意識は明治国家の体制がかなり整った後（松陰神格化も並行）でのことだろう。松陰は根っからの攘夷論者だが、そのためには文明の利器を導入するという考えは佐久間象山からの影響で、彼自身がとくに独創的な思想家だったわけではない。ただ破滅型の行動が若者を魅するところはあったようだ。

師との対面の場面をこう描く。松陰「自分は人の師となる資格がない」、公（山県）は引き下がらない、師はその志を了解し許可する。他日、胆力を試すため「君は死ぬことができるか（恐れないか）」と問うと、公「熟慮して答えましょう」。翌日、「自分は国家のためならいつでも死ぬことができる」と断固たる態度に、師もその「気」を入れて頷いた、と。――どうも論語の匂いがする。孔子が若い弟子の顔回に及ばないとした話と、「朝《あした》に道を聞かば夕べに死すとも可なり」である。塾遅参の弁明、出藍の誉れを示すべく、自ずと意を体した蘇峰の筆技を思わせる。ただ、鉄幹の「小刺客」のジャンヌ・ダルク〝少年〟を思わせる所がないではない。

松陰（彼も洋行熱望）は著名な学者として知られていたわけではなく、この師を偉大な存在にすることで、自らを権威化する心理は山県及び長閥に共通していた（庶民に認識のなかった天皇像を創造していく過程とも連動）。そのことで師もまた権威化するという相互作用である。彼らは支配のための新たなエリート官僚制度（一九年に帝国大学令）も創るが、彼ら自身は制度以前の身であった。

武士の廃止作業をしたのは山県自身だ。明治五年（一八七二）の徴兵令、九年の廃刀令で最終的に否定した。徴兵令のための太政官告諭は「双刀を帯び武士と称し、抗顔座食し……人を殺し、官その罪を問わず」とある。公家側の思いの反映もあるだろう。廃刀令の山県建議は「この輩、頑固無識……武門武士の虚号、殺伐の余風あるのみ」と。公的文書としてはかなり感情的な表現に、少し前までそれに恋焦がれていた当人の屈折が窺える。あの大太刀を誇示した姿から（にわか侍の腰にズシリとくる一物の心地よさはその行使を動機づけただろう）、直輸入の洋装礼服、胸には満艦飾のキラキラ飾り（ナポレオン帽も）の大官様への速やかなる変身――「一介の武弁」の標榜がつい滑稽感《ユーモラス》を深める。

『伝』はいう。長州・萩の生まれた住宅は「坪数約一五坪内外の矮屋《わいおく》に過ぎなかった」。ほどなく移転して「僅々《きんきん》四坪内外」、父の元で蛍雪の苦学を始めた場とする。尊攘の大義を唱えて四方に奔走するようになる。生誕地の矮屋は次々所有が変わるが、大正四年（一九一五）ころ、藤田平太郎がそのときの所有者から「買戻し、さらに公に譲渡した……その坪数六百八坪余」と。あの椿山荘の買い手であり、時期もそのころだ。六百八坪と一五坪の関係は分からない。

性格は陰だが、居丈高に配下を怒鳴りつけるタイプとは思われない（それ故の威圧感があり、そのことを自覚しての所作だろう）。むしろ細かなことに気づき過ぎ、神経質な人間を思わせる。衣食など日常は生来の質素さだったようだ。〝秀吉づもり〟が巨大さへの駆動となっただろうが、その巨大さには自ら居心地の悪さを感じていた気配がある。茶の湯（なかなか派手な茶会も）や仕舞いにも秀吉・信長への意識が窺われる。諸邸の当代一流の作庭家による庭園は確かに見事な風趣を今に伝える。一介の武弁どころではない、なかなかの不動産の扱い手でもあった。

侵略地からの石像物があった。蘇峰は新椿山荘の賛のなかで「石獅子は二十七八年戦役、海城よりもたらし来たり」と記すが、これは『名園五十種』からの引用で、この典拠にある「某寺にあったそれを軍司令官［山県］から陛下に献上した内の一つを公爵［山県］に賜った」と続く部分は削っている。「私」を絶対的「公」に変換する手法が活写されているところだ。この原典には「亭前に置かれたる二三の分捕品の云い知らぬ奇形……」（傍線引用者）と正直な暴露的絶賛もある。蘇峰もまた見事な気配り引用である。初代の国民作家とも称される――作家にとって名誉なのか――彼の影響力は、それと気づかぬうちに世に浸潤している気配がある。

入母屋平屋の日本建築への好みはセンスを感じさせる。歌道では井上通泰・佐々木信綱・森林太郎（鴎外）ら、徳富蘇峰はもとより深い関係にあった。当代一流の文化人、むろん「域を超えない」人々である。ただし、「超えた」と見做した輩には剥《む》き出しの鉄槌を辞さず――それは透徹した視線で節《せつ》を持す人（仲間うちにはない人間タイプ）への本質的な恐れであったと思われる。

『伝』は山県家の系譜を平安初期の清和天皇から有朋までを克明にたどる。ちなみに伊藤家は遥か遠く神代第七代の考霊天皇から延々博文まで（『伊藤博文伝』）――。彼らのお殿様は戦国の雄・元就《もとなり》に発する毛利家だが、それも高々鎌倉初期の御家人・大江広元からだから、顔色なしである。

先述の伊藤ら密航の五人組は舞台が回って「長州五傑」となる。あの文明の使途の大旅行団の先覚として賛美を込めて…（山県には苦々しくもあるところ）。先行歴史の末梢と〝正史〟造出の過程が見易い一例である。

第六章　大正という世相の下で…

永井荷風

平出 修（露花）

第一節　荷風「江戸戯作者」宣言

永井荷風（本名・壮吉）が「花火」で明治四四年（一九一一）のこととして、「慶応義塾に通勤する頃、わたしはその道すがら折々四谷の通《とほり》で囚人馬車が五六台も引続いて日比谷の裁判所の方へ走つて行くのを見た」と回想的に書いたのは、大正八年（一九一九）の雑誌「改造」の一二月号誌上であった［前年七月にニコライ処刑報道、同八月に米騒動の勃発、そしてソ連干渉のシベリア出兵が行われ、新聞が熱心に報じていた＝荷風が目撃時に住んでいたのは監獄わきにある実家であった］。その衝撃をこう綴っていく。

「これまで見聞した世情の事件の中で、この折程《おりほど》云ふに云はれない厭な心持のした事はなかつた。わたしは文学者たる以上この思想問題について黙してゐてはならない。小説家ゾラはドレフュー事件について正義を叫んだ為め国外に亡命したではないか。然《しか》しわたしは世の文学者と共に何も言はなかつた。わたしは何となく良心の苦痛に堪へられぬやうな気がした。わたしは自ら文学者たる事について甚《はなはだ》しき羞恥《しゅうち》を感じた。以来わたしは自分の芸術の品位を江戸作者のなした程度まで引下げるに如《し》くはない思案した。その頃からわたしは煙草入《たばこいれ》をさげ浮世絵を集め三味線をひきはじめた。わたしは江戸末代の戯作者《げさくしゃ》や浮世絵師が浦賀へ黒船が来やうが桜田御門《ごもん》で大老《たいろう》が暗殺されやうがそんな事は下民《げみん》の与《あづか》り知つた事ではない――否《いな》とやかく申すのは却《かへつ》て畏多《おそれおほ》い事だと、すまして春本や春画をかいてゐた其の瞬間の胸中をば呆《あき》れるよりは寧《むし》ろ尊敬しやうと思立つたのである」

まず「大逆事件」という語を使っていないことと、一〇年近く前のことの回想である点に留意したい。「事件」への言及としては、荷風一流のポーズではないかという評を含めて、従来よく指摘されてきたものではある。囚人馬車を目撃したのは三一歳の慶応大学教授のとき、そのことを書いた「花火」は三九歳で、すでに都市遊民の作家のときだ。同作はこの間にあって自ら目撃した社会的事件を挙げていく。

まず「大正二年（一九一三）三《ママ》月の或日」［二月の誤記］、三味線の稽古の帰り道に遭遇した、桂内閣（第三次）打倒を叫ぶ民衆デモの暴発で炎上した数寄屋橋脇などの交番の数々。翌「四年になつて十一月も中頃と覚えてゐる」のは、都下の新聞が各地の芸者が大正天皇の即位祝賀祭の日（一一月一〇日）、思い〳〵に仮装して二重橋に練《ね》りだし万歳を連呼する様を伝えていたこと。「かゝる国家的並《ならび》に社会的祭日に際して小学校の生徒が必ず二重橋へ行列する様になつたのも思へばわたし等《ら》が既に中学へ進んでから後の事……」。区役所が命令して裏店《うらだな》にも国旗を掲げさせるようにさせたのも二〇年は出まい［いずれも憲法制定後ということ］。

大正七年（一九一八）八月半ば、雑誌編集の帰りに神楽坂まで涼みに出る。夜店の商人は夕立の気配もないのに、うろたえて今並べたばかりの店をしまいかけている。巡査がしきりに行き来している。横町の芸者家も戸を閉め灯を消しひっそり。「再び表通りへ出てビーヤホールに休むと書生風の男が銀座の商店や新橋辺の芸者家の打壊された話をしてゐた。わたしは始めて米価騰貴の騒動を知つたのである」

やがて十一月も末近く、当てもなく貸家探しに歩く日比谷公園の近くで、「一隊の職工が浅黄《あさき》の仕事着をつけ組合の旗を先に立て、隊伍整然と練り行くのを見た。その日は欧州休戦記念の祝日であつたのだ［一一月一一日にドイツが連合国と休戦条約に調印し第一次世界大戦が終了］。……突然東京の街頭に嘗《かつ》て仏蘭西《フランス》で見馴れたやうな浅黄の労働服《ブルーズ》をつけた職工の行列を目にして、世の中はかくまで変つたかと云ふやうな気がした。目のさめたやうな気がした」。

作品の冒頭で、作者は花火がポンと打ち上げられのを聞きながら、この日は休戦記念日だったと気づき、自分の家には国旗を出していなかったなと思いつつ、回想の筆を運ぶ構成だ。

かなり生真面目に世情の出来事を追っており、三味線的文章でないことは明らかだろう。それだけに、大正七年の項に重大な一事が省かれているのに気づく。八月の米騒動の直前、七月二四日の新聞に「ロシア皇帝銃殺」の記事が、一回切りとはいえ大きく載った［その前年一〇月のロシア革命で社会主義ソビエト政権が成立ずみ］。新聞への荷風の鋭い視線が、これを見落とすはずはない。もとより報道規制などすぐ見抜き、それだけに心に沁みて行く。

皇帝銃殺報が八年前の「大逆事件」をフラッシュバックさせ、あのとき目撃した囚人馬車の隊列の残像を呼び出したのだ。それに最近の民衆暴発とフランス風の労働者の隊列がイメージ的に絡みつく――傍観者的な視線ではあるにしろ。

「花火」はニコライ銃殺から一年後、大正八年の「改造」一二月号の掲載だが、本文末尾には「大正八年七月稿」とある。皇帝処刑（現実に生じた大逆）〝一周年記念の稿〟であることを暗示する断り書きのようにも読める。同作は上述した諸事を並列的に書いており、その一つが「大逆事件」（この語は使わず「囚人馬車が五六台」で指示）なのだが、実際はこれを軸にした文であることが読み取れる。それ故、突出しないよう、他の諸事に埋没させるように書いたのだ。もっとも花火ポンが、あの花火爆弾にかけた痛烈な暗喩の皮肉かも知れないが……。ともかく、この作品が「大逆事件」の八年後、ニコライ処刑の一周年であることを確認しておきたい。その時点から再構成的に語っているのである。ただし、後述する自身に直接関わる件には全く触れていない。

この荷風「花火」について敗戦後に正宗白鳥の冷ややかな回顧評がある。八〇歳の昭和三四年（一九五九）一〇月号の「文学界」に載せた「世相の文学的解釈」中でこうだ——。事件を沈黙して見過ごしたのは文学者として不甲斐ないと荷風が思い、「文学の大道を棄て、、江戸の戯作者見たいな態度で、世を茶化して過さうと、自卑的決心をした事が、意味ありげに伝へられてゐ《い》るが、私にはかういふ話は、お笑い草……」と。

自分（白鳥）は幸徳の思想なんか知らないし、彼の「キリスト抹殺論」を読んでいかに愚書であるかを感じただけだったが、警視庁が幸徳と関係あるかのように思って付き纏い、処刑の日にも顔見知りの刑事がやって来て「今日は外へ出ないようにしてくれと厳命」された体験を書く。そして、「私は何ともなかつた。心に疚《やま》しくないから、刑事に対しても、何の作為を弄せず、目も澄んでいたゐた筈だ」。また他所ながら幸徳には二三度会ったことがあるが「彼の顔は甚だ貧相であつた」と（この警察から厳命を受けたという自己語りには、戦後社会の気分に同調した誇らしさがある）。

この前段で、「こういう深刻な事件」［という認識は一応あったことになる］について、「内心ひそかに憤懣を覚え、当時の政府や裁判官を憎悪し、人生を詛《のろ》ひ、食をうましとせず、夜もをち〳〵眠れない思ひをしなかつたかと云ふと、そんな事の破片《かけら》も体験しなかつた」。後段で、「所謂《いわゆる》主義者の死刑を、多数者は面白がつて見てゐ《い》るのである。フランス革命の時だつてさうだろう。アントアネットはじめ有名人の断頭台行を仏人は半ばは興味を持つてゐたらしい」。白鳥はこの評の二か月前の八月に出た、「現代の大問題であるらしい」松川事件［発生は昭和二四年＝無罪確定は三八年］の最高裁差し戻し判決に絡めて述べている。自然主義流の客観性なるものを誇示したのかもしれないが、大衆という存在へのクールな叙述という点でわたしは注目する。

ただし、荷風の「事件」体験は白鳥も知らなかったもう一つのことがある。幸徳らの事件が起こされた年、荷風は森鴎外・上田敏らの推薦で慶応大学の文学科教授に就任し、科の振興のためにその五月に創刊された文芸誌「三田文学」の主幹にもなった。創刊号から随筆欄「紅茶の後」を担当するが、一〇月号にこう書いたのだ。

「これまで目こぼしになっていた社会主義の出版物が新旧を問わずどし〳〵検挙されつゝある。……

明治の世の中は忽《たちま》ち天草騒動の昔に立返ったよう、或いは佐久間象山高野長英等が禁を犯して「蛮社の獄」蘭学を学んだ鎖国時代に戻ったようで、恐ろしい中にも夢のような懐かしい心持もする。……敢えて政治的意味に於ける社会主義一味の党類のみに止まるまい。日本歴史には少しの関係のない（バッカス、パンなど異国の神々を胸の奥深く祀っている）我々芸術の邪宗徒を召捕るべく……十手《じって》を閃した捕手が大勢ヤアヤアと掛け声しながら立廻りに出るような……」。戯画化した表現ながら生《なま》の権力批判であり、前年の『ふらんす物語』（博文館）と『歓楽』（易風社）が発禁を食ったことへの憤まんもあったのだろう。

この記述に当局から直接注文がついた証拠はないが、明らかに何かがあった——。それが「三田文学」顧問の鴎外からだ。このころの「鴎外日記」に荷風がよく現れる。直接には同誌一一月号掲載予定の「沈黙の塔」、同一二月号の「食堂」についての打ち合わせのためだろう。「大逆事件」に直接関連した鴎外の二作品である。

九月二六日「永井壮吉来て三田文学の事を言ふ」、一〇月二四日「永井壮吉来話す」。そして一一月七日「永井壮吉を呼びて告ぐる所あり」、同二七日「夜与謝野寛、永井壮吉来訪す」。——編集上の打ち合わせにしろ、七日の「告ぐる所あり」が怖い（明らかに「三田文学」一〇月号の蛮社の獄への言及を読んでのこと）。文明開化の政権を〝蛮政〟幕府に擬《なぞら》え公言するなど許せぬ——に違いない。二七日は鉄幹がとりなし役をしたのか、彼は鴎外の観潮楼歌会の世話役をしていた。

つまり先述「花火」のなかで荷風は「わたしは世の文学者と共に何も言はなかつた。わたしは何となく良心の苦痛に堪へられぬやうな気がした」と書いたが、彼は発言していたのだ――勇気あるものかどうかは別にして。鉄槌は先輩の文豪から来て、易々と打ちのめされた。これこそ荷風の直接「事件」体験であった。「わたしは自ら文学者たる事について甚《はなはだ》しき羞恥《しゅうち》を感じた」は、このことの方を言っている可能性が強い――鴎外批判も込めて。大正五年、慶大教授及び「三田文学」から身を引き（つまり「花火」はすでにフリーのとき）、いわゆる退嬰的傾向を強めて行く。荷風文学の解釈・評価はここでは措くが、当時の背景を見るとき、安全となった戦後社会下での正宗白鳥の言の方が軽い。

第二節　鉄幹、ひとりの大衆として

与謝野鉄幹には大衆像の一典型を見ることが出来る。学歴は僧で国学者の父から漢文・古文の修練を受けたが（旧来の教育としてエリート）、新制度下の中学・高等教育は無かった。新たなエリート教育体制が整うなかで、非エリートとしての立場を自覚したと思われる。上京し落合直文の縁で勤めた二六新報社は、非藩閥系の旧士族層が主で、大陸浪人の人脈と重なっていく。閔妃暗殺事件で予審に付された民間人四八人中のうち東海散士（柴四郎）・安達謙蔵・鈴木天眼らは二六新報にかかわっており、天眼は〝義勇軍〟として日清間の開戦を策した天佑侠団の創設者の一人。これら民間壮士の現場リーダーが竹橋事件で軍を追われた岡本柳之助だった。彼らには転倒した先覚者意識があった。

既述のように鮎貝房之進（槐園《かいえん》）とソウルで教員をしていた鉄幹は事件の発生時、地方にいたが、この事件は堀口九万一・鮎貝房之進の「両君と画策する所」（昭和八年の自筆年譜）と主張した。大正一三年（一九二四）の第二次「明星」一〇月号の「沙上の言葉（四）」ではより具体的に、「京城では日本領事館に槐園君と共に仮寓して居たので、領事官補をしていた今のルウマニア公使堀口九万一君……などと親しくなった。堀口君は現に「明星」同人である大学君の父である。……（自分はその年の七月に漢城病院に入院し、両君と枕頭で一所に計画した）それから両君は韓装をして閉居中の大院君［韓国政権の日本派実力者］を訪ひ、一回の会見で或る密約が出来、それから堀口君が三浦公使を説いた……公使は堀口君の献策に聴くと同時に、岡本柳之助・国友重章二氏等の民間有志とも議《はか》る所があつて、終《つい》に大院君の名に由るクウ、デタアが実行された」と。

　そして、「後の史家が日韓併合史を書く際に、かの事件が二三の気を負ふ白面書生の幻想に本づくと云ふ裏面の観察を等閑にしてはならないと思ふ」と続く。併合から一五年、植民地支配の利を享受していた時代、貢献者である自分の存在を、歴史よ忘れるな——である。ただし、正規の外交資料『日本外交文書（第二八巻第一冊）』（外務省、一九五三年）には、鉄幹の〝活躍〟を伝えるその名は出てこない。ただ「外務省事件冊子」に事件発生から二〇日後、容疑者らの広島送還を伝える外務省公電の中に、「浅田儀一郎、堀口領事館補同じく従者ヨサノカン」があったことは書いた。官憲はその存在を問題にしていない。やや珍しい、聞き取りにくい名字をあえて確認する気にならなかったのだ。「おい、若いの……なに？　めんどうな」という現場取調べ官の感覚が推察できるのだ。客分扱い、それも「記号」である。

兄貴分だった鮎貝にこんな回想もある。
「韓廷に十月八日の変ありて……（王妃事件の真相といふのは………………こんな事は決して他言してはならない）といつたわけで全く私達の観察が過つてゐた……私は身を以て木浦に遁れ、与謝野は一時帰朝して広島に投獄された人達の差入れをした。彼自身直接この事件に関係があつたわけでなく、私の手足として働いてくれたのだつた」。（「朝香社時代の鉄幹」：「立命館文学」昭和一〇年六月号。……は原文通り）。

鮎貝の「手足」だったのであり、事件には「直接関係なし」と証言してくれている。鉄幹のキャリア外交官・堀口との関係は鮎貝を介してであり、堀口の「従者」だった鉄幹は、鮎貝には「手足」という人格以下だったわけだ。ここには大著名人となった旧後輩への鮎貝の微妙な心理も読み取れる。ここで他言してはならない七文字分使った「……」は意味深長である（編集段階で削除された文言である可能性もある）。

また、二九年三月六日に仁川領事館から原敬あての公電に、木浦地方から「海竜丸」で帰った「本邦商人……与謝野寛」が警察署に出頭して同地方の不穏な情勢を伝えた、ともあった。諜報活動説の生ずるところだが、大陸浪人らはそれを任務と自認していたときであり、領事館は彼らが屯《たむろ》し転げ込む梁山泊でもあった（「小刺客」にしのばせる描写がある）。

ともかく記号に非ず、人格「与謝野寛」の登場である。広島で予審放免、権力の認定外となり傷ついたが、強力な武器があった。「文」である。ひとたび筆をとるや、四囲を睥睨。再渡韓から帰った明治二九年（一八九六）七月の詩歌集『東西南北』で謳い出す。流浪のわが身をロマンの偉丈夫に造形化する、こんな風に――

京城に秋立つ日、槐園と共に賦す。時に、王妃閔氏の専横、日に加はり、日本党の勢力、頓《とみ》に地に墜つ。

韓山に、秋風立つや、太刀なでて、
　われ思ふこと、無きにしもあらず。
から山に、吼ゆてふ虎の、声はきかず。
　さびしき秋の、風たちにけり。（以下略）

また「将軍不誇（九月一九日作）」は、一六日の平城占領を踏まえた三日後の作。「大勝利、大勝利、快電夜《よる》いたる大本営……敵は二万ときこえしが、たまたまのがれしその外《ほか》は、われの火力に討果《うちは》たし……この名誉なるたたかひの、将軍は誰ぞ野津中将。将軍つとに徳高く、己を誇るさまもなし」。二六新報社に居て戦勝報を知っての即興作だろうが、なかなか気配り上手な丈夫でもある。

山県有朋もこれをいつの時点かで目にしたはず――不機嫌になっただろう。四章で述べたように、山県は一一月七日に九連城（旧満州）から、「我が軍すでに鴨緑の大河を渡り……」の意見書を出したが、これに陸戦の帰趨を決めた平城会戦への言及はなかった。直接の指揮は薩摩の野津道貫《みちつら》なのだ

（山城屋事件で激しく山県に迫った）。鴨緑江渡河を前に、山県自らの作とする「我が日の本の丈夫《ますらお》が……」を全軍に歌わせたこともあり、あるいはマスラオ調でも自分の方が先達の意識があったかも知れない。対女性とは異なり、鉄幹の権力への忠心はどこかポイントを外す要領の悪さがあった（薩摩には幼児、父親と世話になったという思いもあったのか）。

「序」には井上哲次郎、落合直文、森鴎外、斎藤緑雨、佐々木信綱ら著名人の賛の文が連なる。新進が初の著作によくすることとはいえ、どうだ……の意識がにじむ。マスラオ調もほどなく流行遅れで、手弱女《たおやめ》調の明星ロマンに転じ（照魔鏡の難局も乗り切り）成功するが、それも自然主義の台頭などで勢いを失い、明星は廃刊となる。マスラオからタオヤメへの転調——そんな中でもあの「小刺客」「美事失敗」を密かに発表していたが——は時流に敏なジャーナリスト的感覚ともいえるが、廃刊後の門人・佐藤春夫は後年、「見せかけだけは壮語を好み、自ら女性的であつたがために丈夫ぶりを愛した」と、辛辣に師を評した（晶子曼荼羅）。

もとより鉄幹には啄木が関心を寄せた社会主義への違和感があり、そんななかで幸徳らの事件は起きた。しかし、沖野岩三郎から誠之助弁護のために平出修への依頼がきた。平出は鴎外とのやや微妙な接点をもちつつ、弁護を引き受ける。一〇月末前後のことのようだ。鉄幹本人の書くところを見ておく。昭和三年（一九二八）の「啄木君の思い出」（改造社『石川啄木全集』の月報中、筑摩書房『啄木全集 第八巻』一九七三年の再録に依る）にこうある。

「当時大逆事件で幸徳秋水ほか諸氏が死刑や無期懲役に処せられた不祥事があった。日本人の総てがこの事件に由って覚醒する所があった。しかしまだその頃は裁判官も弁護士も社会主義、虚無主義の区別さえ知らない時代であったから、花井卓蔵博士までが幸徳氏等の裁判の弁護に当惑せられた」（傍線引用者）。

不祥事、覚醒はどういう立場からの発語なのか——妻・晶子の言「ひと言聞きて身ぶるい致し候」を想起させられるところ。こう続く、「私は間接直接に知っている二三の被告のために、弁護士である平出君を弁護に頼んだが、研究心に富んだ平出君は私に伴われて行って一週間ほど毎夜、鴎外先生［一九一二年没］から無政府主義と社会主義の講義を秘密に聞くのであった。……この俄《にわ》か仕込の知識でなされた平出君の周到な弁護が法官と各弁護士を傾聴せしめた」（傍線同）と。

二人の鴎外宅の訪問は、一二月一〇日が公判開始（平出弁論が二八日）であるから、一一月中旬から一二月中旬までの間だろう。この間の鴎外日記を見ると、二人の名が並んで出るのは一二月一四日、「平出修、与謝野寛に晩餐を饗す」だけだ。鉄幹については二週余前の一一月二七日にも「与謝野寛、永井壮吉来訪す」がある。鴎外日記もまた韜晦の塊だから、事実をすべて書いているわけではない。

ただ、「一週間ほど毎夜」は従来の研究でも疑問視されている。鉄幹の例の過剰表現の意味でだが、わたしは一週丸ごとではないにしろ、それに近い何日かは（結局、一週間近くだが）あり得ると思っている。平出事務所の事務長だった和貝彦太郎も敗戦後、「殆ど一週間にわたり夜間森邸に通ったように記憶して居ります」と渡辺順三に語っている（塩田・渡辺編『秘録 大逆事件 上』）。「晩餐を饗」したのはその打ち上げだったのかも知れない。

鉄幹が「間接直接に知っている二三の被告」とは、まず誠之助である。逮捕者二六名のことを考えれば（幸徳や誠之助と直接縁のない者が多い）、実は鉄幹自身がそのうちに入っていても――少なくとも聴取対象に入っていてもおかしくはない状況下にあった。壮士時代から己は権力の庇護下にあるという意識はあるものの、戦々恐々だっただろう（国内離脱、フランス行の念に拍車がかかる）。世上には二次検挙があるとのうわさがあった。

山県の取り巻き文化人で現職の陸軍医務局長でもある文豪・鴎外、その屋敷を親しく訪ね得る身であるとの誇示――鉄幹から誘うように平出を促したのではないか（平出自身がスバル創刊時から鴎外に主要執筆者になってもらうなど懇意でもあったが……）。このとき鉄幹は鴎外と荷風「紅茶の後」の件も当然承知していたはず。筆こそ立つにしろ、一貫した主義主張がある訳でなし、明治の覇気と言えるほどの気骨も実はなし。世相に合わせ、気配りし、処世に生きる一大衆――それが鉄幹だ。

第三節　鴎外の微妙な立ち位置

鴎外日記には山県がちらちら現れる。事件捜査も大詰めころの九月一日、「山県公有朋軽き胸膜炎に罹《かか》らせ給ふをもて椿山荘に見まひにゆく」――軍医のトップだから不思議ではない。一〇月九日、「午後椿山荘にゆく。老公は猶《なお》小田原におはすと聞く」。同二九日（土）、「平田内相東助、小松原文相英太郎、穂積教授八束、井上通泰、加古鶴所と椿山荘に会す。晩餐を供せらるる」――山県権力の直接の執行者、及びとりまき学者文化人であり、鴎外もその一人ということだ。二九日は予審終了の日、検事総長から全員有罪の「意見書」が大審院長に出されるのは三日後の一一月一日である。

明けて元旦、「椿山荘へ祝詞を述べにゆく」。陸軍大臣・寺内正毅の名も頻出する。晩餐や新橋駅での出迎えなど――直接の上司ではある。権力との（鴎外自身が権力機構のかなりの上位者だが）微妙な位置の取り方を示している。

日記は淡々とした事実だけの味気ないもので、大逆事件という語はもとより「事件」を示唆する語もない。一月二〇日、午前に新橋駅に寺内大臣を迎えたあとの午餐で、「大臣に二三緊急の官事を稟《ひん》す（申し上げた）」がかすかにその事を窺わせる――死刑判決の二日後、恩赦発令の翌日である。直接の言及は全く無いが、この沈黙こそなまなかでない関心を物語る。既述のように前年末、「三田文学」誌上に「沈黙の塔」（一一月号）と「食堂」（一二月号）を発表をしていた。

「食堂」は、わびしく不潔な食堂で「色の蒼い痩せこけた顔の……コンマ以下のお役人」三人が、昼飯を食いながら交わす最近の「驚いちまった」事件についての会話だ。最古参だが一番上席でもない木村［森の字を二分したとの説も］が、相方二人にプルードン、クロポトキンらの名を挙げながら社会主義と無政府主義について説明する。一番上席の犬塚の「君、馬鹿に精しいね」に、木村は鳥の猟師がそっと忍び寄って来て「もち竿の先をつと差し付ける」ような気分になる。クロポトキンはロシア公爵の息子、専門は地学で有名な学者……云々の説明をしたあと、暫く沈黙。犬塚が「別嬪の娘を持つてゐるといふぢやないか」。そう、大層世間で同情している女のようですと木村、また沈黙。

三番目が、連中は死刑になりたがっているそうだから逆に生かしておいた方がいいとの声もある、どういうものかな……。敷島を吹かせていた犬塚が、「死にたがつてゐるさうだから、監獄で旨い物を食はせて長生をさせて遣るが好かろう」と言って笑った。燃えさしを灰吹きに投げ込んだのを合図に三人は席を立つ。まかないの男が、三人の茶碗や灰吹きを除けて、水をだぶだぶ含ませた雑巾で卓の上を撫で始めた――で完。

「沈黙の塔」は、長い脚を交叉させて安楽椅子に腰かける男が、鴉が鳴き舞う海辺の高い塔のなかには殺されたパアシイ族の死骸が二三十体入っている、などと近時の西洋の文学・哲学思想について語る（誠之助を感じさせる＝そしてこの作がまた春夫の「西班牙犬の家」に影を落とす）。「食堂」より抽象的で、やや幻想味をまぶせた作。二作とも〝入れ込む〟ところはなく（微妙な発言にはすぐ茶化しの合いの手が入る、いわゆるナーンチャャッテ話法）、傍観的な位置の強調――危険事象を書く要諦である。「平出修、与謝野寛に晩餐を饗」したのが一二月一四日だから、すでに二作品が誌面化されていたとき。恐らく木村や脚の長い男の語る内容が、平出への説明でもあったと思われる。二人とも晩餐時には読んでいたはずで、会話もそれなりはずんだことだろう。

ただ平出自身はこの位の社会主義知識はもっていたと思われる。得るところが多かったのは、当世を代表する知識人の欧州での実地の見聞談の方だっただろう（平出の法廷弁論の冒頭部に生かされているようでもある）。鴎外の説明が百科全書的なのに対して、平出の論は社会科学的だといえる。上述鉄幹の「俄《にわ》か仕込の知識でなされた周到な弁護」の表現には屈折した響きがある。鉄幹にとって講義内容より、訪問すること自体に意味があった――だから訪問が多いほどよかったのだ（沖野が自作中で与謝野宅での長期滞在を強調したのと同じ心理である）。

鴎外が山県に対したように、鉄幹は鴎外に対した。入れ子状の同パターンである。リベラル平出にとって鴎外は文学上も医学上も仰ぎ見る巨人的存在だっただろう（鉄幹を立てることも終生変わらなかったが、この点、晩年の啄木はやや師の見方を変えた節がうかがえる）。

鉄幹が「事件」発生年の一一月一〇日付けで春夫の父・豊太郎に宛てた手紙がある（沖野からの弁護依頼を取次ぎ平出が引き受けた時期）。「いつしか冬季と相成り申候」で始まり、「ご賢息様は元気で通学されており、やはり拙宅へ来る堀口大学という旧越後長岡藩士の令息で慶応に入った人と親交し、彼から近況を聞くとともに自身も（親しく）見ております」、国産の珍味の礼のあとこう書く。「本日の新聞にて発表致され候、公判開始決定文によれば、御地の大石氏も意外の重罪に擬せられし候様子、まことに浩嘆《こうたん》（慨嘆）に堪へず候。想ふに官憲の審理は公明なる如くにして公明ならず、この聖代に於て不詳の罪名を誣《し》ひて、大石君の如き新思想家をも重刑に処せんとするは、野蛮至極と存じ候。この上は至尊の宏徳に訴へて、特赦の一事を待つの外無之《ほかこれなく》候」（「冬柏」昭和一二年五月号収録）。

鉄幹本人はこの手紙掲載の二年前に死去しており、生前の記念品として春夫から晶子に贈られたものなのか――彼女の判断で二七年前のそれを公表したのだろう。これと並べて明治四四年（一九一一）のフランス行に際し豊太郎から受けた援助への礼状も同誌に載る。豊太郎本人は健在、どういう事情があったのか。

これら手紙掲載の五年前、昭和七年（一九三二）三月一五日、久しく忘れられていた寛（鉄幹）の名が大阪毎日（東京は東京日日新聞）に派手に出たことがある。同紙が公募した「爆弾三勇士の歌懸賞募集」の当選作となったのだ。「命令下る正面に／開け歩兵の突撃路／待ちかねたりと工兵の／誰か後をとるべきや……鉄より剛《かた》き「忠友」の／日本男子を顕《あらわ》すは」などの一〇連の詩（選者は同紙学芸部長で「明星」創成期に親交した薄田泣菫、美少年であった）。日清戦争のラッパ手・木口小平《きぐちこへい》の戦争美談を継ぐもので、マスラオぶり健在を示した。

第四節　調書を鴎外・鉄幹は見たか

ところで、本書の第二章で和貝彦太郎は、大審院借り出しの予審調書を「原本から三通複写し、その一通は与謝野寛に、一通は森鴎外に贈り、一通は平出弁護人の許においた」と語っていた（前掲塩田・渡辺編著）。ここで、「（和貝が平出の依頼を受け）赤印を入れた部分を複写」したと言っていること、「調書はガリ版ずりのもので、公判がすむと同時に私と平出氏とが人力車二台で（一台では積みきれないので）大審院に運び」とあるから、膨大な調書全文は不可能なので平出指示の個所だけを和貝が筆写、つまり抄本だったことになる。

むろん現在のコピーではなく、各用紙の間に青色カーボン紙を挟む方法だ。平出分（和貝が引き継ぎそれをさらに渡辺が筆写）が今に伝えられたのだが、鴎外と鉄幹の方は分からない。両者とも一切の言及はない。事実ならまた別の問題が派生するところだが、事実の可能性が高い。平出の立場と気質を考えると、鴎外と鉄幹への義務感からだろう。

原本は公判の途中で大審院が、一か月を限り担当弁護士に一時閲覧で貸し出したもの。一一人分なので原本といっても大審院製作の複写版である。啄木が平出宅に行って読んだのが返却前夜の一月二六日だから（この大審院版の半夜読み）、平出ら弁護士への貸し出しは一二月二五日ころ、つまり弁護人弁論が二七日から三日間だから（平出は二八日）、彼らも弁論直前に渡されてまともに読む時間もなかったはずだ（むろん熟読させないため……）。

抄本にしても和貝一人と思われる筆写作業だから相当の労で、鴎外・鉄幹にこれが渡っていたとしても、一月中旬以降にはなるだろう。従って鴎外の「沈黙の塔」「食堂」には寄与していない（もっとも彼は別に〝正規〟に入手できた可能性はある、情報は何かと得られる立場にあった）。鉄幹にわたっていたなら、彼は啄木に黙っていたことになる。啄木日記を今一度見ておく――。

元日、「平出君と与謝野氏のところへ年始に廻つて、それから社に行つた。平出君の処で無政府主義者の特別裁判に関する内容を聞いた……幸徳が獄中から弁護士に送つた陳情書なるものを借りて来た。与謝野氏の家庭の空気は矢張《やはり》予を悦《たの》しましめなかつた……」。五日、「幸徳の陳弁書を写し了《おわ》る。火のない室で指先が凍つて、三度筆を取落したと書いてある。……幸徳は決して自ら今度のやうな無謀を敢《あえ》てする男でない。さうしてそれは平出君から聞いた法廷での事実と符合してゐる」。六日、「借りて来た書類を郵便で平出君に返した」。次に平出に会うのが二五日――。

その一月二五日。死刑囚の引渡し、内山愚童の弟が火葬場で棺桶を金槌で叩き割ったことなどの新聞記事に「劇しく心を衝かれ」、(朝日新聞)社の帰りに与謝野家を訪ねると氏は旅行で不在、奥さんから「仏蘭西へ行く」企てを聞く。「かへりに平出君へよつて幸徳、管野、大石等の獄中の手紙借りた[大した分量ではない私信]。平出君は民権圧迫について大いに憤慨してゐた。明日裁判所へかへすといふ一件書類を一日延して、明晩行つて見る約束にして帰つた」(傍線引用者)。

一月二六日。社からの帰りに前夜の約束から平出君宅に行き、特別裁判一件書類を読む。「七千枚十七冊、一冊の厚さ約二寸乃至《ないし》三寸づゝ。十二時までかゝつて漸く初二冊とそれから管野すがの分だけ方々拾《ひろ》ひよみした。頭の中を底から掻き乱されたやうな気持で帰つた」。――一冊の厚さを二寸五分=約八センチとして一七冊横並べで一・三メートルになる。限られた時間に啄木はほんの少ししか読めなかった。体調も悪かった。ともかく、和貝と平出が二人がかりで運ぶのにも人力車二台となったのは当然だろう。

なぜ平出はもっと前に機会を与えなかったのか。こういうことだろう。平出にすれば啄木は与謝野氏のところで当然読む、あるいは読ませてもらうはず、そのためにも氏にわたしした……の思い。二五日(おそらく夕方)、来宅した啄木に、あれは明日返すとふと口にしたとき、啄木が「何、それ?」となり――大審院への返還は一日延期は何とかできるが、それ以上はムリだから明日中にここでよろしく……と。平出の生真面目さだ（花井卓蔵は返還せず関東大震災で焼失させた＝前掲書の和貝証言）。二五日の日記の傍線部、ここには初めて知った、という密やかな批判のニュアンスが込められているようにも読める。平出の「大いに憤慨」もそのことを含んでいるのか。鉄幹の心理からすると大審院の秘密文書の写しを作り（抄本にせよ）、それを他人に見せるなど論外——驚愕・恐怖し即処分しただろう。啄木日記はこれ以後、腹が張ってしょうがない、座っていても苦しい、頭痛、慢性腹膜炎、早く入院せよ、などが頻出する。重圧下での深夜の熟読、これも肺結核の身の余命を縮める一因になったともいわれる。二六歳の死は一年三か月後のこと。

鉄幹は先の「啄木君の思い出」でこうも書く。「君はその前年に社会主義者達の赤旗事件という事があった頃から、社会主義に少しく注意し初めて居たが、大逆事件が起って以来、私との話題は多く此事に上った。……君のロマンッチックが一転化するのは、君の進歩だと考えて居た私は、寧《むし》ろ君の社会主義研究を奨励したのであつた。……それで私は君に「平出君の所へ行って大逆事件の内容を聞かせて貰い給え」と云った。君は「スバル」の用事でなくて、しばしば平出君を訪ねた。平出君は君にいろいろの話をした筈である」。

四半世紀後の語りで、著名人にしろ文壇では過去の人だったとき。

死せる啄木の方は『啄木歌集』（大正二）、『啄木選集』（同七）、『石川啄木選集』（同一五年）、『石川啄木集』（昭和五）、『肉筆版 悲しき玩具』（同一一）ほかが次々に刊行され、とみに文名が高まっていたときである。『日記』は曲折を経て敗戦後三年して刊行されたが、饒舌なこの記に「事件」で鉄幹と話したことは出てこない。

第五節　山県が怖れたヒューマニスト

平出の法廷弁論は「大逆事件意見書」として自ら残している（『定本 平出修集』）。四百字原稿で四〇枚弱、ほぼこの通りの弁論と思われ二時間かかった。平沼の検事論告への批判から始め、担当した高木顕明（四六歳）と崎久保誓一（二五歳）を軸に次のように展開する。

――革命思想、無政府主義といってもロシアと英国、またドイツではそれぞれ違うのは検事自身がよくご承知のはず。日本が広く世界に知識を求めるのを国是とするなら、世界の文化や思想が種々輸入されるのは当然で、どの思想が花開き実を結ぶかは年月を重ねなくては判定がつかないもの。検事は無政府主義について、それが権力を否認し究極の自由を要求するため、国家組織を破壊するとし、本件はその計画の一端であるといわれるが、これは前提が間違っている。まず思想というものは、在来の思想で満足できないときに、その欠陥を補うべく入り込んでくるもの。従って現社会が完全無欠ならともかく、欠陥があるなら入り込む隙があるわけで、抑圧するだけでは解決にならない。新旧両思想のいずれが人間本来の性情に適合するかにかかっており、適合する方が定着する。これが社会進化の法則であり、思想自体からいえば危険というものはない［社会がまともなら悪しき思想は自然に淘汰されるの主張〕。

検事は危険を強調するが、日本の無政府主義なるものが実際に存在するとして、具体的にどれほどの危険を含むのか、また何ほどの実行を信条としてしているのか、その点の論及（具体的証拠）がない〔あの二重橋に迫るのでっち上げ論の指摘であり、平沼は当然分かっている〕。あるいは本件（逮捕者）が危険なことを仕出かすのではないか、だから無政府主義が恐ろしいと言われるなら、本末転倒している。人間にある程度以上の取り締まり、圧迫という表現は避けるが、これを加えると反抗心を起す証明にはなるが、無政府主義そのものが危険であるという証明にはならない。仏教、キリスト教（伝来）の場合を見てほしい。

次に検事は被告が無政府主義者であり、皆が一つの信念で結びついていると仮定して断定しておられるが、被告にその信念がないとなるとこの断定は崩れてしまう。大多数は〔幸徳以外はの意〕は確たる意見をもっていない。ただ社会の欠陥を嘆き燕趙《えんちょう》悲歌の士（憂国の士）を気取るに過ぎない。信念なければそれだけの行動も無い。軽々しい口先だけのことであり、それだけの計画も決心もなかった〔憲法二九条の言論の自由を言っており、平沼自身が〝おしゃべりでのこと〟と論告で認めていた〕。大石を通じて東京・大阪・九州の連絡がとられていたというがその事実を示す証拠がない。すべて抽象的な記述であり、これは犯罪の形が成り立たなかったことで、未だ陰謀でも予備でもなく、犯意の決定もなかったということである。

大石自身さえ社会主義者ではない。今村弁護人が述べたように、淡白な人で思想感情が極めて平準を得ている人。ものに執着がなく、神経も鋭敏ではない、国法を遵奉する精神も充分もっている。そこに出入りした高木と崎久保にどういう主義・信念がありましょうか。彼らが革命家だとするような、不当な判断をせぬよう申し上げたい。これは両人に限らず、被告のほぼ全員にいえること。彼らの不平不満は内側からまず発したのではなく、外から圧迫されて初めて起こったものなのです。

高木顕明はご覧の通り僧侶です。一切を仏陀により解決しようとしている。彼がいう社会主義なるものは弥陀の極楽世界のこと。自分の生活を貧民の喜捨する浄財で立てることさえ疚《やま》しく思い、自ら整体の仕事をした。そのことを（検事から逆に）社会主義伝道のためだと悪しく解釈された。彼が社会主義や無政府主義について説教したことが一度もないのは、新宮警察の報告でも明らかな通り。一介の真宗僧侶として、被差別の人たちへの侮りを理由なき偏見であるとし、また戦争に批判的、公娼設置にも反対した。大石と交際があり、たまたま「事件」前年の一月の会合に顔を出していたというだけで連累者にされた。今すぐ放免しても、ただ浄泉寺の住職として弥陀を説き、親鸞に帰依するほかなにもない人なのです。

崎久保誓一は恐喝罪の前科がある。その事情を詳しく述べる時間がないが、わずか一〇円のために二か月の苦役となったもの。この体験から自由を愛し、平等を愛し、文学に憧れ、大石の人格に動かされて社会主義の知識について関心をもったのも、やむを得ない成り行きと思われる。幼少にして父と別れ、祖母と母の手で愛撫され、家には恒産ある、一口で言えば極めて素直に出来上がった人間。獄中より私への手紙で、（家族からの）差入れ物を拒否した……家族に何の報いるところなく、また今度の辱めを受け、母・妹に背くことばかり、獄中で美食したいとは思わない、と。

私は家族に意向を伝え、付言して獄中の人の心情は察すべきだが、ご家族としてこれを聞くべきか否か問うと、母は聞かず、差入れは今も続いている。一一月六日、面会して話すと、彼は涙を流して泣き、一語も発することが出来なかった。実に温良な人間。筆をとると秋霜烈日の気を含むこともあるが、放して野に置いて何の問題もない人物なのです。


管野スガを感動させた弁論である。冒頭部は鴎外レクチャー効果も感じられるが、思想と社会変動の論はより社会科学的である。幸徳も一月一〇日付け、「先頃は熱心な御弁論に感激に堪へませんでした。同志一同に代りて深く御礼申し上げます」で始め、自分も文芸の趣味が全く無いわけではないが、「日本の文学が余りに夢で、余りに別天地ではないか、人生の実際とは余りに没交渉」とし、ウィリアム・モリス、ゾラ、ハウプトマン、ゴーリキー、アナトール・フランスらの作が、社会の人心を震撼させる理由は人間の真に触れ得るためであり、これらの人がみな自覚的な社会主義者であることを注目して頂きたい。日本のものでも鴎外先生のものはイツも敬服して読んでいます――と。

大石は処刑前日の一月二三日付けで、「今回の事件を法律上、政治学上、犯罪学上から研究する人は弁護士の中で他にもおられると思いますが、とくに我が思想史の資料としてその真相をつきとめて頂く責任は、あなたを措いてほかにありません。これは法廷において我々を弁護された責任より遥かに重大なこと……」と。

弁護団の今村力三郎も一月一一日付けで、「被告一同が満足し同僚（弁護士）も感嘆したことは公評となってますが、この日頃も続々と被告人より感謝の書状が来ています」。

繰り返すがこれらが公表されたのは敗戦後のことである。平出の名は事件を通じ知られたが、その献身性においてであった。その思想性においては未だに十分とは言えない。

実は、平出弁論に激しく衝かれた人間が確実に一人いる——山県有朋である。その弁論書はいち早く届けられただろう。山県が「事件」の年に軍隊内への社会主義の浸透を過剰に危惧した意見書「社会破壊主義論」を書いたことは述べたが（事件の年の夏ごろまでには出されている）、改めてこれで彼の社会・人間観を見ておこう。こう展開する。

近代の不満な民衆は自らの政権を要求し、その分配に与ると次に衣食（生活）向上を求め、さらに社会の富を平分（平等）を要求する。だが、それが現・国家社会の組織と相容れないものと悟ると、その根本を破壊しようとする。貧富の差が隔絶するなか、社会主義思想の誘引となる。この病根を絶つには国家社会の自衛のため、最も厳密なる取締りで病毒の瀰漫《びまん》を防止し禁圧根絶せねばならない［恩恵的な社会政策の必要にも確かに言及しており、これを根拠にした山県評価も近年見られる……］。

ここには民衆層から出て、武力で政治権力を獲得し、「平分」ではなく特権的に巨富を得た者が、自らが成したことは次の者には決して許さぬ——というエゴイズムが見て取れる。現・国家社会とは、「法律・権威の制裁に由るのではなく、万世一系の皇位の慈愛のもと、民族相和して敬愛で生きる一団である、これが我が千古の国体及び民族道徳の根本」とする。だから「これに爆弾を投ずる者は全力を尽くして根絶する」と。

実はここに、爆弾・砲弾、テロ・殺戮で創り上げたものこそ「現・国家社会」であることを身をもって知る人間の、密やかな自認と後めたさがある。屈折した表現でこう露頭する。「人は群すれば狂す、群集の行動は多く常軌を逸す、社会の下層衆愚の大多数はとくに……」は、諸隊反乱の苦い体験と近年の日比谷焼き討ちで上書きされた、彼の心底の民衆像である。

山県は「凶暴なる社会主義者」を額面通りに怖れていた訳ではない。彼らが「地歩を占むること頗る難し」とも書くように、一撃の実力行使で片がつくわずかの存在であることはリアリストとして十二分に承知していた。本当に恐れたのは、「貧苦から出たのではなく一種の主義理想からであり、資産を有し正業をもつもの少なからず」と明記した存在だ（明らかに大石誠之助が頭にあり、公判開廷とともに平出の姿が大きく浮上しただろう）。彼らさえ抑えれば大多数の衆愚は意のままなのだ。

つまり、「客分」ではもとよりなく、「国民」さえも既に通過している、当時その言葉こそないが普遍性をもつ「市民」という存在——厚く広く膨大な層に成長し得るそれへの恐れである。山県はさすがに敏であり、西洋体験とマメな勉強から、その存在を知っていた。「個人自主本位の道徳観念」と彼自身が表現した敵対的存在である。簡略した「個人主義」だけでも使っているが、ここには排除・撲滅すべき悪徳の意が込められている。秘めたる英国賛仰者であった青年期以来のコンプレックスが滲むところであり、平出弁論はそこを突いていた（彼が越後人であったことも、北越戦時にその地で苦渋を舐めた山県の消えぬ情念を刺激した可能性もある）。

「社会破壊主義論」は末尾に「蛮勇のもと制定すべき法律案」を記している。第一条に結社・加入・勧誘の禁、第二条に警察の「恐れあり」段階からの検閲、以下、集会・出版の禁など、後の治安維持法（一九二五年）で実現する。この案では懲役は最高三年だが、同維持法では一〇年、その三年後の改正（悪）では死刑となる。

それでは平出自身にとって社会主義及び無政府主義とはどういうものだったのか。上述の法廷弁論は、被疑者がそれとは無関係であることに力点を置いて述べたものだ。実は処刑執行から三か月後、「無政府主義の誤謬」（大正六年刊の『遺稿』に収録）で同主義への厳しい批判を展開していた。彼の立場は明治憲法は文明制度の成果であり、その法治主義を大前提とする。同論の大意はこうだ――。

彼ら無政府主義者は法律が人類を堕落させた、だからそれを撤廃することが人類の性情を改良する大切な手段だとするが、これは権力を廃棄したところに絶対的自由があるという、老子由来の根拠なき性善説の空想に過ぎない。法の乱用が人民を虐げ生活をかく乱したことがあること自体は自明。ただし、それが直ちに法あるいは国家が悪いということではない。現実に人類が団体生活をしていくために国家を作り、その下に生命・財産・その他生活作用の全てを寄せている。その統一作用のもとに人民各自の欲望が適当に調節され、平衡を保つ。もし悲惨なる天変地妖が起こっても、国家の集積力はこれら災害を除去し、生活の需要を補給することができる。彼らもその益を享受している。

とくに現代社会生活において財産を所有する者は略奪者だというが、その所有の由来を考えるとそれも労力の結果である。継承した遺産が征服の結果、不義の事業の収益、あるいは君主の寵愛から得たものとしても、祖先がそれを獲得するまでには幾多の辛苦艱難《かんなん》を経て来たのであることは了解しなければならない。この獲得が狭義の労働の結果でないとしても、即これを略奪者だとは断定できない「すでにかなり浸透していたマルクスの労働価値説への批判である。あるいは山県の不動産への皮肉もあるか＝傍線引用者」。

彼はベンサム（一八三二年没）の影響を受けていたようである。最大多数の最大幸福で知られるイギリスの改良主義者で、フランス革命時に書かれた『無政府的誤謬』がある。自然権思想に基づく「人権宣言」の検証を通じ、過激な過程をとった同革命の批判をした。英文と仏文があり明治の早い段階でこの訳語で知られており、邦訳されたかは不明だが、平出がいずれかで読んだ可能性が高い。ホッブスのいう万人の万人に対する闘争の自然状態から、社会契約を経て国家――反転して革命を根拠づけるフランス流啓蒙主義を、根本の自然権を否定することで否定する。

深田三徳によると「契約から社会政府が生じたのではなく、政府から契約が生じた……法的権利に先立つ自然権なるものは存在しない、それは隠喩表現に過ぎない」（『法実証主義と功利主義――ベンサムとその周辺』六〇～八二頁、一九八四年）とする。絶対王政の擁護論ではないが、漸進主義の西洋保守潮流の一つとなる。平出の「無政府主義の誤謬」も自然権の否定を軸に展開する。

帝国主義的拡張の現実の容認もあるが、これは市民革命から発したナショナリズムの展開で当時として自明の感覚があった。その意味で山県の認識と重なるところがある。ただ、平出は「現代の文明制度は、急激なる圧抑（抑圧）を忌み、かつ個人の権利を尊重して、法律を制定している」と明言。個人の権利とは、明治憲法二九条の言論・出版・集会と結社の自由のことであり、ここにおいて検察の主張する「事件」と対峙した。もとより心の中まで裁くなど、近代法の許すところではない、という主張なのである（この地点で彼自身の思想・信条と違う被告らを弁護した）。

続く一節が核心部である——。現在の日本は権力者が下民を虐げ、自ら安逸驕楽をほしいままにしている、かほどの例を知らないとし、こう展開する。

現在において……制定されたる法律の片影もない［現憲法・法律自体は公正であるの意］……時に無辜《むこ》を罰して牢獄に投じ、あるいは之に死刑を科した誤判がないでもないが、之とて法律自体が悪法であるからでなく、たまたま司法官その人の産んだ悪果に止まり、之をもって法律を呪詛する根柢となすには足らぬのである。

山県（いずれかの時点で読んだに違いない）を突き刺しただろう。法律家としての信念の言であり、それ故に即公刊はできず、死後出版となった。こういうことだ——。リアリスト山県にとって無政府主義者自体はすでに一撃で制圧できるものだった。育て上げた軍・警察からすれば何ほどの存在でもない。実際そうした。彼の目的は、客分のままで有能な兵士を作ることにあった。ただし客分＝大衆のもつエネルギーの不気味さ――への不安は尽きない。そのため畏怖する天皇制とする（巧みに天皇自身を差配しながら）。それには天皇への過激な言動をとる無政府主義者（あるいは社会主義者・共産主義者）が恰好の存在だった。「社会破壊主義論」には、軍隊内までそれが及んでいるのだという恐怖の増幅効果の狙いが主であった。幸徳らの「事件」はそういうものとして、法を曲げて造成された。

確かに恐怖は国民各層に深く浸透した。ただし、その過程は伊藤主導で作られた憲法・法体系にも抵触するものがある。山県にはその自覚がある（「社会破壊主義論」には対抗的弁明の臭いがある）。そこを正面から衝いたのが平出だったのだ。体制内からの批判の論であり、体制を前提としているだけに、即鉄槌を下すわけにはいかない。それだけに心理的ボディブローとして効く（反体制主義者の過激な論は逆に上述の利用効果をもった）。

平出が山県の不動産事情をどこまで知っていたかはわからないが、「不義の事業の収益、あるいは君主の寵愛」「自ら安逸驕楽をほしいまま」は、正鵠《せいこく》を射ていたのだ。この元勲の眼は、この若手弁護士を鋭くとらえていたはずである。

だが平出自身は、革命について上述論文で手厳しく批判していた。それは「しばしば起こる。しかもしばしば破産する。結局は、人類の性情が、社会的・相互的・譲歩的・共同的に進まねばならぬ。それに達する方法としての彼《か》の徒の破壊手段は、あまりに露骨で、あまりに無秩序で、且つあまりに無知蒙昧であると云はわねばならぬ」。〝逆徒〟を弁護するのも危険な世相のなかで、自己弁明の意図が全くなかったとは言えないにしても、無政府主義や社会・共産主義に見られる人権感覚の希薄さ、人間観の貧困さを鋭く感じ取っていたようである。ソ連・中国及び亜流国家を見通していた（性善説のはずが権力をとるや瞬時に性悪説に立つ支配へ）ともとれるが、この時点では維新の〝革命〟なるものへの皮肉だったのかも知れない。

敗戦後、彼は明星の文人だが弁護士として「大逆事件」に献身的な活動をした人として語られることになる。ただ、誤解にしろ（あるいは誤解ゆえに）反戦平和のシンボルとなった晶子と比べると、一般には地味で影が薄いのは否めない。これには戦後の文化基調が左派進歩派・社会主義擁護だったことと関係する（処刑者に革命英雄イメージを付与する傾向が生まれる）。

平出は筋金入りの旧憲法の擁護者であり、その法廷弁論は被告が社会主義者に非ずに力点を置いていた。啄木は「事件」時から急激に社会主義への傾斜を深めるが、自身の内で論理化・体系化する時間がなかった。それでもポピュラー性をもつ詩作と社会主義イメージで、戦後、晶子と並ぶ存在となった。だが、あえて明星のヒューマニズムをいうなら、平出修こそ最もふさわしい。政治的には現在に即して言えばリベラル右派といえる。

平出修年譜には、幸徳らが処刑された八か月後の九月に「肋膜炎症《ろくまく》に罹《かか》り、一時危険の状態」が表れ、「一二月に到りて稍《やや》回復す」、そして「一一月八日、与謝野寛欧州遊学の途に上る」。翌一九一二

年（明治四五＝大正元）、「四月、石川啄木没す」「五月、与謝野晶子欧州遊学の途」「一〇月三〇日、晶子帰朝」。翌大正二年一月、鉄幹帰国。

大正二年（一九一三）八月、鉄幹と六連島《むつれしま》（下関沖）と福岡などを講演行中に「初めて特異なる脊《せき》椎《つい》骨の疼痛を感じ」、「九月、陸軍医学校に於いて……X線検査を受け、骨瘍症（脊髄カリエス）の診断……この前後より常に発熱あり、また脊椎骨の疼痛を断たず、由《よ》つて概《おおむ》ね病床に臥し」となる。

六連島は幕末期から海防の要地で燈台・砲台があり、陸軍の管轄地である。スバル八月号の「消息」欄に、「堀口大学氏が八月に又日本を出るので七月十八日に平出修氏のうちで与謝野寛、晶、佐藤春夫、萬造寺齋《まんぞうじひさし》、小生などが集まつて話をした（文三記）」とあるのは、鉄幹との講演旅行の直前のこと。コース設定は鉄幹に違いない。

その九月、小説「逆徒」を雑誌「太陽」に発表し（執筆は旅行前だろう）即発禁となる。――三村保三郎（大阪の鉄細工職人の三浦安太郎二三歳がモデル）は公判二日目、緊迫下の法廷にすすり泣きの声を響かせ「裁判長」と突拍子もない叫びを上げる。第一回以来、被告は誰一人顔を上げて法官席をまともに見ようとするものもなかったその場。満廷のものは可笑味《おかしみ》を感じて待つ……裁判長「何だか言ってみろ」。「わ、わたしは耳が遠いいんですが。どうも聞こえなくって困りますから……」。早く父に別れて母の手一つに育ち、学問があるわけでなく、奇矯のことを好み、不平家らしく装って、主義者の一人として多少の交友を得ていた若者。おど〳〵しながら枝葉のことに言葉を使う陳述は、「自白は全く真実ではなく、無政府主義でもなく、ただ真似をしたいばかりに大言壮語をしていたに過ぎない」に尽きる。

逮捕された理由がわからず、だからすぐ釈放だろうという楽観的気分の被疑者も少なくなかった。そのため「世人と同様に事件の真相をしることを希望していた」一人。しかし、留置場、朝から夜、夜から朝と続く尋問のなかで、全く絶望の気分に心神とも喪失――そんな被告の中でも最も弱い環にいた三村(三浦)を主人公に平出はこの作を書いた。

世の浮薄なムードに同調してつい暴走し勝ちな、いつの世にもいる不満を抱えた青少年。革命英雄ではなく市民ともいえない。平出はあえてそういう人間を掬い上げた。「逆徒」は反語表現であることが一目明瞭であり、だから発禁となった(翌一〇月号「太陽」に「発売禁止に就て」を書き抗議)。三浦は「事件」研究史のなかでもほとんど顧みられたことがない。平出のこの発禁作のなかでわずかに生きるのみである。


自誌スバル一〇月号には、「余はまだ腰が立たない。或は骨瘍症だとも云ふ。病名は業業しいが、それほど苦痛がない。ただ歩けないから困る(九月二三日平出記)」と。

年譜一二月、「病のために「昴《スバル》」を廃刊す……満五箇年の間、その財政上の経営は専ら一人にて担当せり。同月、患部にコルセットを用ふ。……「畜生道」以後の小説集を出版するの意あり。此月その編纂を終りて序を森林太郎先生に乞へり」。翌三年(一九一四)三月一七日、死去、三六歳。遺骸は遺志により軍医学校で解剖に付された。親族、鉄幹らと立ち会った医師で新詩社同人の木下杢太郎が書いている。

「解剖は陸軍一等軍医佐藤清氏……驚いたことは、内臓各気管の殆《ほとん》ど凡てに無数の粟粒結核の病竈《びょうそう》〔病が燃え立つカマド〕が存して居たことである。平出君の肉体は生前実に為《な》すべきのすべてを為し尽したのである。奇跡に依るにあらざれば、この恐るべき病魔に対してこれ以上の対抗を為すことは出来ぬ程の状態であつた。私は本能的の恐怖と平出君生存中の肉体苦への同情とで、殆ど傍に立つて居ることが出来ない位であつた……」（『平出修遺稿』所収）。

その小説集は『平出修遺稿』として鉄幹を中心に死後三年目に刊行された（『逆徒』『畜生道』は入らず）。鴎外の序は、「平出君は凡《およ》そわたくしの持つて居る限りの物を、殆《ほとんど》悉《ことごと》く持つて居られる。そして、それ以外に、わたくしの持つて居らぬもの物をも、多く持つてをられる。……いつも行くべき所まで行つて、止まるべき所で止まつてをられる」と最大級の賛辞。

鉄幹は巻末の「故平出修君の遺稿の後に」で出版の経緯を簡単に述べるなかで、「事件」につきこう触れる。「論文としては大逆事件の弁護に臨んで書かれた意見書と、その末へ、其《その》事件の判決後に添えられた感想文とがある。これらは共に故人の思想を最も直截に表現したものとして逸し難いものであるが、国禁に触れることを恐れて此書に収め得なかつた」と。――発禁ではなく国禁である点に注目したい。平出を国禁行為のなかでとらえる本心が露呈されている。あの大審院文書は鉄幹に（鴎外にも）運ばれていたに違いないが、その善意も素早く廃棄処置にあう運命にあったことを、図らずも物語る。

平出本人は、死の直前まで筆をとっていた。二月二二日の読売新聞にエッセー「自我の確立と実生活」を発表――。「我等は全く間違つて居た」で書き出し、振り絞るような筆致で「……遁世か。逃走か。自殺か……（自殺しようにも保険金が取れなくなることが心を支配する浅ましさ）。止むを得ず泣き寝入りだ。そしてせつせと俗世間に立交じつて、いい加減に世の中を渡つて行く。……世は全く今日主義者で満たされてしまつて居る。歎《なげか》はしいと云つても挨拶をする人もない……」。

我等は全く間違つて居た――が絶叫のようにリフレインされていた。

鉄幹は昭和八年（一九三三）製、自筆年譜の大正三年の条に、「平出修没す、喘息を病む」と書いた。解剖にも立ち会った彼がなぜ「喘息」としたのか（わたし自身それを長く持つ身だったのでその苦しさは分かるが）。何かの配慮をしたのか、あるいは年月の中で記憶がおぼろになったのか。前者なら事実に対する真摯さの欠如、後者なら平出その人への、実は無関心を意味しよう。

第六節　崎久保に同一化した春夫

春夫晩年の自伝的小説『わんぱく時代』（朝日新聞連載、一九五七年）は、新宮グループで無期刑となった崎久保誓一をモデルにした作品である。

「僕」の通う街中の小学校に、浜辺の小学校から崎山栄《さきやまさかえ》が転向して来た。複雑な家庭に育ち二歳年上、大柄で気性が激しく、早々に二グループができ戦争状態になる。一方は崎山が大将、こちらは口達者なポンチャンの許で僕が参謀の組。やがて沈着・正義感の強い崎山と信頼感で結ばれる。崎山の義理の姉さん昌《しょう》ちゃんにも惹かれ、僕の初恋の人となる……。成績優秀だが崎山は中学に行かず父の仕事を手伝い筏師に。上京二年目の一月半ば、須田町の電車停留所で「大逆事件、逆徒判決の号外」を見る。一二名の死刑と一二名の無期――その中に崎山栄の名があった。

あとがきで春夫は「根も葉もある嘘八百」とし、少々事実を曲げても真実を書きたかった、虚構は真実を書くためのかくれ蓑、と弁明調に書くが、弁明するまでも無い。

虚構のなかに真実を鋭く提示することにこそ文芸の存在理由《レゾンデートル》がある（だから事実提示以下の駄作も生じ得る）。春夫作品は優れた小説である。「嘘八百」には文学的真実と社会の真実の間には、隙間もあるという謙虚な自覚がある。含羞の表現なのだ――や、もすると文学的真実（との自認）から即現実社会を裁量する大作家も見られるが。

エピローグで「僕の父子にそれぞれ親友を失わせたあのいまわしい事件」と書くとき、「僕」は作中人物に違いないが、ここで春夫は生身の崎久保への同一化を行っている。「わがあばら骨一本を抜いて僕の胸中に生み……愛し育ててきた象徴的人物」と。

終節の題は「何が大逆か」である。そして「愚者の死」が「すべて反語的表現ながら官憲の目をくらましていたが［当時、反語とは受け取られようがなかったにしろ＝表現も未熟で］、その底に潜み流れていた僕の感情は、官憲の不正に対して心ひそかに憤りを感じていた」は率直な言と思う。彼は「大逆事件」とともに文学活動を初め、「大逆事件」に回帰しその活動を締めた——韜晦感のなかの低音だったにしろ、事件とともに生き、生きざるを得なかった、誠実な作家である。

作中では晩年の「僕」が、姉の昌ちゃんから「栄が……先年の冬、獄中で亡くなりました」との手紙をもらう。現実の崎久保は昭和四年（一九二九）、秋田監獄を仮出所して、郷里の三重・市来村で暮らし、同三〇年（一九五五）、七一歳で亡くなった。熊野新聞社編『大逆事件と大石誠之助——熊野一〇〇年の目覚め』（二〇一一年）によると、地元に残るのは「困った人がいれば助ける人やった」「内気で争いごとを好まない」などの人物評で、含羞の人という語が浮かぶと書く。

また平出が法廷弁論で触れた「恐喝」とは、地元新聞記者時代に激しく鉱毒問題に筆誅を加えていたとき、鉱山側が別の記者に三〇円を贈り、その記者が崎久保がしていた借金一〇円を勝手に払い、崎久保に領収書を出させたというもの（重禁固二か月の服役）。春夫は崎久保の死の二年後に作品化したわけで、直接の縁は全くなかった。

終章　明治一五〇年から顧みる同一〇〇年

朝日新聞（夕刊）

月

林武

堀口大学

文化

明治百年をどう迎えるか

見渡せ明暗の両過程

冷静に、未来の立場から

桑原武夫

桑原武夫の明治百年論と堀口大学の詩「初夢」が載った
朝日新聞文化面＝昭和42年（1967）1月4日夕刊

第一節　桑原武夫の明暗の明治論

一九六七年（昭和四二）は明治百年の前年だった。その一月四日付け朝日新聞夕刊の文化面に、時代を代表する言論人であった京大教授・桑原武夫（一九〇四―八八）の「明治百年をどう迎えるか」が掲載された（**本章扉絵**）。戦前の二月一一日「紀元節」（現・建国記念の日）を復活する政府・自民党の案に象徴的に現れた、明治評価をめぐり世論が沸き立っていたときである。桑原は明暗両過程の百年の歴史を冷静に見渡す必要を説いた。「明」とは「伝統的な文化をすてて西洋近代文明を急速に取入れようと試み、それにほとんど成功したこと」であり、「暗」は「富国を守るための強兵というよりも、強兵を創設、活動せしめるための富国という傾向を生じ、侵略主義におちこんだ」ことだ。

結論部にこうある。「私たちは均等に発展しなかったからといって過去を清算することはできない。「君死にたまうことなかれ」と反戦を歌った与謝野晶子の最愛の夫、鉄幹が韓国の閔妃虐殺事件に関係していたことが象徴するように、日本の百年史は矛盾にみちている」【図8】。つまり桑原は鉄幹と閔妃虐殺を近代日本の「暗」をシンボライズする事件としてとらえていたのだ。

それから五〇年、少なからずの鉄幹論・明星論が書かれてきたが、この問題意識が共有されてきたとは思われない。空白の半世紀であり、この世紀超え前後からはリアリズムの政治家・山県有朋への「文明史的」評価さえ顕著になった。後退の半世紀――がわたしの実感である。

回顧というよりも

ただ私たちは均等に発展しなかったからといって過去を清算することはできない。「君死にたまうことなかれ」と反戦を歌った与謝野晶子の最愛の夫、鉄幹が韓国の閔（びん）妃虐殺事件に関係していたことが象徴するように、日本の百年史は矛盾にみちている。

維新百年の記念は、政府が音頭をとることに私は賛成しがたい。それはお祭り的になり、お祭りはひたすら陽気になろうとするからである。記念は民間 の仕事として、回顧的というよりむしろ未来の立場から自信をもって、しかし冷静に、この百年間の明暗二面をながめわたすということでありたい。

（京大教授）

図８　桑原論文の結論部

この朝日紙面でもう一つ驚きがあった。堀口大学（一八九二―一九八二）の「初夢」と題する短詩が桑原エッセーの真上に掲載されていた（もとより編集上の偶然である）。「初夢はすばらしかった」で始まるヴェルレーヌ（一八四四―九六）との〝再会〟の喜びを、「四〇年ぶりの来訪だった。／上ってもらってシャンパンを抜き／カビアとフォア・グラでもてなした、／歓談半日、久闊《きゅうかつ》を叙し／新訳を手伝って帰って行った」と謳う。

大学は真下にレイアウトされた文章に、背中から蹴り飛ばされるように初夢から覚めたことだろう。晩年の大学は〝それ〟を気にしていた。事件後も栄光の帝国公使としてメキシコ・ベルギー・スペイン・ルーマニアなどの任地にあった父のもと（本人は不遇意識…があったよう）、その庇護下に過ごした青春の十余年が、フランス文化への親和とその言葉を習熟させ、「詩人・堀口大学」を成立させたのだ。

角田房子の『閔妃暗殺』（一九八八年）にこんな話が書かれている（文中の「私」は角田）。

ある会合の席で山本健吉（日本芸術院会員、日本文芸家協会理事長、文化勲章受章者）が、「閔妃は私のたいへん好きな女性で、特に歴史を調べたわけではないが、日本の勢力を朝鮮半島から追い払おうとした王妃は、きっと誇り高い、すばらしい女性だったと思いますよ」と私に語った。

彼の話はさらに続く。

「それで、日ごろから親しかった堀口大学さんに、お父さんの当時の日記があるそうだが見せてくれないかと頼んだのですが、いやあれは我が家の恥だから人には見せられないと断わられて、とうとうそれっきりで終ってます。大学さんは、お父さんの九万一氏が閔妃暗殺に加わったことを一家の汚点と思っておられたようだが、もう事件から百年近くたったことだし、今なら見せてもらえるんじゃないだろうか――」。

堀口大学はフランス近代詩の数々の名訳詩集で文化勲章を受けた詩人で、一九八一年（昭和五六）に死去している。私は大学の一人娘高橋すみれ子に連絡をとった。彼女は祖父九万一の日記の存在を知っていた。そして「捜してみましょう。見つかったら連絡いたします」と、私の依頼をこころよく承諾してくれた。

日記は見つからなかった。堀口大学が焼却したと思うほかない――という話であった。日記を焼いたのが九万一自身でなく、息子の大学であったことに、私は改めて時代の流れを感じた。

大学は死去の三年前、八六歳のときに「母を焼く」と題した次の詩をつくっている。

僕はこれまでに自分の手で
四人の肉親を焼いている……。
最初が生みの母、二十三歳
血を喀《は》く病《やまい》で死んだあと
焼く僕は、生まれて三歳……。

長岡も東の町のはずれ
東神田のその先の
川崎村の土手の
まわりを畑に囲まれた
焼場とは名ばかりの
何もない場所
そこだけが石と土とが焦げていた
黒々と……。
（中略）
十月も早なかば過ぎ
北の越路はもう冬の

冷たい風が吹いていた……。
火つけの役目は喪主の僕
（中略）
楓《かえで》の手先の付木《つけき》の火を
山積みの藁に移そうとするのだが
何度も風に吹き消され
困ったことを覚えてる
昨日《きのう》みたいにはっきりと……。

八十数年前のこと……。

（一九七八年作、『秋黄昏』に収録＝河出書房新社、一九八〇年）

母を焼いたその日は明治二八年一〇月一四日、あの事件の六日後。父・九万一は三〇歳、そのことに忙殺されていたとき。喪主・大学は満三歳と九カ月。それにしてはリアルな叙景は後年の知見が作用した心理的な形象化によるものか。人が明星ロマン主義をいうとき、敢然と封建意識と戦った輝かしきヒューマニスム運動との思い入れがある。実際、初期の晶子の歌にそれを見るのは可能であるし、石川啄木、平出修、佐藤春夫らがいた。

だが、その主宰者が閔后虐殺に関与した（しかもそれを誇った）ということは、桑原が指摘するように矛盾である。それを知ったときわたしも戸惑わざるを得なかったが、その戸惑いが共有されることのほぼなかった年月に、いままた戸惑わざるを得ない。

桑原の「明」評価には「軍隊は優秀だった（参謀本部の地形図・造艦技術を例示）」もあり、わたしはそのまま受け入れることはできない。が、「伝統的な文化をすてた」ことの評価の一方で、彼は「近代化が成功したのは、徳川時代の二百数十年におよぶ平和のうちに用意された国民の高い知的水準と技術のおかげ」という、やや矛盾する（しかし正当な）ことも述べている。参謀本部地図がいい例だろう。精緻で芸術性も備えたそれが今に至る日本地図の優秀さの基になってるのは間違いない（外国の都市歩きのなかで現地発行の地図に比べ実感させられるところ）。芸術性には江戸絵図の伝統、精緻さに近代西洋があるのは無論として、後者には西洋の庭園や都市プラン図に親しんでいたに違いない山県の影響を見るのは可能かもしれない。

江戸文化見直しのいわゆる江戸論ブームが生じたのは、「明治百年」以後のことと記憶するが、官軍史観でつくられた近代・明治論への批判に、わたしも共感を覚えることが多かった。桑原の徳川時代評価もこの流れの早い提起だったかもしれない。

ただ江戸論のなかには過剰な入れ込みの賛美論も見受けられた。それが封建時代であり、強固な身分制社会の幕藩体制であったことを等閑視してはならないだろう。さまざまな矛盾の進行のなかで政治支配の劣化も明らかだった。渡辺崋山や高野長英を弾圧した蛮社の獄は世界的な知性を絞殺した文化的蛮行であり、大老・井伊直弼の安政の大獄も肯定される政治手法ではもとよりない（次代を担える人物に非ず）。桜田門外のカウンター・テロ（もとより美挙に非ず）を招くことで、政治・倫理的蛮行の負のスパイラルを増幅させた。

とはいえ幕末期に近づくにつれ支配層内でも人材登用が図られ、あの条約が植民地的であることの明確な自覚のもと、すでにその改正に取り組む人材も生まれていた。まさに江戸文化の精華である人物群である。開国下で、西洋の実情も的確に把握していた。それら先達のことは、文化的コンプレックスをもつ新たな政治権力者のもとで無視され、それでいて後追《あとお》いでやった行為を、すべて自らがしたことに書き換えていった。引き継いだにしろ、良いものは良いに違いないが、彼らは何よりも前代権力の悪しきものの後継者であり、増幅者でさえあったのだ。

その典型こそ「大逆事件」である。それは再現・蛮社の獄であり、殺害の規模（死刑判決二四人、即執行一二人＝活動的ではあったにしろ無名の市井人がほとんど）において、安政の大獄（斬首八人＝確信的といえる学者・思想家）をはるかに上回った。永井荷風が随筆「紅茶の後」で、「明治の世の中は忽《たちま》ち天草騒動の昔に立返ったよう、或いは佐久間象山高野長英等が禁を犯して蘭学を学んだ鎖国時代に戻ったようで、恐ろしい中にも夢のような……」と的確に書き、鴎外をギョッとさせた事態である。

――顧みれば八・一五まで一瀉千里となる。

第二節　宿命的な不安と恐怖……

桑原論文にある誤りも指摘しておく。「身分制を徹底的に廃棄した」である。明治なる新政権を実現させたのは、士族への仰望をもつ者たちであった。確かに彼らは四民平等の掛け声のもと、自己否定ともとれる憧れの士族は廃止した。しかし、新たに〝高貴〟なる身分制、華族制度を造り出した――公・候・伯・子・男なる直輸入の爵位で近代風を気取り、自らそこに納まった。少し前まで会見もかなわなかった主君（大名）も下位に据えて――。それも負い目（屈折）となり、自己の権威化に絶対上位者（天皇）を必要とし、密《みつ》に近侍する位置を確保した。しかし当の絶対権威自体がなお民衆に馴染み薄い存在だったのであり、自己の権威化と絶対者の絶対化（教育を含めて）は、相関・相補的なサイクル運動となる。それが近代に創られた天皇制の心理と論理である。

岡義武の『山県有朋』によれば、「山県が維新以来築き上げられて来た国家体制の中においていよいよ高い地位に登り、権勢をますますほしいままにするにつれて、その地位、その権勢を正統化するためにも、又それらからうける利益を確保して行くためにも、体制それ自体を正統化しなければならない。従って、その反面おのずから体制への批判、反体制の運動に対して敏感とならざるをえない。ここに権力者に宿命的な不安と恐怖とが生まれる」（一一二頁）ということである。

天皇制の国家をつくるために「天皇」をつくることがまず必要だった。山県は多くの上奏文、意見書を書いたが――執筆者が控えていたとしても少なからず自分の筆だろう。槍をもって立ったときから「文」なくば非ずの認識はありマメな勉強家に違いなかった――意見書は直接には政府・閣僚宛てにしろ天皇にも回されていただろう（逆に上奏文も即閣僚に渡り意見書以上の重みをもつことになる）。ご教育用であり、本来上奏文だけで済むはずだが、多すぎを配慮しての意見書だったと思われる。

山県は天皇（睦仁《むつひと》＝孝明帝の第二子）より一四歳上、関係の始まりは具体的には分からないところがあるが、かなりの旧知と思わせる節もある。この点は伊藤博文も同じ。天皇自身は山県を嫌い、伊藤に好感をもっていたこともはっきりしている。

山県にとっての天皇制国家の確立は「大逆事件」をもってだっただろう。興味深いのは、彼自身がその体制から制約を受ける事態が生じたことだ。大正八年（一九一九）、皇太子・裕仁（後の昭和天皇）と島津系の久邇宮《くにのみや》良子が婚約したとき、山県は良子の色盲の遺伝を理由に反対するが、退けられた。宮中某重大事件である。背後に薩・長の確執もあったが、確立した体制によって彼の意が阻まれたという点で画期的な事件であった。作った物に作った者が支配される――疎外である。

「事件」の本質は犠牲者が何の話をしていたか、ということではない。話す（おしゃべり）だけで法的な罰を加えることは、旧憲法（一八八九年公布）でも旧刑法でもできない。「法律の範囲内で」という条件はあるにしろ、憲法は言論・著作・集会・結社の自由（二九条）を、また請願の権利（三〇条）、信教の自由（二八条）、信書の秘密（二六条）、それに「法律に拠らずして逮捕・監禁・審問・処罰を受けない」（二三条）の罪刑法定主義まで明記していた。

憲法とは国家権力に国民が縛りをかけるもの、という憲法定義からすれば、万世一系にして神聖不可侵な天皇が、下位の臣民に賜うたものとなれば、確かに憲法ではない。この後者の見解が敗戦後とくに進歩派のなかで強すぎたきらいがあるが、上記個別の条文を見ると、みごとなものである（この点で伊藤と山県を同列に論じてはならない）。

実際に二九条のもとで議会は堂々たる政府（山県）批判を行い、あの田中正造も憲法書を肌身離さず持って鉱毒問題を戦った。ジャーナリストの島田三郎・尾崎行雄・桐生遊々・石橋湛山、国会議員の斎藤隆夫らも江戸の法度《はっと》のもとでは生まれ得なかった。そして平出修である――。

限定つきとはとはいえ、明文化された普遍理念は、その普遍性ゆえの底力をもっていた。確かに文明史的な憲法なのである。日本国憲法は占領軍（米国）によってつくられたとする説があるが、半分はそうにしろ、半分は全くの間違い。旧憲法に普遍理念は明記されていたのであり、ただ「法律の範囲内で」で限りなく矮小化されていた。それを行ったのが当の立法者であり執行者であった。いわば産みの親の子殺しである。

「法律の範囲内で」を取っ払ったのが占領軍であり、その意味でその力が働いたことは間違いない。こうして「地」の普遍性が露頭することになった。半世紀以上の助走段階があったから、案外スムースな身づくろいができたのだ。全く新たな着替えをさせられたわけではない（従って旧憲法への回帰論など本末転倒）。

木庭顕は、法・デモクラシー・自由というものを、西欧市民革命以前、ギリシャ起源の人類の思想と位置付け、端的にこう説く。それは「権力と利益を巡って蠢《うごめ》き、個人を犠牲にする集団（徒党）の解体である」と（『誰のために法は生まれた』二九一頁、二〇一八年）。そのことにおいて法は法である、とわたしは読んだ。目からウロコの法の定義である。普遍性（真理）ということであり、それは仏教の絶対平和の思想とも根元で整合的だったのではないか。

平沼らが行った改正刑法（一九〇八年）で予防検束の色合いが強まったが、それでもお喋りだけで人身拘束を構成することはできない（山県肝いりの治安維持法はまだ出来ていない）。それにもかかわらず、「具体的な暴動計画とは考えていない、ただ一般論として暴動をおこすという話をしていた」、つまりお喋りでのこと――と平沼自身が認めた論告のままに、二四人に死刑判決が出、即一二人が執行された。憲法二九条違反、罪刑法定主義違反、裁判所構成法違反（恣意的な検事運用）なのである。法が貶められていた。

この本筋の論議が意外になされて来ていない。これは「大逆事件」の問題にとどまらない――法の恣意的運用（法律違反である）、牽強付会、資料紛失・隠蔽・改竄・忖度（上層官僚にあるDNA的卑屈さ）など呆れるほど今現在のことである。その直接の起源の多くはこの「事件」にあったと見ていい。放置することは、我々自身の問題でもある――加担になるからだ。腑分けして陽に晒《さら》さなければならない。犠牲者の名誉だけの問題ではないのである。

そのとき春夫や鉄幹が逆説・アイロニーで作品を書いたのは当然であった。その状況下で、文学の徒が政治・社会に直接踏み込むことを回避したとして責められる理由はない。それでもそのような表現手法で戦っていた（力足りず腰折れがあったにしろ）、まさに言説空間においてである。ただし、「大逆事件」自体は言説空間のことではない。政治・社会的現実である。権力者がなぜ、どう法理を曲げて彼らを縊《くび》り殺したかということなのだ。文明史的なその憲法は、それを産み出した親自身によって冒瀆され、運用者によって殺された。鬼子のような下位の諸法律（とりわけその運用）によって、親自身も無残に変質させられていった。その分水嶺が「大逆事件」であった。

端的に言って、血塗られた己《おのれ》の手を無垢の相手の顔になすりつけて、お前が犯人だ——の構図。逆説や反語ではなく直接話法で、この「己」を覆うベールを剝いでいかなければならない。

戦前から生じた（敗戦後もしばらく続いた）、明治維新がブルジュア革命か絶対主義のそれかの論争はむなしかった。この論争を担った歴史学の両当事者に言えることは、その発展段階論（マルクス主義）から、明治を前代の江戸期より上位の段階ととらえたことだ。これは明治政権が、低レベルの徳川政権を倒して近代化を果たしたとする〝一段上〟の思考法と奇妙な共振関係にあった。とくに奇兵隊を「四民平等」の実現として高く評価する左翼理論には深い混迷があった。岡義武の『山県有朋——明治日本の象徴』にはこの左翼史観への批判的動機があったと思われる。だが今は、同著が近年の山県への〝文明史的〟評価に対する、リベラルからの批判に読めるのである。六〇年前の政治学者のこの小著が山県論の一番の名著と感じた。

あとがき――「大逆事件」でいいのか

「大逆」が官製語だという指摘は宮武外骨の昭和二一年（一九四六）の著書であったことを第二章第一節のはじめに書いた。極めて重要な指摘だが、彼はこの一節に加え、今一つ重大なことを「自序」（「はじめに」の後続部）中で言っていた。「（大逆は官製語だが）逆徒の方から云へば、民衆の為めに一身を犠牲に供した天皇制打倒の失敗事件である」と。

これは、その事件が天皇制打倒の行動であることの、民衆側からの肯定を意味する。つまり、国家（検察）が言っている、あの「爆裂弾で二重橋に迫り」の承認になってしまうのだ。権力側に論拠を与えることになった。いいのだろうか――。

宮武の後段の論を継いで展開したのが神崎清の『革命伝説』（一九六九年）であり、近年、子安宣邦が神崎著を批判する形でこう指摘した。「彼（神崎）の検証すべき〈事実〉とは何か。国家への対抗的検証者である神崎が目の前にすえるのは、司法権力によって「大逆罪」という罪状を構成するものとして列挙されていった〈事実〉である。神崎はこれを天皇制国家への対抗者として検証する。だがこれは危ない検証だ。……この作業では〈事実〉は〈事実〉として措定されてしまう」（『「大正」を読み直す』五八頁、二〇一六年）。つまり、権力側の「爆裂弾で二重橋に迫る」を事実として受け入れてしまうことになり（まさに権力の捏造の肯定）、その〝事実〟を前提に意味解釈、つまり「逆徒」か「革命英雄」かの解釈論争をしいるに過ぎない——ということになる、と。

極めて論理的である。戦後の研究は宮武の後段の指摘に規定されながら進んで来たように思われる。わたしは前段の指摘「官製語」を、赤上剛の『田中正造とその周辺』（三八二頁、二〇一四年）で知らされた。「大逆事件」に取っ掛かりをもてずに過ぎてきたもやもや感に、霧が晴れ行くように視界が開けるのを感じた（大逆の語でわたし自身が嵌められていたのだ）。これが本書の動機付けとなった。

——革命英雄とされて冤罪犠牲者が救われるだろうか、また日本社会に益するだろうか。ここには英雄化する当人の自己陶酔があるのではないか……犠牲者が疎外されているのである。

確かに判決の瞬間、被告らが「万歳、万歳」「社会主義万歳」「日本亡国」と叫んだことを、東京朝日も伝えた。最後に立った幸徳伝次郎も看守のかぶせた編笠を右手でもちあげ、病にやつれた青黒い顔に微笑を湛えつつ、「万歳、万歳」と。「何処までも不謹慎なる彼等かな」と記事は結ぶ。

反転して英雄描写の淵源ともなったのだろう。それは人格と言葉を奪われた人たちの、ぎりぎりでの態度表明に違いなかった。言葉まで奪われたがゆえに、権力者が自分に投げつけた言葉しか使用語彙がなかった絶体絶命である。その発声こそが人として最後のプライドだったのだ。

「英雄的」なる評価は権力者の策謀を裏打ちすることになる。彼らは違憲・違法裁判で死をもたらされ、人生を寸断され、生命を断たれた。言論・表現の普遍的権利をもつふつうの人々なのだ。まさに平出が主張したことである。

処刑執行の一〇数日後、徳冨蘆花が旧制一高に招かれて行った「謀反論」がよく知られている。なかでも「諸君、謀反を恐れてはならぬ……新しいものは常に謀反である」は、事件の不当を憤る人々に感動をもって引用されてきた。そして結語、「諸君、幸徳君らは乱臣賊子となって絞台の露と消えた。……誰が志士としてその動機を疑い得る。諸君、西郷も逆賊であった……」。

だが、いま冷静に考えたい。ここには話者自身の興奮がないか。

彼はこうも言っていた。「(一二名は死一等を減ぜられたが) 重立《おもだち》たる余の一二名は天の恩寵によって立派に絞台の露と消えた。……死は彼らの成功である。パラドックスのようであるが、人事の法則、負くるが勝である。彼らは確かにその宣告を受けて法廷を出る時、彼らの或者が「万歳！万歳！」と叫んだのは、その証拠である。彼らはかくして笑《えみ》を含んで死んだ。……数えがたき無政府主義者の種子《たね》は蒔《ま》かれた。彼らは立派に犠牲の死を遂げた」。わたしには驚くべき言葉である。

恐らく宮武論の後段「逆徒の側からすれば失敗作」はこの蘆花の論を受けている。というより、英雄論は蘆花に発していたのだ。この演説で蘆花が弾圧を受けなかったのは、すでに『不如帰』や『自然と人生』など内省的傾向の作風で知られた著名作家であること、背後に兄の蘇峰がいたことも考えられるが、何より演説それ自体が権力側をほくそ笑ませる部分があったからに違いないのだ。

権力のいう「逆徒」に対して、こちらが「志士＝英雄」と対抗的に評価したとき、それは子安の指摘する意味解釈の対立であって、前提として「事件」の事実性［まさに権力側が捏造したもの］が共有されてしまっている。彼ら（元勲）にとって志士とは自分たちまでであって、以後は逆徒なのである。テロルの出自を相手にかぶせる暗い屈折がここにもあるのだが、転倒した彼らのその論拠づけを、こちらから与えてしまうことになる。

蘆花の最終の結語は「……要するに人格の問題である。諸君、我々は人格を研くことを怠ってはならぬ」であった。これにも驚く。無政府主義はまず社会体制論であって、人格論そのものではない。そこに繋げるには媒介項を必要とする（幸徳の論にはその種子があった）。蘆花の結語には直前まで述べて来たことと、急転直下の飛躍があるのだ。「事件」を述べてきた文脈からすると、すり替えである。それは高揚した空気の中では劇的効果も生じ得る。感激した若きエリート聴衆――「諸君」とは彼らのこと――はハイな気分で帰路につき、安心して眠りについただろう。後の東大総長の矢内原忠雄や南原繁ら著名な人格者が生まれた理由も故なしとしない（植民政策論と政治学の大家となる）。

一般論として人生の出発点に立つ若者に贈る言葉として蘆花の語りは素晴らしい。時代を超えて胸を打つ。鳥肌が立つという賛辞も聞く。だが、ここにも引用話者の陶酔はないか。それを「事件」犠牲者に直接絡めて語るとき、捏造した権力の術中に陥るという、一瞬の頭脳冷却があっていい。トルストイアン蘆花の純粋さは疑い得ないが、平出なら「謀反」は「権利」であり、「志士」は「市民」（ほどなく登場する）だったことだろう。


法の執行者が自ら「法」を冒瀆していた。より上位の権力に対する阿諛《あゆ》・追従《ついしょう》の体質は――隠蔽を必然化しながら――司法のみならず官僚機構全般に根深く浸透していった。優秀に違いない人材を、そういう組織体質が待ち受ける（国家の中枢機関のそれは他領域・多分野でもそれぞれのレベルにおいて浸潤する)。ことは敗戦後にこの裁判を上書きしただけの、東京高裁と最高裁の再審請求棄却に直結する問題である。法理に反した法行為は旧憲法下であれ現憲法下であれ、正統性がない。

また、幸徳秋水・大石誠之助・森近運平らの思想を思想史として位置づける研究はもとより意義深いことだが、強調したいのは、それは捏造の「大逆事件」追及とは別テーマであり、こちらは自ら法を貶め正統性を欠落させた権力の問題なのである。

無前提に「大逆」と言うべきでない——本書で多用しながら口幅ったいが、そこに百年の難題《アポリア》がある。二十人もの人びとが国家権力により冤罪で即死刑にされた事件である。善意と義憤から、人生を賭けて来られた諸先達には心苦しいが、この語の用法における繊細さに欠くところがなかったか……(この点、「謀反」を使った蘆花はさすがである)。言い変えではない。そうではなく、もともと狡猾な意図で言い変えられていたのだ。その観点から本書の題名も考えた。もちろんその百年の重みを生かした正統な表現も可能である——「平沼騏一郎ら国家権力者が捏造した大逆事件」である。——冤罪犠牲者にその語を冠してはならない(鬼哭啾々を聞かないか)。

与謝野鉄幹と「明星」史に関心をもっていたわたしが、いわば鉄幹により「大逆事件」に導かれた。その意味で彼に感謝している。厳しい書き方をしたであろうことに、申し訳ない気もしているが、彼個人の問題というより時勢のなかに浮き沈みしつつ生きる、生きざるを得ない大衆の一典型として例示させてもらった。小心にして結構ずるくもある、結果的にはうまく利用される存在（客分のままで操られる存在）、わたし自身がミニサイズのそういう一人として――。真実とはズレた幻想《ロマン》のなかでの社会的陶酔は危うい。

［このあとがきをひとまず書き終えた休息時、ふとテレビで始まった映画「幕末太陽伝」（一九五七年製作）が目に入り、あの高杉晋作らが行った御殿山の英国公使館焼き討ちを巡るストーリーと知る。冒頭、まなじり決して肩怒らせた久坂玄瑞、井上聞多、伊藤俊輔らの姿に辟易し、切るつもりだったものの……つい二時間余を見入ってしまった。主人公はずる賢くも逞しい庶民男（フランキー堺）だったからだ。志士、幕府小役人、ブルジュア（遊郭主）――それに同じ庶民の同僚・女たちも――この小男の手玉に取られる。石原裕次郎扮する高杉も、見てくれはいいものの寝転がったウドの大木だ。気位だけは高く、お追従のおべっかにたわいもなくニンマリ満足気……巧みに利用されるワンオブである。この庶民も最後に責が身に及ぶや、スタコラ逃走する。フランキーの演技が秀逸で、脇で受ける裕次郎もそれなり名演なのだろう。

わたしが中学二年生のときの作品で、話題作だった記憶もある。「太陽」にはその二年前、裕次郎の兄・慎太郎が芥川賞をとった『太陽の季節』から生じた流行語「太陽族」が重ねられ、その映画化（一九五六年）で弟が一躍スターになった来歴も何となく認識していたが、それだけだった。監督の川島雄三は志士ものでも、いわゆる「太陽族」でもなく（当時は突っ張った若者像に映ったのかも知れないが、今の眼にはさほどのインパクトはない）、まさに普遍的にしてしたたかな庶民の一面を、シャープな形で切り取ったのだ。左・右を突き抜けた「幕末庶民伝」と言うにふさわしい。この数年後、若者を六〇年安保闘争が見舞うことになる。封切が七月一四日（パリ祭）というのにも川島の意が含まれていたのだろう」

新宮ほか「事件」ゆかりの地をそれとして訪ねたこともない身である。山県諸邸も京都・無隣庵を除きそれらの来しかた今を知らないが、彼の築庭の芸術的才への賛は今もある。仮にそうだとしても、それが政治・軍事・行政における所業を正当化するものでないのは言うまでもない。いわば市民への無差別攻撃として、わたしの脳裏を過《よ》ぎるようになったのがピカソあの「ゲルニカ」である――在社時代、二〇世紀終末の企画としてスペイン・バスクの現地を取材して以来と思う。

「事件」初学の身――。専門研究者には既知で冗漫な部分が多いと思うが（脚注の美学に遠い記述）、わたしと共に認識を進めていただける人を思いながら書いた。それでも生硬で舌足らずの部分が多かっただろうことはお詫びしたい。営々たる先達の成果、活字化されたそれら資料に頼る作業であり（多く素材のままにあるのを知る）、そのため大阪府立図書館（中央・中之島）、大阪市立中央図書館、国会図書館関西館に依るところが多かった。各一時間ほどのアプローチで、わたしの体力にありがたい存在だった。

再び拙稿を快く引き受けてくださった論創社の森下紀夫氏の判断、とりわけ編集道といえる仕事への敬意と感謝を記させていただく。

二〇一八年八月

竜田川に近い寓居で　　　木村　勲

【参考文献】 五項に分類したが、いくつかに関わるものも敢えて一項だけに入れた。

〈旧刑法など〉

我妻栄・編集代表『旧法令集』有斐閣、一九六八年
吉井蒼生夫ら編『日本立法資料全集8　ボアソナード講義　刑法草按注解　上』信山社、一九九二年
内田文昭ら編『日本立法資料全集20　刑法（1）―Ⅰ　明治40年』信山社、一九九九年
大久保泰甫『日本近代法の父 ボアソナアド』岩波新書、一九七七年
新井勉『大津事件――司法権独立の虚像』批評社、二〇一四年
同『大逆罪・内乱罪の研究』批評社、二〇一六年
同『大津事件――司法権独立の虚像』批評社、二〇一四年
楠精一郎『児島惟謙――大津事件と明治ナショナリズム』中央公論社、一九九七年
福沢諭吉『文明論之概略』岩波文庫、一九九五年
内田貴『法学の誕生――近代日本にとって「法」とは何であったか』筑摩書房、二〇一八年
木庭顕『誰のために法は生まれた』朝日出版社、二〇一八年

〈大逆事件〉

今村力三郎訴訟記録 第三十巻『大逆事件（一）』専修大学出版局、二〇〇一年「予審意見書」「大逆事件判

決書」など収録
同三一巻『同（二）』同、二〇〇二年「今村宛て覚書・釈明書」「獄中書簡」「芻言」など
同三二巻『同（三）』同、二〇〇三年「今村公判ノート」「回顧」など
宮武外骨『幸徳一派　大逆事件顛末』龍吟社、一九四六年
神崎清『革命伝説』中央公論社、一九六〇年
大原慧「高橋作衛教授宛、小池張造・巽哲雄の手紙」（「東京経大学会誌」一九六〇年一〇月号掲載：大原『片山潜の思想と大逆事件』論創社、一九九五年に再録
同『幸徳秋水の思想と大逆事件』青木書店、一九七七年
森長英三郎『禄亭　大石誠之助』岩波書店、一九七七年
野口存弥『沖野岩三郎』踏青社、一九八九年
佐藤春夫『晶子曼荼羅』講談社、一九五五年
同『わんぱく時代』朝日新聞（一九五七年一〇月〜五八年三月連載）
同『詩文半世紀』読売新聞社、一九六三年
「特別要視察人状勢一斑　第七」（『続・現代史資料1　社会主義沿革1』所収）みすず書房、一九八四年
『定本　平出修集』春秋社、一九六五年　「新派和歌論」「逆徒」「大逆事件意見書」「無政府主義の誤謬」など収録
『定本　平出修集〈続〉』春秋社、一九六九年　「平沼検事論告」など収録

『平出修遺稿』天弦堂、一九一七年　鉄幹・木下杢太郎らの回顧など
深田三徳『法実証主義と功利主義――ベンサムとその周辺』木鐸社、一九八四年
塩田庄兵衛・渡辺順三『秘録・大逆事件（上・下）』春秋社、一九五九年
『平沼騏一郎回顧録』学陽書房、一九五五年
萩原淳『平沼騏一郎と近代日本――官僚の国家主義と太平洋戦争への道』京都大学学術出版会、二〇一六年
重光葵『巣鴨日記』文芸春秋新社、一九五三年
山泉進編著『大逆事件の言説空間』論創社、二〇〇七年
亀井兹明『日清戦争従軍写真帖――伯爵亀井兹明の日記』柏書房、一九九二年
田中伸尚『大逆事件――死と生の群像』岩波書店、二〇一〇年
熊野新聞社編『大逆事件と大石誠之助――熊野一〇〇年の目覚め』現代書館、二〇一一年
赤上剛『田中正造とその周辺』随想社、二〇一四年
子安宣邦『「大正」を読み直す――幸徳・大杉・河上・津田、そして和辻・大川』藤原書店、二〇一六年

〈山県有朋〉
岡義武『山県有朋――明治日本の象徴』岩波新書、一九五八年
『山県有朋関係文書１』山川出版、二〇〇五年

『山県有朋関係文書2』山川出版、二〇〇六年
『明治百年史叢書16 山県有朋意見書』原書房、一九六六年
『公爵 山県有朋伝 上・中・下巻』徳富猪一郎編述、一九三三年
『伊藤博文伝 上巻』春畝公追頌会編（代表・金子堅太郎）、一九四三年：原書房、一九七〇年復刻）
藤村道生『山県有朋』吉川弘文館、一九六一年
加藤陽子『戦争の日本近現代史――征韓論から太平洋戦争まで』講談社現代新書、二〇〇二年
滝井一博『文明史のなかの明治憲法――この国のかたちと西洋体験』講談社、二〇〇三年
伊藤隆編『山県有朋と近代日本』吉川弘文館、二〇〇八年
井上寿一『山県有朋と明治国家』NHKブックス、二〇一〇年
海江田信義編『須多因氏講義』宮内庁原版（秀英社）、一八八九年
佐藤信「山県有朋とその館」：「日本研究」51号所収＝国際日本文化研究センター刊、二〇一五年
牧原憲夫『客分と国民のあいだ――近代民衆の政治意識』吉川弘文館、一九九八年
松本健一『明治天皇という人』毎日新聞、二〇一〇年
丹潔『大村益次郎』筆書房、一九四二年
靖国神社社務所編『靖国神社忠魂史 第一巻』一九三五年
近藤正一『名園五十種』博文館、明治四三年
『明治十七年一月 改正官員録』国会図書館所蔵

『麹町区史』麹町区役所、一九三五年
藤森照信『明治の東京計画』岩波書店、一九八二年
人文社編『江戸から東京へ 明治の東京』同社、一九九六年
稲田雅洋『自由民権運動の系譜』吉川弘文館、二〇〇九年
犬塚孝明『密航留学生たちの明治維新――井上馨と幕末藩士』NHKブックス、二〇〇一年
同「外務省の誕生」：明治維新史学会編『講座 明治維新6 明治維新と外交』所収、有志社、二〇一七年
樋口雄彦『幕臣たちは明治維新をどう生きたのか』洋泉社、二〇一六年
『明治天皇紀　第四』宮内庁著作権、吉川弘文館、一九七〇年　竹橋事件など
『同　第六』同、一九七一年　山県邸行幸など
田中彰『高杉晋作と奇兵隊』岩波新書、一九八五年
同『岩倉使節団』講談社現代新書、一九七七年
一坂太郎『長州奇兵隊――勝者のなかの敗者たち』中公新書、二〇〇二年
原田伊織『明治維新という過ち――日本を滅ぼした吉田松陰と長州テロリスト』毎日ワンズ、二〇一五年
星亮一『明治維新というクーデター』イースト・プレス、二〇一七年
苫米地英人『明治維新という洗脳』ビジネス社、二〇一七年
安良城盛昭『幕藩体制社会の成立と構造 増補版』お茶の水書房、一九六四年
佐々木潤之介『幕藩権力の基礎構造――「小農自立」と軍役』同、一九六四年

〈閔妃暗殺事件〉

『日本外交文書（第二八巻第一冊）』外務省、一九五三年
市川正明編『日韓外交史料5――韓国王妃殺害事件』原書房、一九八一年
『原敬関係文書一〜三巻』日本放送出版協会、一九八四〜五年
『観樹将軍回顧録』政教社、一九二五年
菊池謙譲『近代朝鮮史 下巻』大陸研究所、一九三七年
朴宗根『日清戦争と朝鮮』青木書店、一九八二年
中塚明『日清戦争の研究』青木書店、一九六八年
山辺健太郎『日韓併合小史』岩波文庫、一九六六年
姜在彦『日本による朝鮮支配の40年』朝日文庫、一九九二年
児島襄『大山巌・第四巻／日清戦争』文芸春秋、一九七八年
角田房子『閔妃暗殺』新潮社、一九八八年
金文子『朝鮮王妃殺害と日本人――誰が仕組んで、誰が実行したのか』高文研、二〇〇九年
木村勲「鉄幹と閔后暗殺事件――明星ロマン主義のアポリア」：比較法史学会編『歴史のなかの国家と宗教――Historia Juris 16』所収、未来社、二〇〇八年

〈与謝野・「明星」関係〉
『与謝野寛短歌全集』（巻末に自筆「年譜」）明治書院、一九三三年
逸見久美『評伝・与謝野鉄幹晶子』八木書店、一九七五年
同『新版評伝・与謝野寛晶子 明治篇』同、二〇〇七年
玉城徹『子規——活動する精神』北冥社、二〇〇二年
『服部之総全集15』福村出版、一九七四年「民族の英雄とその文学的表現」所収
入江春行『与謝野晶子書誌』創元社、一九五七年
植田安也子／逸見久美編『天眠文庫蔵 与謝野寛 晶子書簡集』八木書店、一九八三年
与謝野馨「反戦詩人にされた与謝野晶子」：「文芸春秋」二〇〇四年、六月号
鮎貝房之進「朝香社時代の鉄幹」：「立命館文学」昭和一〇年六月号
木村勲『鉄幹と文壇照魔鏡事件』国書刊行会、二〇一六年
同「明星ロマン主義に見る国民国家意識——「君死にたまふこと勿れ」を中心に」：比較法史学会編『世界法史の単一性と複数性 Historia Juris 13』所収、未来社、二〇〇五年
同「君死にたまふことなかれ、幻想——なぜそれは反戦詩になったか」：「季報 唯物論研究 第１３３号」所収、二〇一五年一一月号
松村緑編『石上露子集』中央公論社、一九五九年
大谷渡『管野スガと石上露子』東方出版、一九八九年

松本和男『評伝 石上露子』中央公論新社、二〇〇〇年
宮本正章『石上露子百歌 解釈と鑑賞』竹林館、二〇〇九年
楫野政子『石上露子と「婦人世界」――露子作品「宵闇」「王女ふおるちゆにあ」への疑義と新発見「霜夜」について』個人刊、二〇一五年
奥村和子・楫野政子『みはてぬ夢のさめがたく――新資料でたどる石上露子』竹林館、二〇一七年

■ま行

■た行

人名索引

木村 勲（きむら・いさお）

近代文芸研究者。1943年、静岡県沼津市生出身。一橋大学社会学部卒、同大学院社会学研究科修士課程修了。朝日新聞学芸部記者を経て神戸松蔭女子学院大学教授を務めた。著書に『鉄幹と文壇照魔鏡事件――山川登美子及び「明星」異史』（国書刊行会）、『「坂の上の雲」の幻影――“天才”秋山は存在しなかった』（論創社）、『日本海海戦とメディア――秋山真之神話批判』（講談社選書メチエ）、『風景ゆめうつつ――人々の都市物語』（文芸社）。共著に『100人の20世紀』（朝日文庫）、編著に『中世の光景』（朝日選書）、『古代史を語る』（同＝新聞連載時の原題は「古代漂流」）など。

幸徳・大石ら冤罪に死す
――文学・政治の〈呪縛〉を剝ぐ

2019年5月10日　初版第1刷印刷
2019年5月15日　初版第1刷発行

著　者　木村 勲
発行者　森下紀夫
発行所　論 創 社
東京都千代田区神田神保町 2-23　北井ビル（〒 101-0051）
tel. 03（3264）5254　fax. 03（3264）5232　web. http://www.ronso.co.jp/
振替口座 00160-1-155266

装幀／奥定泰之
印刷・製本／中央精版印刷　組版／株式会社ダーツフィールド

ISBN978-4-8460-1787-3